スポーツ法への
ファーストステップ

石堂 典秀

建石 真公子

編

法律文化社

はじめに

　2020年の東京オリンピック・パラリンピックが目前に迫る中，世界大会やアジア大会で次々とスター選手が誕生し，ようやくオリンピックに向けたムードが活気づくかに思われた矢先に，それをかき消すかのごとく，日本レスリング協会のパワハラ問題，日本大学アメリカンフットボール部の反則問題，日本ボクシング連盟の不正会計，日本体操協会の暴力・パワハラ問題など，スポーツ界の不祥事が連日のようにワイドショーをにぎわせている。このようなスポーツ界の不祥事は，スポーツのイメージを損なうものであるが，東京オリンピック・パラリンピックを迎える日本にとって，スポーツ界を改革する必要性の証左でもあり，クリーンなスポーツ界に生まれ変わる好機なのかもしれない。

　スポーツは，私たちに感動，勇気，夢を与えてくれるものであるが，スポーツの社会的役割は増している。国連は「持続可能な開発のための2030アジェンダ」において，スポーツを持続可能な平和と開発への重要な鍵として位置づけている。そこでは，スポーツは，寛容性や尊重を促進し，女性や若者に力を付与し，個人や地域社会に対して貢献するとともに，健康や教育などの増進に貢献するものと考えられている。2011年に成立したスポーツ基本法も同様に，「国民の心身の健全な発達，明るく豊かな国民生活の形成，活力ある社会の実現及び国際社会の調和ある発展に寄与する」（第1条）ものであると位置づけている。スポーツは，単なる個人の趣味や余暇活動を超えて，現代社会にとって必要不可欠な存在になりつつある。

　ところで，「スポーツ法」と聞かれてスポーツと法律がどのように関係しているのか，いぶかしがる人もいるかもしれない。実際，筆者が「スポーツ法を教えています」と話しても，ハァ？　という表情を浮かべる人も結構いる。本書を読めばおわかりいただけるが，本書は通常の法律学の教科書のような「お堅い」ものではない。スポーツに関心のあるなしにかかわらず，非常に読みやすい内容となっており，スポーツ法の意義についても十分理解していただけるものと考えている。

スポーツとスポーツ法の関係は，コインの表と裏に似ているかもしれない。スポーツ選手が活躍する舞台が表だとすると，スポーツ法はその舞台裏の世界を扱うことになる。みなさんが思い描く法は刑罰や規則など，人々を「縛る」「規制する」というイメージをもたれるかもしれない。スポーツ基本法は，「全ての国民がその自発性の下に，各々の関心，適性等に応じて，安全かつ公正な環境の下で日常的にスポーツに親しみ，スポーツを楽しみ，又はスポーツを支える活動に参画することのできる機会」の確保を目的としている。この意味では，スポーツ法は，通常の法とは異なり，スポーツを支える側面をもっている。本書はスポーツを支える法の世界を描くものでもある。

　オリンピック憲章では，「スポーツの実践が人権である」と規定する。これはオリンピックの精神の1つであり，「すべての人はいかなる種類の差別も受けることなく，スポーツをする機会を与えられなければならない」。まさに，東京オリンピック・パラリンピックは，私たちが人権，スポーツ法を学ぶ大舞台でもある。

　本書を通じて，スポーツの世界と法律の世界をさらに深く理解してもらえるものと思います。執筆していただいた先生方には，読者のみなさんに対し「問いかけ」「考えていただく」ことを念頭に書いていただくようお願いしました。本書のタイトルは『スポーツ法へのファーストステップ』ですが，読者のみなさんに次の「一歩」を踏み出していただくことが，執筆者一同の願いでもあります。

　最後に，本書は法律文化社のご厚意により刊行の運びとなったことを，この場を借りてお礼を申し上げます。また，企画の段階から本書完成まで根気強くお付き合いいただき，励ましの言葉をかけてくださった同社編集部の上田哲平氏には本当にお世話になりました。執筆者一同を代表して深く感謝申し上げます。

　　2018年9月7日

　　　　　　　　　　　　　　　編者を代表して　　石 堂 典 秀

目　　次

はじめに

01　スポーツの世界に法は存在するか？ ———————————— 1

1　スポーツとは何か ……………………………………………………… 1

2　法とは何か ……………………………………………………………… 3

3　スポーツ基本法 ………………………………………………………… 10

4　スポーツ権 ……………………………………………………………… 12

5　スポーツ行政 …………………………………………………………… 14

02　スポーツ（界）はどのような人権を守ることが必要か？ ———— 19

1　憲法による人権保護とスポーツ（界）の課題 ……………………… 19

2　第二次世界大戦後の国際人権保障とスポーツ ……………………… 23

3　第二次世界大戦後の憲法による人権保障とスポーツ ……………… 26

4　スポーツにおける平等と公正とジェンダー ………………………… 30

03　高校野球に女子生徒は参加すべきか？ ——————————— 36

1　女子選手は男子競技・種目で競えないのか：高校野球を例に ……… 36

2　女子選手は女子競技・種目で競技できないのか …………………… 41

3　男女どちらの競技・種目で競うのか ………………………………… 44

4　性別に競うべきか：まとめと今後の課題 …………………………… 49

04　スポーツ賭博は禁止されるべきか？ ——————————— 54

1　最近の出来事 …………………………………………………………… 54

2　日本社会と賭博規制 …………………………………………………… 55

3　日本で合法とされている賭博行為 …………………………………… 56

iii

4	スポーツと八百長	61
5	スポーツ賭博をどう考えるか	66

05 なぜケガをさせても訴えられる可能性が低いのか？ ——— 71

1	民事上の責任	71
2	刑事上の責任	82

06 スポーツの商業主義は問題か？ ——— 86

1	スポーツにおける契約とビジネス	86
2	契約と代理制度	88
3	スポーツにおける代理人	90
4	選手の地位（選手契約）	94
5	選手を取り巻くビジネス	95
6	スポーツを取り巻くビジネス	98

07 オリンピックは必要とされているか？ ——— 101

1	オリンピック・ムーブメントとIOC	101
2	オリンピック憲章の「憲法的性格」	105
3	オリンピック憲章「根本原則」にみる人権保障	106
4	オリンピック・ムーブメントと人権保障にかかわる最近の動向	110
5	オリンピックはどのように活かされるべきか	112

08 スポーツにおける連帯責任は問題か？ ——— 114

1	スポーツ団体の法的性格	114
2	懲罰規程	119
3	連帯責任	122
4	スポーツ団体のガバナンス	129

目　次

09　スポーツ紛争はどのように解決されているか？ ────── 134

1　スポーツ紛争とは ──────────────────────── 134

2　スポーツ紛争に適用される規範 ────────────── 136

3　スポーツ紛争の解決 ──────────────────── 138

4　スポーツ仲裁 ─────────────────────────── 140

10　スポーツを支援する環境はどのようになっているか？ ───── 149

1　国が支えるスポーツ環境 ─────────────────── 149

2　地域が支えるスポーツ環境 ───────────────── 155

3　学校体育と運動部活動 ──────────────────── 159

11　プロスポーツ選手は労働者か？ ─────────────── 166

1　スポーツ選手って労働者!? ───────────────── 166

2　労働法ってどんな法律!? ────────────────── 167

3　個別的労働法とスポーツ選手 ────────────── 169

4　集団的労働法とスポーツ選手 ────────────── 173

5　スポーツ競技団体の意思決定 ────────────── 178

12　スポーツイベントは「持続可能」か？ ─────────── 180

1　スポーツと環境とのかかわり ────────────── 180

2　オリンピック・ムーブメントと環境問題 ───────── 184

3　スポーツと環境：国内事例 ───────────────── 188

4　社会・人権問題とスポーツイベントのサステナビリティ ── 190

5　スポーツ界の持続可能な発展のために ────────── 196

13　スポーツ映像は誰のものか？ ─────────────── 198

1　メディアとスポーツの放送権 ────────────── 198

2　誰がスポーツの放送権を有しているのか ───────── 203

3　スポーツ映像と著作権および著作隣接権 ───────── 206

v

| | 4 | ユニバーサルアクセス権 | 209 |

14 ドーピングは禁止されるべきか？ — 214

1	ドーピングとは	214
2	WADC および国際基準と国内規程	220
3	アンチ・ドーピング規則違反（ADRV）の10の類型	223
4	ドーピング検査手続・分析機関による分析	224
5	アンチ・ドーピング規則違反事例の処理	225

15 健康ブームは健康をもたらすか？ — 229

1	私たちの生活と健康	229
2	健康増進の取り組み	234
3	日常生活における健康づくり	238

判例索引

事項索引

執筆者紹介

01 スポーツの世界に法は存在するか？

　一見，スポーツは法とは無縁にみえるが，スポーツは競技規則に従って行われ，そのルールに違反をすると選手はペナルティを受けることになる。ルールに従って行動するという点で，スポーツと法は非常に似た関係にある。2011年に日本でスポーツ基本法が制定された。スポーツ法は，スポーツ基本法に限らず，憲法，刑法，民法，労働法，独占禁止法，著作権法，知的財産法などさまざまな法分野と関係している。さらに，制定法に限らず，団体規則や慣習法などの不文法もあり，さらには国際的な法分野にも及ぶ非常に幅広い領域をスポーツ法は有している。スポーツ法とは何か，その法源を知るとともに，スポーツ法の対象とするスポーツとは何かを考えてみよう。スポーツを通じて法を知るとともに，スポーツ法を通じてスポーツをさらに理解することができるはずである。

1 ── スポーツとは何か

(1) スポーツとは

　みなさんは「スポーツ」という言葉を聞いて何を連想するだろうか。テレビをつければ，ニュース番組では必ずスポーツの話題があり，新聞にはスポーツ欄があり，私たちは，日々，スポーツの話題に接している。

　スポーツ基本法は，その前文で，「スポーツは，心身の健全な発達，健康及び体力の保持増進，精神的な充足感の獲得，自律心その他の精神の涵養等のために個人又は集団で行われる運動競技その他の身体活動」と述べている。スポーツ基本法では，スポーツとは心身の健全な発達のための何らかの身体活動と考えられている。野球やサッカー，陸上競技やマラソン，水泳などはスポーツの代表格であるが，「イモムシラグビー」「こたつホッケー」「手錠バレー」「100センチ走」もスポーツと呼べるのであろうか。これらは，「ゆるスポーツ」の正

式な競技種目である。最近では，年齢や体力を問わずに誰もが楽しめる新スポーツとして「ゆるスポーツ」や「ニュースポーツ」も登場してきている。

囲碁や将棋もスポーツといえるであろうか。囲碁がアジア大会のスポーツ正式種目に採用されたことによって，囲碁棋士がドーピング検査を受けたことが話題となった（朝日新聞2010年2月17日）。世界チェス連盟はIOCの認証団体となっている。スポーツ（sport）の語源には「気分を転じる，楽しませる，遊ぶ」という意味も含まれている。フランスの学者ベルナール・ジレによれば，「1つの運動をスポーツと認めるために，われわれは3つの要素，即ち，遊戯，闘争，およびはげしい肉体活動を要求する」。闘争とは「困難に対して闘うこと」であって，相手との競争ではないことに注意する必要がある。オリンピックの「より早く，より高く，より強く」というモットーもこの文脈で理解する必要がある。すなわち，相手よりも早く走ることが目的なのではない。スポーツの本質は，自己との戦い，自己研鑽にある。現代社会において，スポーツが日々進化していっても，その本質は変わらないのかもしれない。

⑵ eスポーツはスポーツか

最近，「eスポーツ」といわれる新たな競技が登場してきている。eスポーツは「エレクトリック・スポーツ」の略で，コンピューターゲームを野球やサッカーなどのスポーツ競技のようにとらえ，スタジアム等で実際に観客がみて楽しむ要素がある。1990年代後半から欧米や韓国で賞金付きの大会が開催され始め，プロのプレイヤーやリーグも生まれている。ゲーム種目は射撃，陣取り，スポーツ，格闘など幅広く，チーム戦と1対1の対戦がある。eスポーツの市場規模は，2016年に世界で4億9300万ドル（約550億円）に達したとされ，数万の観客を集め，最大で同時に1470万人がネット視聴した大会もあるという。

eスポーツでは，優勝者には高額な賞金が支払われるが，日本のゲーム大会の賞金は，景品表示法の規制を受けると解釈され，懸賞の最高額は，10万円を超えてはならないという制約を受けることになる（景表法4条，懸賞制限告示2項）。

アジア・オリンピック評議会（OCA）はeスポーツを，中国の杭州で開催される2022年夏季アジア大会の正式競技として採用すると発表した。将来はeス

01　スポーツの世界に法は存在するか？

ポーツがオリンピック種目となる可能性も出てきている（朝日新聞2017年10月30日）。スポーツが日々進化する中で，スポーツを再定義する日が来るのかもしれない。

2──法とは何か

⑴ 法の種類

　次にスポーツ法の「法」の部分について考えてみよう。法とは，社会生活を規律する社会規範の一種といわれている。社会規範とは，ものごとの是非を判断する尺度で，一定の社会集団内で妥当するものであり，道徳，習俗，宗教等も含んでいる。法とほかの社会規範との最も大きな違いは，国家が制定する法令については国家の強制力によって法の実現を保障している点にある。法は，成文法と不文法に大別される。成文法には，憲法，各種法律のほか，政令，条例，規則などがあり，不文法には，慣習法，判例（法），条理，自治的法規などがある。また，国際法としては，条約，国際慣習法などがある。スポーツ法が扱う法の領域は広範かつ多様であり，成文法から不文法にまたがっている。

⑵ 成文法

① 制定法　現在，日本には，8000弱の法令があるとされる。その中で，主要な法律を六法と呼んでいる。六法とは，憲法，民法，商法，民事訴訟法，刑法，刑事訴訟法をいう。

　憲法は，国家の統治体制の根本的事項を定める法であり，国の最高法規として，憲法に反する法令は効力を有しない。日本国憲法は，国民主権，基本的人権の尊重，平和主義の3つが基本原則とされている。基本的人権には自由権，参政権および社会権（生存権的基本権）がある。スポーツ権は，後述するように，基本的人権の一種であると考えられている。

　民法は，市民相互の関係を規律する私法の一般法であり，現行民法典は，総則，物権，債権，親族，相続の5編から構成されている。スポーツを行う上で，多くの部分が契約関係から成り立っており，契約法の知識が必要となってくる。また，プロスポーツの世界では，契約法や知的財産法，独占禁止法（独禁

3

法），労働法などの法律も関係してくる。民事訴訟法とは，私人間の生活関係から生ずる紛争や利害の衝突を，国家の裁判権によって，法律的，強制的に解決，調整するための手続法である。商法とは，企業活動に関与する経済主体間の利益の調整に関する法であり，商法典のほか，会社の設立，組織，運営および管理について定める会社法がある。スポーツ団体の設立・運営等に関しては，各種の法人法や会社法が関係してくる。

　刑法とは，どのような行為が犯罪となるか，それに対して，どのような刑罰が科せられるかを定めた法規である。そして，犯罪の可否を確定し，科すべき具体的刑罰を定める手続を規定したのが刑事訴訟法である。検察官が刑罰を科すべきことを請求し，被告人，弁護人が防御をし，裁判所が判断を行うという構造となっている。

　スポーツに関する制定法としては，スポーツ基本法，日本スポーツ振興センター法，スポーツ振興投票（toto）の実施等に関する法律，社会教育法，健康増進法等の法律がある。

② 命　令　　命令とは，行政機関によって制定されるもので，政令，府令，省令，規則等がある。政令とは，内閣によって制定される命令のことで，憲法および法律の規定を実施するためのものと，法律の委任に基づくものとがある。なお，政令は，特に法律の委任がある場合を除いては，罰則を設け，または国民に対し義務を課し，もしくは国民の権利を制限する規定を設けることができない（憲法73条6号）。このほか，内閣総理大臣が発する内閣府の命令を府令と呼び，各省大臣が発する命令を省令と呼ぶ。スポーツに関する命令としては，スポーツ基本法施行令，スポーツ振興投票の実施等に関する法律施行令，独立行政法人スポーツ振興センター法施行令などがある。

　規則（憲法81条）とは，国会以外の機関が制定するものであるが，規則には種々あり，その制定権および所管事項についてはそれぞれの根拠法に依拠し，法的性質は異なる。スポーツに関係するものとしては，スポーツ審議会運営規則，学校教育法施行規則，学校安全法施行規則等がある。

③ 条　例　　条例とは，地方公共団体がその自治権に基づき，議会の議決によって定められるものである。条例で規定できる事項は，法令の範囲内に限定され，地域における事務およびその他の事務で法令により地方

公共団体が処理することとされるものである（地方自治法2条2項）。スポーツに関する条例には，群馬県みなかみ町「アウトドアスポーツ振興条例」，富山県「登山届出条例」，長野県野沢温泉村「スキー場安全条例」，沖縄県「水難事故防止条例」などがある。

⑶ 不文法

　法には，制定法のように一定の手続に従って制定される法のほかに，不文法と呼ばれるものが存在する。不文法としては，慣習に基づいて成立する慣習法，裁判所の判決の反復・集積によって成立する判例法および条理などがある。

① 判例法　　判例法とは，裁判所の下す判決の積み重ねによりつくり出される法を指す。最高裁判所が判例変更を行う場合には大法廷でなされなければならない（裁判所法10条3号）。下級審の判例違反は上告理由となる（刑事訴訟法405条，民事訴訟法337条）。最高裁判所は判例の変更には慎重であり，下級審でも判例に反するような判決は容易にはしないため，事実上，判例の拘束力はきわめて大きい。スポーツ事故等の分野では，スポーツ固有の判例も形成されてきている。

② 慣習法　　社会生活の中で反復して行われ，人々の間で拘束力を感じるようになった一種の社会規範の中で，その慣習に服する人たちの間で法として考えられるまでに至っているものを「慣習法」といい，そこまで至らないものを「慣習」という。民法は，任意規定と異なる慣習がある場合において，当事者がその慣習に従う意思を有しているものと認められるときは，その慣習が優先される（民法92条）。スポーツの世界では，興行権，商品化権，放映権など商慣習上発生してきたものが多い。

　プロ野球選手の肖像権の使用許諾をめぐる紛争において，裁判所は，野球ゲームソフトおよび野球カード等での所属選手の氏名および肖像の使用については，長期間にわたり，選手において自らの氏名および肖像が使用されることを明示または黙示に許容してきたとして，長年の慣行の存在を認め，球団側の継続的使用を認めている（知財高判平成20年2月25日，最決平成22年6月15日）。

③ 条理　　条理とは，社会生活における根本理念であって，ものごとの道理，社会通念，社会一般の正義の観念，公序良俗，信義誠実の

原則等と表されることもある。一般的には法の欠缺を補うものとして考えられ、明治8年太政官布告第103号「裁判事務心得」によれば、成文法も慣習もないときに裁判の基準として取り上げられるものとされている。スポーツの世界においては、スポーツマンシップ、フェアプレイの精神等も条理といえよう。世界大学柔道選手権代表選手選考事件（東京地判昭和63年2月25日判時1273号3頁）では、日本代表選考が平等取扱条項の趣旨に反し、裁量権の範囲を逸脱したものとして違法とされたが、その中で、日本代表としての適格性の判断基準として「フェアプレイの精神やアマチュアリズム」に言及している。法の本質は、正義の実現である。フェアプレイの精神やスポーツマンシップといった概念は、法の精神にも通じるところがある。

④ 付合契約・約款　　電気や水道の供給契約のように、契約当事者の一方があらかじめ定めた定型的な契約条項（約款）によって契約内容が規定され、相手方はこれを包括的に承認するか否かの選択しかできない契約を付合契約と呼んでいる。スポーツの世界でも、たとえば、スポーツクラブ入会契約、試合観戦契約約款、マラソン大会出場規約などでこのような定型的な契約書が使われることが多く、プロ選手の契約でも統一契約書式のようなひな形が使われている。事実上、これら契約条項がスポーツ規範として機能することになる。民法は、「法律行為の当事者が法令中の公の秩序に関しない規定と異なる意思を表示したときは、その意思に従う」(91条)として当事者間の私的合意を優先している。

　しかし、この種の契約は一方当事者が作成したものであるため、その契約内容が著しく不当なものである場合には、公序良俗違反（民法90条）として無効となる。たとえば、スキューバダイビング事故（東京地判平成13年6月20日判タ1074号219頁）やスポーツクラブでの転倒事故（東京地判平成9年2月13日判時1627号129頁）ではクラブ側の免責が認められなかった。

　2001（平成13）年4月1日に施行された消費者契約法のもとでは、消費者と事業者との間で締結された契約については、消費者と事業者との間には情報量や交渉力において格差があり、消費者の利益の擁護を図る上で、①消費者が誤認・困惑した場合における消費者契約の取消し、②事業者の損害賠償責任の免除等消費者の利益を不当に害することとなる消費者契約の条項の無効、③適格

消費者団体による差止請求等について定めている。

　消費者契約法にいう「事業者」とは，法人その他の団体および事業としてまたは事業のために契約の当事者となる場合における個人をいい，競技団体も「事業者」にあたることになる（消費者契約法2条2項）。消費者とは，個人であるが（消費者契約法2条1項），大学のクラブチーム（権利能力なき社団）が消費者契約法上の「消費者」に該当するとした裁判例（東京地判平成23年11月17日判時2150号49頁）がある。

(4) 国際スポーツ法

　国際法という名称の法規は存在しないが，条約や国際慣習法が国際法にあたるとされている。国際司法裁判所規程38条によれば，条約・国際慣習法以外にも法の一般原則，裁判上の判決，優秀な国際法学者の学説も適用法規として挙げている。条約とは，国家の間において文書の形式により締結され，国際法によって規律される国際的な合意をいう。条約は国会の承認を要し（憲法73条），確定された国際法規は，これを誠実に遵守する義務がある（憲法98条2項）。

　条約法に関するウィーン条約によれば，協定，憲章，規約，議定書など名称を問わないとされている。スポーツに関する条約としては，ユネスコの作成した「アンチ・ドーピング条約」や「オリンピック・シンボルの保護に関するナイロビ条約」がある。ナイロビ条約では，締約国は，オリンピック・シンボルまたはオリンピック・シンボルを含む標章について，商標登録を拒絶または無効とする義務や，商業的利用を禁止する措置を講じる義務等を負う。アンチ・ドーピングに関しては，世界アンチ・ドーピング機構（World Anti-Doping Agency: WADA）が作成した，通称WADAコードにおいて国際的なドーピング検査基準やドーピング違反の罰則規定の統一化が図られており，世界共通のルールとして機能している。

　また，国際オリンピック委員会（IOC）の作成するオリンピック憲章は，オリンピック競技に参加する国や団体，個人に対して拘束力を有するものであり，実質的には，国際的な規範として機能している（図01-1）。さらに，たとえば国際サッカー連盟（FIFA）のような国際的なスポーツ競技団体も独自の規則を制定しており，加盟団体および選手を拘束するものである。これら国際的なス

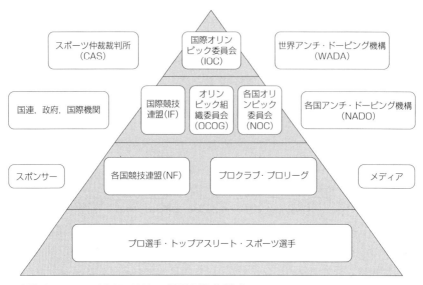

出所：Chappelet and Kübler-Mabbott (2008) を基に筆者作成。

ポーツ機関は，自ら規則を制定し（立法），それを執行し，団体内部の紛争解決機関を有しており，独自の国際的なスポーツ秩序を形成してきている。2016年のリオ・オリンピック・パラリンピックにおけるロシアの出場資格停止措置は国際スポーツ団体が強力な執行力を有していることを示すものであった。そして，これら団体の決定に対する上訴機関としてスポーツ仲裁裁判所（CAS）が機能している。CASが下す仲裁判断をスポーツ固有の法原則としてLex Sportivaと呼んでいる。

(5) 競技規則と法

　スポーツにおける競技規則は，このようなルールがなければ大会や試合は成り立たないため，スポーツをする上で欠かせないものであり，スポーツをする人たちにとって，競技規則は選手全員がこれを遵守すべき，ある種の法（ルール）といえる。スポーツ・ルールとは，当事者の資格と条件，施設・会場，使用する用具に関する要件，ゲーム進行の原則と規則，審判の基準と権限，違反が生

じた場合の処置等々が規定されている（千葉 2001）。スポーツ・ルールは，団体自治のもと，競技団体が独自につくることができ，基本的にその内容に法が立ち入ることはない。たとえば，サッカーのオフサイドが法的に有効かどうかということについて裁判所は扱わない。このようなルールをスポーツ固有法と呼ぶ論者もいる。また，試合中の審判の判断についても，欧米などではfield of playと呼ばれ，その是非を判断することには消極的である（JSAA-AP-2015-003（ボート））。

　Jリーグの規約では，外国籍選手の取扱いについて「試合にエントリーすることができる外国籍選手は，1チーム3名以内とする」(14条) としており，プロ野球でも「出場選手登録は4名以内に限られ，野手又は投手として同時に登録申請できるのは，それぞれ3名以内」(82条の2) とされ，外国人選手の出場には制限が設けられている。一方，このようなルールはEUでは認められていない（シークマン 2014）。FIFAの「6＋5ルール」(1チームあたり5人の外国人選手だけが出場することができ，ほかの選手は，国内の選手でなければならないとする) は，国籍に基づいた差別であり，EU法違反とされる。EUでは選手の移動の自由を保障することが優先される（ボスマン判決（Case C-415/93, Union Royale Belge des Sociétés de Football Association ASBL v. Bosman, 1995 E.C.R. I-04921））。これは，法によるスポーツ・ルールの変更といえる。

　大相撲では，昔から「土俵上は女人禁制」の暗黙のルールがあり，当時の大阪府知事（女性）が知事賞授与のため土俵に上がることを相撲協会は認めなかった（朝日新聞2004年3月9日）。その後，知事賞の代理授与は性差別であって，憲法14条等に反するという市民の訴えに対し，裁判所は「相撲の伝統や文化にかかわる問題であり，国民世論も分かれているから，一概に違法な性差別ということはできない」と判断している（大阪地判平成17年8月30日）。

　最近では，バレー・柔道・卓球などのオリンピック競技種目が，テレビ放送との関係でルールが改正されるようになってきているように，時代とともに変化していくルールもある。

3──スポーツ基本法

⑴ スポーツ基本法

　2011年，スポーツ基本法（平成23年法律第78号）が制定された。スポーツ基本法は，スポーツ振興法を全面的に改正する形で成立した。振興法は，1964年の東京オリンピック開催決定をきっかけに，1961年に制定された。同法では，スポーツ施設の整備や拡充，体育指導員の養成のほか，スポーツの振興として，「体育の日における行事の実施」「国民体育大会の開催」「青少年スポーツの振興」「職場スポーツの奨励」「野外活動の普及奨励」等が規定されていた。

　ところで，基本法とは，国政の重要分野について，国の制度や政策等の基本方針を明示する法律で，基本法は，いわゆるプログラム規定で構成されるものが多く，基本法に示された方針に基づいて政策実現のための個別法が制定されることが多い。基本法の形態をとるものとしては，教育基本法，障害者基本法，環境基本法などの法律がある。

　スポーツ基本法は，前文，5章35条，附則から成っている。前文では，その冒頭に「スポーツは，世界共通の人類の文化である」と謳っている。そして，国民生活さらには国際社会でスポーツの果たす役割の重要性にかんがみ，スポーツ立国の実現をめざすため，国家戦略の一環として，スポーツに関する施策を総合的かつ計画的に推進することが21世紀の日本の発展のために必要不可欠であるとする。

　これに続く第1章総則では，この法律の目的を定めるとともに，第2条において8つの基本理念を掲げている。①国民が生涯にわたりあらゆる機会とあらゆる場所において，自主的かつ自律的にその適性および健康状態に応じて行うことができるようにする。②青少年のスポーツが，国民の生涯にわたる健全な心と身体を培い，豊かな人間性を育む基礎となるため，学校，スポーツ団体，家庭および地域における相互の連携を進める。③スポーツを通じて地域におけるすべての世代の人々の交流促進と地域間の交流の基盤の形成を推進する。④スポーツを行う者の心身の健康の保持増進および安全の確保が図られるよう推進する。⑤障がい者が自主的かつ積極的にスポーツを行うことができるよう，

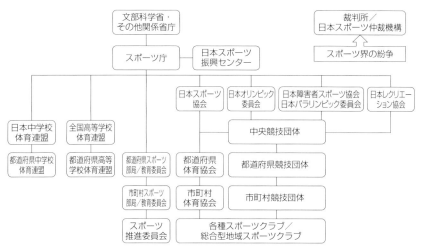

図01-2 日本におけるスポーツ関係団体

出所：スポーツ白書および日本スポーツ協会ウェブサイトを基に筆者作成。

障がいの種類および程度に応じた必要な配慮をする。⑥日本のスポーツ選手（プロスポーツの選手を含む）が国際競技大会等において優秀な成績を収めることができるよう，競技水準の向上に資する諸施策相互の有機的な連携を図る。⑦スポーツに係る国際的な交流および貢献を推進することにより，国際相互理解の増進および国際平和に寄与する。⑧不当な差別的取扱いの禁止，スポーツに関するあらゆる活動の公正かつ適切な実施，ドーピングの防止に対する国民の認識を深める。

そして，この基本理念の実施のために，国や地方自治体の責務およびスポーツ団体の努力義務が定められている。

第2章では，スポーツ基本計画の策定を国に求めるとともに，地方スポーツ推進計画を都道府県・市区町村が定めるよう努めることを規定している。

第3章では，基本的施策として①スポーツの推進のための基礎的条件の整備等，②多様なスポーツの機会の確保のための環境の整備，③競技水準の向上等の3つを柱とした，以下の10の基本的施策が定められている。具体的には，「指導者等の養成等」，「スポーツ施設の整備等」，「学校施設の利用」，「スポーツ事故

の防止等」,「スポーツに関する紛争の迅速かつ適正な解決」,「スポーツに関する科学的研究の推進等」,「学校における体育の充実」,「スポーツ産業の事業者との連携等」,「スポーツに係る国際的な交流及び貢献の推進」,「顕彰」がある。

　第4章では,スポーツの推進に係る体制の整備に関し,①スポーツに関する施策の総合的,一体的かつ効果的な推進を図るためのスポーツ推進会議の設置,②都道府県・市町村でのスポーツ振興審議会の設置等,③市町村の教育委員会によるスポーツ推進委員の委嘱について規定している(図01-2)。

　第5章は,国の補助等について規定する。

⑵ スポーツ基本計画

　スポーツ基本法9条に基づき,スポーツに関する施策の総合的かつ計画的な推進を図るため,スポーツ基本計画を策定することが義務づけられている(スポーツ基本法9条)。そして,この基本計画を策定するために,政府に対して,文部科学省および厚生労働省,経済産業省,国土交通省,その他の関係行政機関相互の連絡調整を行うために,スポーツ推進会議の設置も明記された(スポーツ基本法30条)。

　2012年3月30日に第1次スポーツ基本計画が策定され,現在は,第2期スポーツ基本計画(2017年4月から5年間)が公表されている。新計画ではスポーツによって「人生が変わる」「社会を変える」「世界とつながる」「未来を創る」を基本方針として,2020年東京オリンピック・パラリンピック開催を契機に,スポーツ参画人口の拡大による「1億総スポーツ社会」の実現を掲げ,スポーツ参画人口の拡大,大学スポーツのNCAA化,国際競技力の向上,スポーツ団体のガバナンス強化,コンプライアンスの徹底,ドーピング防止などクリーンでフェアなスポーツの推進,スポーツ市場規模の拡大などの具体的目標を掲げている。

4 ── スポーツ権

⑴ スポーツ基本法とスポーツ権

　スポーツ基本法前文では,「スポーツは,これを通じて幸福で豊かな生活を

営むことが人々の権利である」としてスポーツ権が明記されている。さらに「全ての国民がその自発性の下に，各々の関心，適性等に応じて，安全かつ公正な環境の下で日常的にスポーツに親しみ，スポーツを楽しみ，又はスポーツを支える活動に参画することのできる機会が確保されなければならない」として，スポーツ権には，スポーツを「する権利」だけでなく，「観る」「支える」権利も含まれている。

ところで，スポーツ基本法が制定される前は，スポーツ権を規定する条文が存在しないため，スポーツ権の根拠規定を憲法に求め，スポーツ権が基本的人権たるかどうかについて議論がなされてきた。

「スポーツ基本法」では，前文と同様に第2条でも「スポーツは，これを通じて幸福で豊かな生活を営むことが人々の権利である」と明記され，同条は，国民の幸福追求権を定めた憲法13条と趣旨を同じくするものと考えられている。日本国憲法13条は，「すべて国民は，個人として尊重される。生命，自由及び幸福追求に対する国民の権利については，公共の福祉に反しない限り，立法その他の国政の上で，最大の尊重を必要とする」と規定している。この規定は，新しい人権を包括的に保証する根拠規定と解されている。新しい人権とは，憲法上の権利保障規定に明示されてはいないが，憲法上の人権として保障されるべきであると主張することができる権利で，プライバシー権，環境権などがある。

なお，憲法の人権に関する規定は，基本的には国家からの自由として国家権力と私人との関係を規律するものであるが，国家以外にもスポーツ団体等との間でも人権侵害が問題となるケースも考えられる。この問題は，「人権の私人間効力」の問題と関係する。学説には適用否定説のほか，私人間にも人権規定が直接適用されるとする説があるが，判例・学説等では，公序良俗に反する法律行為は無効であると定める民法90条のような私法の一般条項を憲法の趣旨を取り込んで解釈・適用することによって間接的に適用されるとする説が多数説となっている（たとえば，三菱樹脂事件（最判昭和48年12月12日民集27巻11号1536頁））。

スポーツ権は，代表選手選考，懲戒処分，暴力・ハラスメント，人種差別的発言などさまざまな場面で関係してくる。

⑵ スポーツ・フォー・オール

　スポーツ権は，歴史的にも人権と深くかかわってきている。「スポーツ・フォー・オール (Sports for All)」とは，スポーツは一部の限られた層や特別な才能を有する者だけのものではなく，老若男女すべての人々がスポーツの機会を享受しうるものであるという考え方である。1960年代以降，ヨーロッパ諸国において，一般市民のスポーツ参加を広げていく運動が始まっていった（木村2001）。1975年3月にヨーロッパ評議会スポーツ閣僚会議において，「ヨーロッパ・スポーツ・フォー・オール憲章」が採択された。その後，1978年11月，ユネスコ第20回総会において「体育・スポーツ国際憲章」が採択され，その中でも「体育・スポーツの実践はすべての人にとって基本的権利である」と明記されている。さらに，オリンピック憲章でも「スポーツをすることは人権の1つである。すべての個人はいかなる種類の差別も受けることなく，オリンピック精神に基づき，スポーツをする機会を与えられなければならない」(オリンピズムの根本原則4）と同じような趣旨の規定が置かれている。

　ユネスコは，2015年に先の国際憲章を改定し，「体育・身体活動・スポーツに関する国際憲章」を発表している。そこでは，「すべての人は，人種，ジェンダー，性的指向，言語，宗教，政治的又はその他の意見，国民もしくは社会的出身，財産，その他一切の理由に基づく差別を受けることなく，体育・身体活動・スポーツを行う基本的な権利を持っている」(1条1.1) として，人権としてのスポーツ権の保障が謳われている。また，同憲章では，スポーツの新たな役割として加えられた「開発と平和のイニシアチブのためのスポーツは，貧困の根絶，及び民主主義，人権，安全保障，平和と非暴力の文化，対話と紛争解決，許容と非差別，社会的統合，男女の平等，法の支配，持続可能性，環境認識，健康，教育，市民社会の役割をより強固なものにすること」が目的とされる (11条1.1)。

5 ——スポーツ行政

⑴ スポーツ庁

　スポーツ基本法附則2条では，「政府は，スポーツに関する施策を総合的に

01 スポーツの世界に法は存在するか？

図 01-3　スポーツ庁の組織図

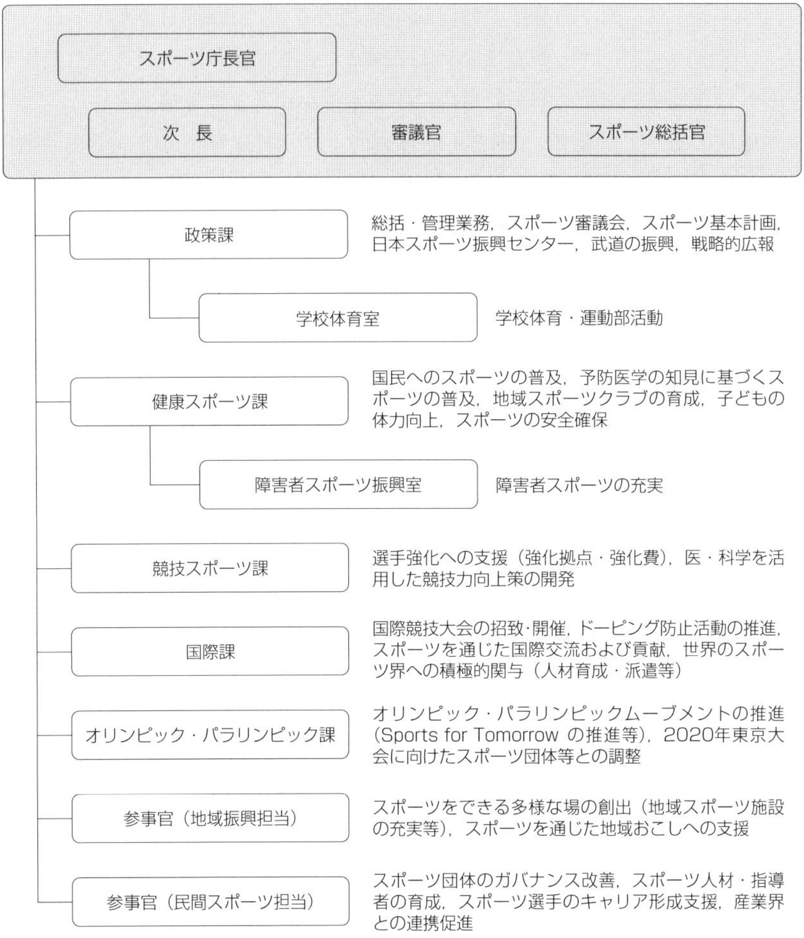

スポーツ庁長官		
次　長	審議官	スポーツ総括官

政策課
総括・管理業務，スポーツ審議会，スポーツ基本計画，日本スポーツ振興センター，武道の振興，戦略的広報

学校体育室
学校体育・運動部活動

健康スポーツ課
国民へのスポーツの普及，予防医学の知見に基づくスポーツの普及，地域スポーツクラブの育成，子どもの体力向上，スポーツの安全確保

障害者スポーツ振興室
障害者スポーツの充実

競技スポーツ課
選手強化への支援（強化拠点・強化費），医・科学を活用した競技力向上策の開発

国際課
国際競技大会の招致・開催，ドーピング防止活動の推進，スポーツを通じた国際交流および貢献，世界のスポーツ界への積極的関与（人材育成・派遣等）

オリンピック・パラリンピック課
オリンピック・パラリンピックムーブメントの推進（Sports for Tomorrow の推進等），2020年東京大会に向けたスポーツ団体等との調整

参事官（地域振興担当）
スポーツをできる多様な場の創出（地域スポーツ施設の充実等），スポーツを通じた地域おこしへの支援

参事官（民間スポーツ担当）
スポーツ団体のガバナンス改善，スポーツ人材・指導者の育成，スポーツ選手のキャリア形成支援，産業界との連携促進

出所：スポーツ庁ウェブサイト。

推進するため，スポーツ庁及びスポーツに関する審議会等の設置等行政組織の在り方について，政府の行政改革の基本方針との整合性に配慮して検討を加え，その結果に基づいて必要な措置を講ずるものとする」として，スポーツ庁設置を制定後の課題としていた。その後，2015年10月1日に文部科学省の外局としてスポーツ庁が設置された（**図01-3**）。これまで厚労省，経産省，農水省な

15

どさまざまな省庁に分かれていたスポーツ行政を一元化し，スポーツの振興その他のスポーツに関する施策の総合的な推進を図ることが期待されている。スポーツ庁は，スポーツ振興施策の充実を図るとともに，スポーツを通じた①健康増進，②地域活性化，③国際貢献，④スポーツ産業との連携，という4つの重点施策に基づき，現在，「子どもの体力向上」「学校体育・運動部活動」「国民のスポーツライフ」「障害者スポーツ」「競技力の向上」「国際交流・国際協力」「スポーツ施設の整備・運営」「スポーツによる地域・経済の活性化」「スポーツ界の透明性，公平・公正性の向上」「スポーツを通じた女性の活躍促進」といった10の柱を掲げている。

⑵ 日本スポーツ振興センター（Japan Sport Council：JSC）

　2002年に「独立行政法人日本スポーツ振興センター法」が制定された。日本スポーツ振興センターの目的は，「スポーツの振興及び児童，生徒，学生又は幼児の健康の保持増進を図るため，その設置するスポーツ施設の適切かつ効率的な運営，スポーツの振興のために必要な援助，小学校，中学校，高等学校，中等教育学校，高等専門学校，特別支援学校又は幼稚園の管理下における児童生徒等の災害に関する必要な給付その他スポーツ及び児童生徒等の健康の保持増進に関する調査研究並びに資料の収集及び提供等を行い，もって国民の心身の健全な発達に寄与すること」（日本スポーツ振興センター法3条）とされている。具体的な業務としては，①新国立競技場等のスポーツ施設の運営およびスポーツの普及・振興に関する業務，②日本のスポーツ情報戦略機能の強化に関する業務，③国際競技力向上および研究・支援・開発業務，④スポーツくじの販売等のスポーツ振興投票等業務，⑤災害共済給付および学校安全支援業務，⑥スポーツ博物館・図書館の管理・運営業務など，幅広い活動を行っている。

　2013年に行われた日本スポーツ振興センター法の改正に伴い，「スポーツに関する活動が公正かつ適切に実施されるようにするために必要な業務」が新たに加えられた。その後，スポーツにおける八百長・違法賭博，ガバナンス欠如，暴力，ドーピング等のさまざまな脅威から，スポーツのインティグリティ（Integrity of Sport）を守るため，「スポーツ・インティグリティ・ユニット」が設置された。同ユニットでは，①アンチ・ドーピング，②スポーツ相談（暴力

相談），③ガバナンス，④くじ調査（八百長・違法賭博）の４つを柱としている。

　インティグリティとは，誠実，真摯，高潔などを意味する言葉で，スポーツの価値を守るために現在のスポーツ界では重要なキーワードとなっている。スポーツ賭博が広がっていく中で，ヨーロッパで大規模な違法賭博が行われたことが発覚し（朝日新聞2013年２月６日），2014年９月に欧州評議会では，「スポーツ競技の不正操作防止に関する欧州評議会条約」が締結されている。また，オーストラリアスポーツコミッションは2016年５月に「スポーツ団体のディレクター・指導者のためのインティグリティ・ガイドライン」を出している。IOCは，2011年から国際競技連盟や国際刑事警察機構などと協力してワーキンググループを設置し，2015年12月には「スポーツ競技の不正操作防止に関する規約」を公表している。

📖 文献紹介

　日本スポーツ法学会編，2011，『詳解 スポーツ基本法』成文堂．
　　スポーツ基本法の制定の経緯および同法によってスポーツ界がどのように変わっていくのか，その影響について解説する。

〔参考文献〕
　阿部生雄，2009，『近代スポーツマンシップの誕生と成長』筑波大学出版会．
　石堂典秀，2016，「国際オリンピック委員会（IOC）の法的地位」石堂典秀・大友昌子・木村華織・來田享子編『知の饗宴としてのオリンピック』エイデル研究所．
　石堂典秀・高松政裕，2014，「スポーツ仲裁裁判所と世界アンチドーピング機構による法規範（Lex Sportiva）の形成――オリンピック代表選考基準をめぐる仲裁事例を通じて」『日本スポーツ法学会年報』21：88-105．
　菊幸一・齋藤健司・真山達志・横山勝彦編，2011，『スポーツ政策論』成文堂．
　木村吉次編，2001，『体育・スポーツ史概論』市村出版．
　笹川スポーツ財団，2017，『スポーツ白書 2017 スポーツによるソーシャルイノベーション』笹川スポーツ財団．
　シークマン，ロバート・C. R.，2014，高松政裕訳「講演 スポーツ法とは何か？」『日本スポーツ法学会年報』21：128-145．
　ジレ，ベルナール，1952，近藤等訳『スポーツの歴史』白水社．
　千葉正士，2001，『スポーツ法学序説』信山社．
　千葉正士・濱野吉生編，1995，『スポーツ法学入門』体育施設出版．
　道垣内正人・早川吉尚編，2011，『スポーツ法への招待』ミネルヴァ書房．
　永石啓高，2006，「オリンピック憲章に規定されるオリンピック理念」『苫小牧駒澤大学紀要』

16：37-73.

浦川道太郎・吉田勝光・石堂典秀・松本泰介・入澤充編，2017，『標準テキスト スポーツ法学 第2版』エイデル研究所．

レッシグ，ローレンス，2007，山形浩生訳『CODE VERSION 2.0』翔泳社．

Chappelet, Jean-Loup and Brenda Kübler-Mabbott, 2008, *The International Olympic Committee and the Olympic System: The Governance of World Sport*, Routledge.

【石堂典秀】

02 スポーツ（界）はどのような人権を守ることが必要か？

　スポーツは，伝統的に，国から独立した私的な活動として，自治を原則として行われてきた。そのため，スポーツ（界）における事柄に対して，国や国際社会の司法制度が介入することは制約されてきた。しかしそのことは，スポーツ（界）に人権に関する問題がないことを意味するものではない。近年の状況をみても，国際的なスポーツ競技大会，スポーツ連盟の活動，また体育科教育に至るまで，差別，暴力やハラスメント，ドーピング，またプライバシーに関する侵害事例（性別確認検査等）など，スポーツをめぐる人権問題が存在することは明らかにされてきている。その背景には，1990年代以降，スポーツ（界）における権利保護に関する法制度が国内外で整いつつあることも指摘できる。個人は，またスポーツ実践者は，どのような人権が保障されるのだろうか。この章では，スポーツ（界）における人権保護について，まず憲法および国際人権法の両面から理解し，次にスポーツにおける課題として平等と公正とジェンダーの問題について考える。スポーツはどういう人権か，みなさんはスポーツに何を求めているのか，一緒に考えてみよう。

1──憲法による人権保護とスポーツ（界）の課題

⑴ 近代憲法の誕生と人権保護

　人権とは，それが平等や自由，平和への願いという意味では，古代ギリシアやローマの哲学，キリスト教の聖書における神の前の平等にみられるように，昔からの人々の願いであった。しかし，こうした願いが法によって保護されるようになるのは，18世紀末，アメリカおよびフランスにおける近代憲法の誕生以降のことである。

　1787年，アメリカでは，独立戦争後に13州が1つの国を形成するために連邦制を採用し，それらの州を統一するための新憲法を制定した。1791年には，そ

の憲法に10箇条の人権保護を内容とする修正条項が加えられた。これらの修正
条項は，個人の自由や権利を保護するために，国や州を統制する目的を有して
いた。つまり，国や各州が法律を制定し政策を実施する際には，連邦憲法の修
正条項が保障している市民の権利を侵害してはならないのである。このよう
な，憲法によって国や各州の法律や政策を統制する考え方を立憲主義という。

　同時期，フランスでは，1789年に市民による革命の後，絶対王政の廃止とと
もに「人権宣言」が制定された。同宣言は，その後1791年に制定されたフラン
ス共和国の最初の憲法の冒頭に付加され，人権章典となった。この人権宣言
は，それまでの国王を頂点とする身分制の国家から，新たに民主主義に基づい
た共和制国家を形成することを内容としている。たとえば，第1条ですべての
人の自由と平等を保障し，それを実現するために国民主権（民主主義）と権力分
立を採用した。すなわち，ここに誕生した近代国家は，人権保護を目的とし公
権力を統制することを目的として憲法を制定した共通点をもっている。アメリ
カ憲法の修正条項，フランスの人権宣言によって，人権は，人類の歴史上初め
て，理念や哲学ではなく，法的に保障されるものとなったのである。ちなみ
に，アメリカの1787年憲法は現行の憲法であり，人権に関する修正条項が追加
されてはいるが，ほとんど改正されずに230年ほど経つ長寿の憲法である。フ
ランスの1789年人権宣言も，現行の第5共和制憲法の人権章典となっている。

(2) 初期の人権の内容とは：自由，平等，参政権

　18世紀末に誕生したアメリカ憲法，フランス1789年人権宣言は，ほぼ共通し
た人権を保護している。まず第1に，精神的自由権と分類される意見の自由，
表現の自由（思想および意見の自由な伝達，言論・出版，集会の自由），信教の自由
であり，第2に，刑事手続上の権利（適正手続，陪審による迅速で公開の裁判・弁
護人の援助を受ける権利：アメリカ，無罪推定：フランス）である。こうした人権の
基本的な考え方は，人は生まれながらに人権をもっている，という自然権の考
え方である。たとえばフランス人権宣言1条は，「人は，自由なものとして生
まれ，かつ権利において平等なものとして生存する」と定めている。アメリカ
では，自由は権利として認められていたが，平等が憲法規定となるのは，1868
年の第14修正によってである。これは，アメリカでリンカーンによって奴隷制

が1865年に廃止されたことによる修正条項の追加である。

(3) 19世紀～現在までの人権概念の変遷

　このように法的な人権保護は18世紀末に誕生したが，現在まで順調に発展してきたというわけではない。ヨーロッパでは，19世紀を通じて各国で近代憲法の制定が続くが，王政の国家も数多く存在していた。そのため，民主主義を前提とする自由，平等という近代的な人権が保護されていたのはイギリス，フランスなど一部の国であるといえる。そのフランスにおいても，1789年の革命は1799年のナポレオンの帝政の開始にみられるように，民主主義に基づく共和制が安定するのは19世紀後半，1870年以降の第三共和政以降のことである。したがって，憲法に基づいた自由，平等も法的に保障されることが可能となるのもその時期以降のことといえる。

　また，ドイツは，第一次世界大戦後の1918年に革命で帝政が終了するまで立憲君主国であった。そのため，近代憲法の制度的な外見は整えられていたが，実際は国王をはじめとする行政権が強く，議会の権限が制限されていた。帝政終了後の1919年には新たにワイマール憲法が制定され，国民主権の明記，古典的な自由権に加えて労働者の権利等の社会権を定めるなど，先駆的な内容であった。しかし，1933年にヒトラーが首相に就任すると，同年，国会が「全権委任法」を制定したことにより，実質的には憲法に基づく政治は終了したといえる。こうしてドイツは，憲法や議会という，行政権への歯止めをなくし，ナチス政党のファシズムに基づいた政治によりヨーロッパ諸国への侵攻，700万人ともいわれるユダヤ人虐殺などを遂行したことは周知の事実である。こうしたファシズム下のドイツにおいて，1936年に，19世紀末にピエール・ド・クーベルタンが再開したオリンピックがベルリンで開催されたことは注目される。ヒトラーは，オリンピズムの理念ではなく，オリンピックを自らの政府の存在を周知する機会としたのである。

(4) 日本における大日本帝国憲法の制定と人権保護

　日本では，幕末の開国とともに，国際社会において対等な文明国として認識されるために近代憲法の制定を必要とした。1889（明治22）年，明治政府は，大

日本帝国憲法を制定したが，帝政ドイツのプロイセンなどの例にならい，制度上は近代憲法の人権，三権分立，民主主義を採用した。しかし実際は，「大日本帝国ハ万世一系ノ天皇之ヲ統治ス」（1条），「天皇ハ神聖ニシテ侵スヘカラス」（3条）のような天皇の神聖性の強調，「天皇ハ帝国議会ノ協賛ヲ以テ立法権ヲ行フ」（5条），「国務各大臣ハ天皇ヲ輔弼シ其ノ責ニ任ス」（55条），「司法権ハ天皇ノ名ニ於テ法律ニ依リ裁判所之ヲ行フ」（57条）のように立法，行政，司法の三権は天皇が行うと定めていた。さらに，天皇は，陸海軍を統帥し（11条），宣戦講和，条約締結などの外交権も天皇独自の権限としていた（13条）。このように三権よりも天皇の権限が強大ななか，人権に関しても，アメリカやフランスのような近代憲法における「人権」ではなく，「臣民の権利」と規定され，天皇の臣下としての権利という制限付きで保障されていた。ほとんどの権利が「法律の範囲内（法律の留保）」，「安寧秩序を妨げず，臣民の義務に背かざる限りに於いて」等の限定がつき，憲法が保護している人権も，法律によって自由に制約できるという構造になっていた。さらに，戦時においては天皇大権が優先されるとされていた（31条）。

　このように，大日本帝国憲法は形式的には近代憲法を踏襲しているが，実質的には天皇が政治権限を行使するという意味で19世紀のドイツと同様「外見的立憲主義」と分類される。こうした大日本帝国憲法のもとで，日本は日清戦争（1894年），日露戦争（1904年）と10年ごとに世界戦争を行い，さらに1931年の満州事変以降は1945年の第二次世界大戦の無条件降伏まで，15年の永きにわたる戦争状態にあった。天皇を中心とした行政権および軍に対する国会や裁判所による統制を欠いていた大日本帝国憲法は，戦争の遂行を防ぐことができなかったのである。

　特筆すべきは，1925年の治安維持法の制定によって，言論，出版などの表現の自由が制約されたことである。同法は，当初は「国体変革」および「私有財産制度の否認」を取り締まるもので刑罰も懲役10年までとなっていたが，その後の改正により最高刑が死刑となり，対象犯罪も「行為」だけでなく「準備行為」に拡大され，さらに刑期を終えた後にも身柄拘束を継続しうる「予防拘禁制度」が導入された。これにより，民主主義社会に不可欠な表現の自由が不可能となったことも，軍国主義化を止められなかった理由の1つである。

スポーツとの関係では，この間，1940年に東京で夏季オリンピックの開催が予定されていた。史上初のアジアにおけるオリンピック開催のはずだったが，1937年には日中戦争が長期化したことにより，物資の不足，軍からの選手参加が危ぶまれたこと，満州国選手団や中華民国の選手団等の参加をめぐる国際的な反対など，国内外での反対が多くなり，またオリンピック招致に貢献した嘉納治五郎の死亡もあり，1938年7月，正式に開催権を返上した。日本が国際社会に認められる機会として，また日本に国際社会という窓を開くために政府が望んだオリンピック招致であったが，武力紛争により国内外の支持を失い，また物資的な条件も整っていないために実現はできなかった。

以上，みてきたように，現在のような人権保護は，近代憲法の誕生により可能となったが，人権は憲法に規定されるだけでなく，国際社会の平和や国内の民主主義を欠いては保障されることはできない。スポーツは，当初は私的な活動であり，公権力を統制する役割の憲法とはかかわりのない活動であった。しかし，オリンピックのような国家によるスポーツ競技の実施，また19世紀後半からは国際的に公教育に含められるようになり，法的な人権保護と関連をもつようになった。

2 ── 第二次世界大戦後の国際人権保障とスポーツ

第二次世界大戦の枢軸国であったドイツ，イタリア，日本は，ともに国内の非民主的な政治体制から戦争を引き起こした点で共通点がある。ドイツが，ヨーロッパ大陸において人種差別に基づき700万人のユダヤ人を殺害したこと，日本が，アジア太平洋諸国において2000万人の人々を殺害したこと等を踏まえ，戦後の国際社会は，国を超えて国際社会が平和と人権を保護することが必要という理念に基づき，1945年6月に国際連合を設立した。国連憲章は，前文で「基本的人権と人間の尊厳及び価値と男女及び大小各国の同権」を定め，1条3項で「人種，性，言語又は宗教による差別なくすべての者のために人権及び基本的自由を尊重」するとした。さらに，2条4項で「武力による威嚇又は武力の行使」を慎むことを加盟国の行動原理とした。つまり，国連は，戦後の国際社会において，人権保護を平和達成の要素として位置づけたのである。

こうして国際的に人権保護と平和に関する原則を定めることにより，その後国連は，条約の形式で，加盟国に対して人権保護に関する法規範を定めた。主な条約は，1948年「集団殺害罪防止及び処罰の関する条約」に始まり，1948年の「世界人権宣言」，1966年の「経済的，社会的及び文化的権利に関する国際規約」および「市民的及び政治的権利に関する国際規約」，1979年の「女子に対するあらゆる形態の差別の撤廃に関する条約」，1994年の「児童の権利に関する条約」などがある。

　これらの人権条約は，それまでの条約（国際法）が，国と国との約束であったのとは異なり，国は国内の個人に対する人権保障の義務を，国連という国際社会に対して負うことになったのである。その意味で，従来は内政とされてきた国内法の制定，行政権による実施，また裁判所における条約の適用に関して，国際法の制約を受けることとなる。また，一般的な多国間条約のように，加盟国の1か国が条約違反をした場合にはほかの加盟国も条約遵守の義務を逃れるという性質をもっていない。国際社会が共同して各国の国内の人権を保護する，という考え方に基づき，国際法における国の主権の考え方にも変化を与えてきたのである。

　スポーツの分野に関しては，1993年以降，国連は国際オリンピック委員会との関係を深め，同委員会や各国オリンピック委員会は，難民や紛争，また社会的排除にある人々に対してスポーツの機会を提供することを目的として，国連からの資金提供を受ける交流協定を結んでいる。2003年には，国連総会は，「教育，健康，発展，及び平和を促進する手段としてのスポーツ」という決議を採択し，スポーツを，「異なる社会，宗教，ジェンダーの間に，橋を架けることを可能とする普遍的な言葉であり，生活スタイル」と位置づけ，促進政策を採用した。

　戦後の国連の動きと並行して，ヨーロッパでは，ナチスドイツによるジェノサイド（大量虐殺）を再び繰り返さないために，1949年，民主主義，人権，法の支配を価値としてヨーロッパ評議会が設立され，「ヨーロッパ人権条約」(1950年) を採択した。同条約は，主として自由権や参政権に関して，加盟国に対してそれらの人権保護の義務を課している。すなわち，ヨーロッパ諸国に対して，国を超えた人権保障制度を創設するもので，加盟国が条約義務に違反した

場合に，それを審査する人権裁判所をも備えている。個人申立制度に基づき，加盟国の管轄にいる個人や法人は，条約の保護している人権を侵害された場合には，国を被告としてヨーロッパ人権裁判所に訴えることができるのである。人権裁判所によって条約違反という判決を受けた場合は，被告国は，まず被害者の救済を行い，さらに人権を侵害していると判断された法律や行政行為，また裁判所の判決などを修正する場合もある。

こうした個人申立制度や人権裁判所の判決の効力などにより，現在では同条約はヨーロッパ諸国47か国における実効的な人権規範として適用されている。また同条約は，スポーツに関しても，サッカーのサポーターに対する警官の暴力問題，アンチドーピング機構による処分手続の不備，国による狩猟禁止とプライバシー侵害の問題，体育科教育におけるムスリムのスカーフ着用禁止と信教の自由の問題，差別発言を行ったサッカーのサポーター組織の解散命令と結社の自由の問題などについて審査している。これらは，スポーツ権というよりは，市民としての人権の侵害という側面について審査されている例である。

スポーツ固有の問題に関しては，ヨーロッパ評議会は47か国の54の国内スポーツ連盟を擁しており，スポーツ政策という面で影響力が大きい。またスポーツの問題に関する条約等としては，まず1976年に「スポーツ・フォー・オールに関するヨーロッパ憲章」(1992年改正) を採択している。同憲章は，スポーツが人格の発展の重要な要素であるという考え方に基づいて，スポーツの促進を目的としたものである。また同憲章に基づいて，「観客による暴力に関する条約」(1985年)，「アンチドーピング条約」(1989年)，「スポーツ競技における八百長に関する条約」(2014年) が採択されている。さらに，スポーツ・フォー・オールがスポーツにおける多様性の確保を目的の1つに掲げていることから，スポーツにおけるLGBTに対する差別禁止に関しても，2010年のヨーロッパ評議会の閣僚委員会の「勧告」は，加盟国に対して性的指向に基づく差別に関しては処罰も含めた対策をとることを内容としている。

以上のように，20世紀後半以降，国際的な人権保障制度の進展により，国内における人権侵害に対して，国際的な人権文書による保障が実効的に行われてきている。スポーツの領域においても，一般的な市民としての人権保護に加え，スポーツを通じての人格の発展，平和や統合の促進を目的とした参加の平

等や差別禁止などを内容とするスポーツ・フォー・オールの政策が実施されている。

　このようなスポーツ・フォー・オールの考え方は，国際オリンピック委員会（IOC）によるオリンピック憲章（1908年～）の基本原則4に「スポーツを行うことは人権の1つである。すべての個人は如何なる種類の差別も受けることなく，オリンピックの精神に基づき，スポーツをする機会を与えられなければならない」に明らかである。オリンピックは，そもそもスポーツを通じての教育や平和をめざしてピエール・ド・クーベルタンが1894年に再開したものであり，その理念に基づき，開催都市に対しては「レガシー（遺産）」を残すことを目標とし，また最近の『アジェンダ2020』が性的指向による差別禁止などの新しい人権保護などの義務を課しているように，スポーツを通じての人権保護に対して積極的である。IOCは，公的な国際機関ではなく，スイスのNGOという地位にすぎないが，参加国の増大，注目度などを通じて各国に与える影響も大きく，また最近は上述のように国連との連携も強まっており，人権保護において占める地位は大きい。スポーツは，選手の多様性や国際大会の開催などのように非常に国際的な活動であり，国を超えた国際社会による人権保護が必要である。各国における適用や実践が望まれる。

3——第二次世界大戦後の憲法による人権保障とスポーツ

　第二次世界大戦後，日本だけでなく，国際的にみても憲法の内容は大きく変わった。まず枢軸国であった日本（1946年），イタリア（1947年），ドイツ（1949年），またドイツの占領による政権下にあったフランス（1946年）は，それまでの体制が崩壊したことにより新たな憲法を制定した。それらの国の憲法に共通する変化としては，国際社会への協調，違憲審査制の導入，人権規定の充実などを指摘することができる。また，その後に制定される多くの国の憲法においても同様の変化がみられる。

　2で検討した国際人権保障も，戦後新しく登場した制度であるが，これに対応する憲法の変化として，国際社会への協調が挙げられる。たとえばイタリアもドイツも平和のための「主権制限」を定めている。イタリア憲法は，11条で

戦争の否認に加え「平和と正義を確保するために必要な主権の宣言に同意する」とし，ドイツ基本法(憲法)は，24条1項で「連邦は，法律により，主権(高権)を国際機関に委譲することができる」とし，2項で相互的安全保障に加入した場合に「主権(高権)を制限し，欧州および世界の諸国民の間に平和で永続的な秩序をもたらし，かつ保障することができる」と定めている。またフランスも同様に，1946年憲法前文で，「相互主義の留保の下に，平和の組織化と擁護のために必要な主権の制限に同意する」としている。さらに，国内における条約の地位についても，ドイツ，フランスは「法律に優位する」と明記し，イタリアも「イタリアの法秩序は一般に承認された国際法規に従う」と定める。すなわち，これらの国は，平和を目的とした国際組織や，条約に関して，憲法が尊重することを原則としているといえる。

　日本も，主権制限等を明記するわけではないが，前文で「平和を愛する諸国民の公正と信義を信頼」するとし，98条2項で「日本国が締結した条約及び確立された国際法規は，これを性質に遵守する」と定め，国際法の遵守を明記している。

　こうした国際協調原則は，安全保障に関する国の権限を制約すると同時に，国内の人権保障に関しても国際的な人権規範を受け入れることを含んでいる。2でみたような国際的な人権保障の国内における実施を，憲法も要請しているといえる。

(1) 日本国憲法の基本的人権とスポーツ

① 憲法を遵守する公権力の義務　　日本国憲法は，国民主権，三権分立，基本的人権の保障を原理として，第3章「国民の権利及び義務」において，大日本帝国憲法に比べると充実した30箇条の人権規定を置いている。これらの規定は，憲法が公権力を統制するという立憲主義の原則から，一部の規定を除いて私人に対しては直接には適用されない。すなわち，基本的人権を侵害してはならないのは，立法権，行政権，司法権，天皇などの公権力である(99条)。

② 基本的人権の内容　　基本的人権とは，上述のフランス人権宣言1条のように，人は生まれながらに自由と平等である，という意

味である。こうした自然権の考え方は，11条で基本的人権を「侵すことのできない永久の権利」とし，97条も「現在および将来の国民に対して，侵すことのできない永久の権利として信託されたもの」と定めていることからもうかがわれる。

③ 幸福追求権とプライバシー権　13条は，個人の尊重と生命，自由および幸福追求の権利を定めており，抽象的ではあるが非常に重要な条文である。13条は，人格権，プライバシー権，環境権，自己決定権など多様な権利の保障が解釈によって引き出され，また裁判所が認めることにより法的な権利となっている。スポーツ権も，学説において，13条を1つの根拠条文としている。オリンピック憲章にあるように，スポーツが人格の開花に必要であるとするなら，幸福追求権および人格権に基づく権利として保護されることも可能である。

④ 法の下の平等　14条は，法の下の平等を定め，「人種，信条，性別，社会的身分又は門地」による差別を禁止している。平等の定義は難しいが，日本国憲法の解釈としては，(a)形式的平等，(b)実質的平等の2種類あると考えられている。形式的平等とは，一切の例外を認めないという意味での平等であり，たとえば参政権のように，年齢と国籍要件を満たすならば原則としてすべての人に権利行使を認めなければならない。実質的平等は，合理的理由がある場合には，異なる取扱いを認める解釈である。たとえば，義務教育において，障がいのある子どもは普通学級と特別支援学級とを選ぶことができる。これは，結果として子どもの学ぶ権利を保障するために異なる取扱いを認めるものである。こうした異なる取扱いが差別にあたるか否かについては，そこに合理的な理由があるかという判断に拠っている。もちろん，スポーツに関しても，公権力(国会の制定する法律，行政権の行為など)は，すべての人のスポーツに平等に参画する権利を保障しなければならず，性別やその他の理由によって差別することは禁止される。

⑤ 精神的自由権　19条から23条までは，思想，良心の自由，信教の自由，表現の自由等，精神的自由権を定めている。精神的自由権は，人の人格の発展を支える権利および民主主義社会の基盤となる権利として，人権の中でも最も重要な権利と位置づけられている。自由権が侵害される

28

02 スポーツ（界）はどのような人権を守ることが必要か？

なら，人は内心の考えや，人にそれを表現することなどが侵害され，自分自身の人格を自由に発展させることが難しくなる。また自由な意見表明が妨げられるなら，民主主義社会において，正しい情報を伝達し受け取ることができなくなり，選挙によって形成されている民主主義制度は崩壊する。スポーツに関しても，特に国の関与の大きい学校教育における体育科教育のあり方，また政治主導で行われるメガ・スポーツイベント（オリンピック・パラリンピックなど）の開催，参加等についても市民の意見表明が難しくなる。高額な税金が投与され，また商業的な側面の強いメガ・スポーツイベントに関しては，情報開示とともに，市民による監視が重要である。

⑥ 社会権　戦後の憲法に特徴的なのは，社会権の登場であるが，日本国憲法も生存権（25条），教育を受ける権利（26条），勤労権（27条），労働基本権（28条）を定めている。生存権は，すべての国民が，健康で文化的な最低限度の生活を営む権利を保障するもので，健康保険や年金，また生活保護などによって具体化されている。教育を受ける権利は，義務教育の無償を定め，国が公教育制度を整備することを要請している。スポーツ権もこうした社会権を基盤としている。スポーツの実践は，25条の「健康」や「文化」概念に含まれると考えられる。また子どもの学習権という面からも，人間的な成長を支えるものとしてのスポーツの実践は重要である。

以上のように，基本的人権としてのスポーツ権は，日本国憲法のいくつかの条文からも解釈することができる。また，2011年にはスポーツ基本法が制定され，スポーツ権が明記されている（⇒**01**）。

諸外国では，スポーツ権を憲法に規定している国もある。たとえば，ポルトガル憲法（1976年制定，2005年改正）は64条で「健康を保護される権利」を定め，2項Bで身体・スポーツ文化の促進を挙げている。また若者に対する特別の権利を定める70条で，身体・スポーツ教育を挙げている。さらに79条1項は「すべての人は，身体的教育及びスポーツ権を保障される」とし，2項で「国は，学校，スポーツ組織等と協力して，身体・スポーツ教育の実践及び普及，さらにはスポーツにおける暴力の防止について，促進し，奨励し，支えなければならない」と定めている。

スポーツ権は，スポーツ・フォー・オールの考え方に基づき1990年代から主

29

張が明らかになってきた権利であり，まだ新しい権利ともいえる。しかし，国際的なスポーツの権利性の明確化に伴い，憲法上に明記する動きは広がっている（2011年にはモロッコ憲法の改正に際して主張された）。日本においても，13条，25条を基盤として人権としてのスポーツ権がより明確にされることが必要であろう。

4──スポーツにおける平等と公正とジェンダー

　国際人権保障においても，憲法に基づく人権保障においても，平等と差別禁止は，スポーツ・フォー・オールの基盤となる人権である。そうした課題の中でもジェンダーに基づく差別（ジェンダー・バイアスによる差別）は，18世紀末の近代憲法以来の課題であるが，今なおスポーツにおいて多くの問題を提起している。ジェンダーとは，性別による身体の違いに基づく異なる取扱いに加え，社会的な性役割に基づく取扱いの違いをも含んだ概念である。しかし，スポーツ，特にスポーツ競技においては，身体の違いの取扱いに関して「公正」という指標も必要となる。同じ条件で競技を行うことが，公正性の前提条件となるからである。それでは，ジェンダーの平等と，スポーツ競技の公正とは，どのように考えることができるのか。

⑴ 平等とジェンダー

　広義のスポーツをはじめとする身体的活動（スポーツ）は，社会的な構造・規範・理念と切り離されるものではなく，むしろ社会におけるジェンダー規範やジェンダー階層を直接的に映す鏡であるといえる。というのは，ジェンダー・バイアスは，身体の違いの存在を基盤とする社会的な取扱いの差が不均衡な形で形成されているため，身体的活動であるスポーツは，まさにその身体の違いを明示的にまた暗黙的に踏まえて実施されることになるからである。すなわち，当該社会がどのような両性間の平等認識，ジェンダー観を有しているかによって，スポーツにおける平等，公正に対するその社会の実践や認識も異なってくる。

　スポーツは身体的活動であるがゆえに，ジェンダー・バイアスを直接的に反

映してしまいがちである。だからこそ，スポーツにおいてはジェンダーの観点からの平等や公正の達成の要請はますます重要となる。スポーツは身体的活動であるため，もし「身体の違い」を身体器官や機能に由来する絶対的なもの＝所与のものと認識するならば，そこにおけるジェンダー構造，すなわち性差を既定のものとし，身体差や性役割を承認するような構造を許容する危険性は，非身体的活動の領域に比べ格段に高くなる。

特に競技スポーツの場合は，優劣を競うことが至上命題となるため，「身体的な違い」と「運動能力」を結びつけがちになる。加えて，「スポーツ」は「私的活動」であり「遊び」である，という認識は，平等や個人の尊厳を「権利」としてとらえにくくする傾向を助長するのではないだろうか。

実際，スポーツにおける平等の達成において最も大きな課題は，「身体の違い」をどう評価するかである。身体的活動において，異なる身体の間で，どのような平等が可能なのか，また望ましいのか。

半面，厳密な意味で男女の身体の違いに基づく身体能力の差を証明しようとすると，最も簡便な証明方法だとされている「男」と「女」の筋肉量の差に関しても，その性差の絶対的な値を示すことは難しい。個々人の数値は，性差と個体差とのクロスの中に点在するのが現実であり，つまり性差の評価自体，確立しているとはいいがたい。

⑵ 法的な平等とは

それでは，こうした状況に「平等」，「公正」を確立するにはどのようにしたらよいのか。まずは，法的な「平等概念」をみてみよう。

上述のように，法的な「平等」の解釈には，2種類が存在する。第1に，取扱いの違いを認めない「形式的平等」，第2に，合理的な理由があるなら異なる取扱いを認める（すなわちそれは差別ではないとする）「実質的平等」である。後者は，取扱いの違いについての合理性の判断に委ねられるため，判断は難しい。たとえば，婚外子の相続分差別（民法900条但し書き）に関して，その取扱いの違いの合理性を判断する場合である。異なって取り扱うことに合理性があるならば，法的に許容される。婚外子相続分差別に関しては，長い間，「法律婚の保護」という理由に法的な合理性があると主張されてきた。しかし，2013年

9月の最高裁判決で，この合理性は否定され，子どもの個人の尊重の観点から，同規定は違憲と判断されている。すなわち，法の領域でも，何が異なる取扱いの合理性かは，時代によって，また国際的，社会的な人権状況によって変化するのである。この意味では，平等の概念は，固定的なものではなく，社会の平等認識を反映し，時代によって，また社会によっても異なっているといえる。

それでは，「私的な活動」であり，「遊び」であるスポーツに，このような法的な「平等概念」が適用されるのだろうか。憲法の定める「平等」は公権力（立法・行政・司法）を統制する，という性質上，差別的な取扱いを行う主体が，公権力（法律，行政による施策，また公立の教育機関や公的機関の行為）の場合は，憲法上の「平等」が直接的に要請される。

ただ，私的な関係において平等は要請されない，というわけではない。男女雇用機会均等法のように法律が定める場合もあり，また法律がない場合にも，私人間の差別的扱いが民法上，「公序良俗」違反，あるいは「不法行為」違反と判断される場合には，取扱いの無効，また損害賠償が課される場合もある。たとえば，直接に身体的活動でない場面において，金銭的報酬の発生する競技団体組織における管理職への登用が性差別に基づいている場合，などである。

さらに，私的な活動であったとして，その活動の「公共性」（団体への公的助成金，選手育成に関する公的機関のかかわり，公的施設使用に関する優遇措置，自治体の施策等）の如何によっては，差別的取扱いが憲法上の平等違反という法的問題となる場合がある。たとえば，オリンピック・パラリンピックのように「都市」が招致し，公的財政の支出を伴うような場合には，平等や差別禁止が法的に要請されるのは明らかである。

(3) 異なる取扱いの合理性とは

身体的活動に関する「性別」を理由とする異なる取扱いに対する判断は，その合理性が問題となる。ここでは，「違わない身体」に着目するのか，「違う身体」に着目するのかによって，その評価は異なってくる。「違わない身体」の間の異なる取扱いであれば，異なる取扱いを是とする合理性の証明は難しくなる。これに対して，「違う身体」と認識する場合は，「どのように違うか」の証

明によって，合理性が認められやすくなる。

　どちらの場合も，一見，「中立」であっても結果として性別による差別につながる基準は，間接的差別となる可能性がある。スポーツ・ルールであっても，例外ではない。さらに，競技が職業に結び付いている場合には職業選択の自由や財産権の侵害，また公共性が高い場合には，差別と判断される可能性は高くなる。活動の性質が参加型か競技型か等によっても，評価は異なる。これらの問題については，スポーツ・ルールの「公的」な側面についても含め，ジェンダーの観点からの検討課題は多々残されている。

(4) スポーツにおける公正の問題とジェンダー

　競技においては，平等の問題と同時に「公正性」という要請も課されている。現在の国際社会において，オリンピック・パラリンピックをはじめとするスポーツ競技大会は大きな位置を占めており，競技として成立しうるためには，少なくとも「公正らしく」みえること，すなわち「同じ条件で」競っているという外観は，最低条件として必要とされる。しかし，何をもって「公正」と考えるのかには，定まった答えがあるわけではない。ジェンダーの観点からスポーツにおける公正性を考えることによって，どのような考察を付け加えることができるのだろうか。

　法的な意味では，「公正」は，平等ほど一般的な場面で問題となるわけではない。特に「公正」が問われるのは，「公正な裁判」などの場である。すべての人は，裁判を受ける権利を有するが，その裁判は，どのような裁判でもよいのではない。「公正な裁判」として，職業裁判官，原告・被告の間の武器の平等（裁判における条件の平等），対審構造などの原則を具備した裁判（所）を要請する，という意味で外観・内実両面にわたり「公正な裁判」は定義されている。興味深いことに，公正な裁判の語源は，英米法の fair trial であり，その語源は，fair play だという。つまり，裁判は，フェアプレイの精神で行わなければならない，というものである。さて，スポーツにおけるフェアプレイの具体的な定義は何だろうか。

⑸ オリンピック・パラリンピックの使命：個人の権利の保護

　近年の国際社会において，スポーツは，個人の健康的な生に寄与する身体的活動としての意義だけでなく，個人にとって，社会への参入・統合の可能性，自尊感情の育成，対等・平等な人間関係を築く場，人格の開花等，精神的および社会的にも重要な意味を有していることが認識されている。このような人権保護の認識は，国際社会におけるスポーツ組織の位置づけにも反映されている。

　たとえば国連総会は，バッハIOC会長の要請を受け，2014年第63会期において「オリンピック・ムーヴメントを推進するというIOCのミッションとスポーツの独立性と自律性を支援する」という決議を行った。またこの決議では，国際的なスポーツイベントは，平和や相互理解，いかなるものであれ差別禁止という原則に則って組織されなければならない，ことを定めている。

　こうした決議は，スポーツが教育，健康，発展，平和を促進する手段となりうるという認識に基づいている。従来あまり明確でなかったIOCの国際組織としての独立性が，国連によって承認されたことにより，結果として国連の人権政策の影響をより強く受けることになると考えられる。特に女性に関しては，2012年にIOCとUN Womanがパートナーシップ協定を結んでいることもあり，国連ミレニアム開発目標（MDGs）における，平等の推進と女性のエンパワメント政策の実施が期待されている。

　このように，スポーツ実践に参加することが個々人の権利であるという認識が明らかになるにつれて，その権利の行使においてはますます平等と公正が求められるようになる。どのような「平等」か，どのように達成するか，そしてジェンダーの観点からどのように考察しうるのか，グローバリゼーションを背景にスポーツの国際的な位置づけが強まる中で，改めてこうした課題を検討する必要は増している。他方，こうした「平等」概念の進展は，従来のスポーツの「公正」観念を再考させるものとなっている。公正は，平等や個人の尊重を犠牲とするならば，過度の公正であると判断する勇気も必要である。

02 スポーツ（界）はどのような人権を守ることが必要か？

📖 文献紹介

飯田貴子・熊安貴美江・來田享子編，2018，『よくわかるスポーツとジェンダー』ミネルヴァ書房.

　　スポーツは身体による活動や表現であり，多くの場合，集団で活動し，競技においては勝者と敗者がはっきり分かれるという特徴がある。そのため，人権保護の面でも「個人の尊重」に基づいた平等やさまざまな権利保護の実現が難しく，身体や性別，セクシュアリティを理由とする差別やセクハラなどが一般的な社会と比べて起きやすい。本書はそうしたスポーツ（界）における多様な人権課題を，ジェンダーの観点から明らかにしている。

〔参考文献〕

内海和雄，2015，『スポーツと人権・福祉——「スポーツ基本法」の処方箋』創文企画.

大村敦志，2008，『ルールはなぜあるのだろう——スポーツから法を考える』岩波書店.

高嶋航，2015，『軍隊とスポーツの近代』青弓社.

多木浩二，1995，『スポーツを考える——身体・資本・ナショナリズム』筑摩書房.

建石真公子，2014，「人権とオリンピック・パラリンピック——イギリス，ロシア，ブラジル，韓国共同声明」『スポーツとジェンダー研究』12.

建石真公子，2018，「スポーツにおける両性の『平等』と『公正』とは」飯田貴子・熊安貴美江・來田享子編『よくわかるスポーツとジェンダー』ミネルヴァ書房.

日本スポーツ法学会編，2011，『詳解　スポーツ基本法』成文堂.

樋口陽一，1996，『一語の辞点　人権』三省堂.

元山健・建石真公子編，2016，『現代日本の憲法 第2版』法律文化社.

レイモン，トマ，1993，蔵持不三也訳『スポーツの歴史』白水社.

【建石真公子】

03 高校野球に女子生徒は
参加すべきか？

　競技スポーツは，競技の平等性を担保するために，「男性の身体的パフォーマンスが高い」という考えを前提に男女という２つの性カテゴリーに分けて実施されてきた。この性カテゴリーは，女子の参加機会を確保するだけでなく，それまで女子には向かないとされてきた男子の競技・種目に女子を挑ませ，そして女子の参加機会の拡大につないできた。一方，医・科学等の発達により，多様な性の存在が解明されてくると，性カテゴリーの限界もみえ始めてきた。この章では，多様な性の選手が実在する中で，男女という２つの性カテゴリーを維持するためにどのような法的整備等が進められているのかを検討し，「高校野球に女子生徒は参加すべきか？」という問いに対する判断の手がかりを得たい。

１──女子選手は男子競技・種目で競えないのか：高校野球を例に

⑴ 甲子園大会の女子参加制限

　甲子園大会を主催する公益財団法人日本高等学校野球連盟（以下，高野連）は，平成30年度大会参加者資格規定で「参加選手の資格」について「男子生徒」と定めている（５条１項）。スポーツ基本法は，スポーツ実施者に対する不当な差別を許さず（２条８項），また，日本学生野球憲章も「学生野球は教育の一環であり」（１条１項），「いかなる形の差別をも認めない」（同５項）とし，「学生は合理的理由なしに，部員として学生野球を行う機会を制限されることはない」（４条）と定めている。教育の一環である甲子園大会の参加資格を「男子生徒」のみに認め，女子の参加を制限する規定は差別にあたらないのだろうか。

　高野連の参加資格規定について考えるために，法的な平等の概念について，日本国憲法（以下，憲法）を確認してみよう。14条は，「法の下の平等」（１項）を保障し，この場合の「平等」とは「等しき者は等しく，異なる者は異なるよう

36

に扱う」(金城 2007) という相対的平等の考えが通説である。相対的平等では，合理的な理由があれば異なる扱いは許されるが，合理的な理由もなく異なって扱うことは不合理な差別として禁止される。そこで問題となるのは，何が合理的な区別なのか，何が不合理な差別になるかである。これについて辻村 (2005) は，判断基準を設定することは容易ではないとしつつ，性差別を「①生物学的性差に基づく別異取扱い，②典型化された特性に基づく差別，③性別役割分業に基づく差別」の3つに分類し，②および③では合理的な異なる取扱いは推定されず，憲法違反だと疑ってかかるという考えが有力のようだとする一方で，①に関して，生物学的性差に基づく不合理な差別を正当化する判例を示し，相対的平等の考えの限界に言及している。

　他方，憲法21条は「結社の自由」(1項) を保障し，私的団体に自治的な権利を認めている。自治的な権利とは，団体が裁量の範囲内で規則を定め，会員に規則の遵守を求め，規則に反する行為があれば処分する権限である。団体の定めた参加規則等の是非が問われ，裁判所等の紛争解決機関が判断を下す場合には，団体の自治的な権利が尊重され，判断事項はある程度限定される。

　以上を踏まえ，高野連の女子参加制限規定について考えると，高野連は団体として裁量の範囲内で甲子園大会の女子参加制限を規定し，その理由が①であれば許されると考えられそうであるが，実際，その規定の是非が問われた場合，どのような判断が下されるのか。つまり，性別と参加拒否との間に社会的に合理的な関連性はあると考えられるのか。同じ問いについて検討した阿部 (2017) は，女子参加制限が社会的に合理的な区別として許されるか否かは，①団体の裁量範囲，②区別の目的，③区別による制限と目的との関連性，④より制約の少ない制限方法の有無，⑤その競技の歴史や社会的背景等から判断する必要があるとし，最終的に高野連の女子参加制限規定について「不合理であるとまではいえない」としている。以上の検討から，現時点では甲子園大会の女子参加制限を差別と判断することは容易でなく，さらに先の阿部の①から⑤の観点から高野連の参加制限規定について検討する必要があるといえる。

　たとえ，甲子園大会への道が閉ざされても，女子生徒には全国高等学校女子硬式野球連盟の主催する全国高等学校女子硬式野球選抜大会および全国高等学校女子硬式野球選手権大会への出場資格が残されている。しかし，甲子園大会

にこだわる女子にとって，それは満足しないだろう。高野連は，甲子園大会への女子の参加を認めない理由に男女の体力差を挙げる。体力差のある男女が一緒にプレイをするのは危険であり安全を確保できないという。やはり女子は選手として男子と一緒に甲子園大会に出場することは無理なのか。以下では，高校野球ではないが米国の大学アメリカンフットボール（以下，アメフト）の女子参加の事例をみてみよう。

(2) 米国の大学アメフト部の女子参加

　米国では，性に基づく学校スポーツのチーム編成について規定する「タイトルⅨ」が存在する。タイトルⅨとは，1972年に制定された教育法修正第9編（Title Ⅸ of the Education Amendments of 1972）の通称であり，連邦政府から補助金を受ける教育機関のプログラムにおける性差別を禁止する連邦法である。同法の実施規則（Title Ⅸ Regulations）は，競技スポーツに関して規定（106.41項）し，そこでは一方の性の者のみにスポーツが提供されている場合には，もう一方の性の者にそのスポーツの選抜テストの参加を認めねばならないとしている（106.41項(b)）。たとえば，教育機関において男子テニスチームしかない場合には，女子に男子テニスチームの選抜テストの参加を認めなければならない。ただし，これはコンタクトスポーツには適用されず（106条41項(b)），表03-1の通り「コンタクトスポーツ」にはアメフトや野球が含まれている。つまり，男子のみのアメフト部や野球部は許されると解釈することができるのだが，以下ではこの「コンタクトスポーツ適用除外（contact sports exemption）」の規定をめぐって争われた「マーサー対ドゥーク大学（1999）」のケースをみてみよう。

　1994年秋にドゥーク大学に入学したH.マーサーは，プレースキッカーとして1995年春にアメフト部のコンディショニングドリルに参加し，紅白戦のメンバーに選ばれ，決勝点を決めた。試合後，ヘッドコーチはメディアのインタビューでH.マーサーが部員であると答えた。また，キック専門のアシスタントコーチは，彼女に部員になったことを告げた。さらに，大学のスポーツ広報担当者は，彼女にマスコミのインタビュー対応を指示した。

　1995年のシーズン中，H.マーサーは試合出場の機会に恵まれなかったが，日々の練習には参加した。彼女の氏名は，正式に全米大学競技協会（以下，

03 高校野球に女子生徒は参加すべきか？

表 03-1 タイトルIXの前文と実施規則のコンタクトスポーツ適用除外規定

タイトルIX（前文） アメリカ合衆国に住むいかなる人も，連邦政府の支援を受ける教育的なプログラムあるいは活動において，性に基づき，参加を拒否されたり，利益を否定されたり，差別にさらされることはない。
実施規則（コンタクトスポーツ適用除外規定） 106.41項　競技スポーツ (a)一般的規定——いかなる者も学校によって提供される対抗競技，大学対抗競技，クラブあるいは校内競技において，性を理由に参加を拒否されたり，利益を否定されたり，他の者と異なる処遇を受けたり，他の点で差別されたりすることはない。また，いかなる学校も，性をもとにそのような課外スポーツを提供してはならない。 (b)男女別チーム——(a)の規定にもかかわらず，チーム選抜が競争的技能あるいはコンタクトスポーツを含む活動を基礎としている場合，学校は男女別チームを運営あるいは支援しても良い。しかし，ノンコンタクトスポーツにおいては，学校が一方の性しかチームを運営，支援していない場合は，他方の性の者たちは機会を制限されてきたのであり，その者たちはチーム選抜のためのセレクションに参加することが認められなければならない。コンタクトスポーツとは，ボクシング，レスリング，ラグビー，アイスホッケー，フットボール，バスケットボール，その他の身体的接触を目的あるいは主とするスポーツである。

出所：Office of the Law Revision Counsel United States Code, 2008, "Title IX" (Retrieved June 1, 2018, http://uscode.house.gov/view.xhtml?req=20+USC+1681%3A+Sex&f=treesort&fq=true&num=10&hl=true&edition=prelim&granuleId=USC-prelim-title20-section1681U.S.) およびDepartment of Education, 2000, "Title IX Regulations, NONDISCRIMINATION ON THE BASIS OF SEX IN EDUCATION PROGRAMS OR ACTIVITIES RECEIVING FEDERAL FINANCIAL ASSISTANCE," Code of Federal Regulations Volume 34, Part 106 (Retrieved June 1, 2018, https://www2.ed.gov/policy/rights/reg/ocr/edlite-34cfr106.html#S41) を基に筆者作成。

NCAA）の名簿に載り，大学のアメフト部年鑑には顔写真も載ったにもかかわらず，試合の日にユニフォームを着用することや試合中にサイドラインに座ることを許されなかった。1996年春，再び，彼女はコンディショニングドリルに参加した。

　1996年春の終わりにH.マーサーは差別的な処遇を受けたと大学に申し出た。特に，ヘッドコーチが彼女のサマーキャンプへの参加を許可せず，試合のユニフォームを着用することも，試合中にサイドラインに座ることも許さず，ほかの選抜テスト生と同じように練習に参加する機会を与えなかったことを主張した。また，なぜフットボールではなく美人コンテストに出場しないのか，サイドラインではなくスタンドで彼氏と一緒に応援すれば良いではないかといった侮辱的な意見をヘッドコーチが彼女に対して発したとも主張した。さらに，彼女は，1996年のシーズン初めにヘッドコーチが彼女をメンバーリストから外したことについて，チームに残留できる能力を有さない選抜テスト生が部員として残っていたことから，ヘッドコーチの判断は彼女の性に基づくものだ

と主張した。

　1997年にH.マーサーは，大学を提訴し，アメフト部のコーチらが女性であることを理由に彼女をメンバーリストから外し，他の男子学生とは異なる扱いをしたことから，大学はタイトルIXにもとると主張した。大学側は，コンタクトスポーツ適用除外の規定とは，単純にコンタクトスポーツがタイトルIXの適用対象外であることを意味するのであるから，女性であることを理由に彼女をチームから除外することや彼女に女性蔑視的なコメントを発するアメフトコーチらの言動はタイトルIX違反にあたらないと主張した。しかし，裁判所はH.マーサーの主張の妥当性を支持しつつ，コンタクトスポーツ適用除外の規定は，単に大学がコンタクトスポーツの選抜テストへの女子の参加を認める必要がないことを意味するにすぎず，一般的な反差別規定が適用される場合には，選手は男女平等の処遇を受けなければならないとした。

⑶ 高校野球の女子参加の可能性

　先のケースをもとに，高校野球の女子参加の可能性について考えてみよう。米国のケースでは，たとえコンタクトスポーツであるアメフトであっても，一旦，女子の入部を認めれば，大学は女子に対して男子と同等の処遇を求められた。このケースについて，J.スペングラーら（2016）は，「いかなる理由があろうと女子選手を男子チームのメンバーリストから外すのは難しいことから，男子チームの選抜テストへの女子の参加を認めるのは危険だ」と指摘する。この意見に従うと，男子高校野球への女子の参加は認めないほうが賢明だといえそうである。一方，B.ファーマン（2007）は，タイトルIXのコンタクトスポーツ適用除外の規定について「温情主義的で時代遅れの『もろい女子』という概念に基づいているため，実施規則から削除するべきだ」と批判する。これを，女子チームがないスポーツにおいてそのチームの選抜テストへの女子の参加を認めることが前提となると解釈すると，男子野球部しかない高校では女子の参加を認めることになる。以上のように米国のケースをもとに高校野球の女子参加の可能性について考えてみると，その回答を出すのはなかなか難しい。

　しかし，米国のケースは，女子が男子とともにコンタクトスポーツで競う可能性も教えてくれる。H.マーサーは，大学アメフトチームのプレースキッカー

であった。このポジションは，ほかのポジションに比べて選手との接触がきわめて少ない。実際に米国のプロリーグや大学ではこのポジションで女子選手が活躍してきた。野球でもピッチャーはプレースキッカーと同様に選手との接触は少ない。上述した通り，タイトルIXからコンタクトスポーツ適用除外の規定の削除を主張するB.ファーマンに加え，B.ピュージー (2014) が「コンタクトスポーツ」に野球が包含されることに異議を唱えることを考えると，高校野球やアメフトのようなチームスポーツで女子が男子と一緒に競う可能性を排除することはできない。ただし，女子が男子競技に参加すれば，「2流選手」との評価を受けざるをえないとか，チームの「マスコット」の役割を担わざるをえなくなると指摘されていることも忘れてはならないだろう (飯田 2018；岡田 2018)。

2──女子選手は女子競技・種目で競技できないのか

(1) 女子陸上競技・種目で競えない女子選手たち

2009年8月にベルリンで開催された世界陸上競技選手権大会において，南アフリカ共和国代表のC.セメンヤ選手が，性別確認検査の結果，2010年7月まで女子選手として国際大会に出場する資格を停止された。また，2014年7月に女子陸上競技のD.チャンド選手も性別確認検査の結果，イギリス連邦競技大会インド代表者リストから削除された。どちらも女性として生まれ育った女子選手であるが，彼女たちの類まれな競技パフォーマンスやその容姿等から性別詐称疑惑がかけられ，国際陸上競技連盟（以下，IAAF）等による性別確認検査の結果，女子の競技・種目への出場資格の停止処分を受けたのである。このように彼女たちの選手生命を脅かす性別確認検査とはいかなるものなのか。

(2) 性別確認検査とは

性別確認検査の変遷と批判をたどると**表03-2**のようになる。スポーツに参加する女性が増加する中，性別確認検査は女性に扮した男性を排除し，競技の平等性を確保することを目的として始まったとされる。1946年にIAAFが女性であることを証明する医師による文書の提出を女子選手に求め，IOCもこれに追随した。しかしIAAFとIOCは「女性」の定義を明確にしていなかったため，

表 03-2　性別確認検査方法とその批判

検　査	方　法	批　判
視認調査 (～1968)	医師の前で選手が順次全裸になり外部生殖器の形状を検査。	屈辱的でプライバシーの侵害である。
染色体検査 (1968～1991)	口腔細胞を採取し，バー小体（2つの染色体の存在）の有無を検査。	XY染色体をもつがさまざまな理由からXX染色体の女性と同様に体が発達する症例（例：アンドロゲン不応症，スワイヤー症候群）がある。これらの女子選手を排除することは，ルールの公平性を欠き，排除によって選手の染色体情報が公になることはプライバシーの侵害であり，差別的で選手へのハラスメントである。Y染色体の存在が競技上の有利性につながるとの仮定は誤りである。
ポリメラーゼ連鎖反応 （PCR法） (1991～2011)	口腔細胞あるいは毛根から摂取した細胞を用いY染色体につながる物質（DYZ-1，SRY）の有無を検査。	染色体検査と同様。
高アンドロゲン症検査 (2011～2018)	これ以前のものとは異なり「生物学的性別」を検査するものではなく，女子選手の体が生成するテストステロンのレベルの上限を設けるもの。男子下限(10nmol/ℓ)以上の選手は女子競技に参加することができない。	ドーピングではなく，体内で自然に生成されるホルモンによって出場資格を決定するのは差別的であり，男子に同様の規定がないことから女性差別でもある。また，テストステロンのレベルと競技力の相関性を示す科学的根拠に欠ける。

出所：井谷聡子・來田享子，2016，「スポーツとセクシュアリティ」日本スポーツとジェンダー学会編『データでみるスポーツとジェンダー』八千代出版，150-175頁を基に筆者作成。

証明書は実質的にその機能を果たさず，新たな方法を導入した。それが視認検査である。

　1966年にIAAFとIOCは，国際大会に出場するすべての女子選手に対して視認による生殖検査を強制したが，同検査は女性にとって侮辱的かつ屈辱的であったことから，多くの批判を受け廃止となった。

　視認検査の代わりにIOCは1968年に性染色体検査を導入した。同検査では，頬の内側の粘膜を綿棒で採取し，女性染色体であるXXの存在を確認するのであるが，性染色体と競技パフォーマンスレベルとの間に相関性はなく，XXの性染色体でなくとも女性の生物学的特徴を有する者の存在が明らかとなり，廃止に至った。その後，方法が異なる染色体検査が導入されるが，この方法も先と同じ理由から廃止された。これらの性別確認検査への批判から，IOCは2000年のシドニー大会から全女子選手に課していた性別確認検査を廃止した。

　しかし，これが性別確認検査の完全廃止とはならなかった。性別詐称疑惑を

かけられた選手は，正式に要請されれば性別確認検査の対象となりうるのである。先のC.セメンヤ選手はこの制度において検査対象になったと考えられる。新聞報道等によると，C.セメンヤ選手は以前からその容姿等を理由に性別詐称疑惑をもたれ，2009年に女子陸上競技800mで好タイムを記録し，金メダルを獲得すると，IAAFから南アフリカ陸上競技連盟による性別確認検査を受けるよう非公開で要請された。その検査結果も当然非公開のはずであったが，豪州の報道機関によりC.セメンヤ選手は体内に睾丸と精巣が存在するインターセックス（性分化疾患）であり，血中テストステロン値が平均的な女性の3倍であったことが知れわたった。

⑶ 高アンドロゲン症の女子選手の大会出場資格に関する新規定

2011年にIAAFは女子の大会出場資格規定の改正を発表した。同規定は，体内で生成された血中テストステロン値を測定し，男性下限である10nmol/ℓを超えた女子選手はホルモン抑制治療によって規定範囲内にテストステロン値を下げない限り，女子競技への出場資格が認められないとした。これに続き，IOCも2012年ロンドン五輪開会前夜に同様の出場資格規定の採用を発表した。

先のインド代表選手リストから外れたD.チャンド選手は，高い競技パフォーマンスから性別詐称が疑われ，同規定に阻まれた。ところが，D.チャンド選手は，女子競技の平等性を担保するために先天的に過剰なテストステロンの症状をもつ選手の出場資格を同規定によって制限すると主張するIAAFを2014年9月に国際スポーツ仲裁裁判所（以下，CAS）に訴えたのである。CASは，2015年7月にIAAFの主張を認めるには証拠が不十分であるとして，同規定の運用を2年間暫定停止とし，D.チャンド選手の資格回復を命じた。また，CASは，IAAFに対して自らの主張を実証するための証拠を提出する期間を2年与えた。

CASに証拠となる調査結果を提出したIAAFは，2018年5月26日に新たに女子の大会出場資格規定（以下，新規定）を発表した。新規定は，テストステロン値が5nmol/ℓ以上あるいはアンドロゲンに反応しやすい女子選手を性分化疾患（Difference of Sexual Development，以下，DSD）とし，特定の女子競技・種目（400〜1500mの距離で実施される競技・種目）に出場するDSDの女子選手に対して，大会出場資格あるいは公認記録を取得するために次の3つの要件——⒜法

的に女性あるいはインターセックス等と認められている，(b)最低 6 か月間，ホルモン抑制治療等によって血中テストステロン値を5nmol/ℓ より低く継続する，(c)大会出場を希望する限り，テストステロン値を5nmol/ℓ より低く管理・継続する――を満たすよう求める。新規定は，これまで適用されていた2011年の規定に代わって2018年11月より運用される。

ところが，新規定の「特定の女子競技・種目」の選手である先のC.セメンヤ選手は，新規定を不服とし，2018年 6 月19日にCASに提訴した。訴状内容は明らかにされていないが，D.チャンド選手のケースにおいてCASの判決に要した時間が 1 年以内であったことを考えると，新規定の運用までに何かしらの動きがあると考えられる。新規定をめぐる動きに注目したい。

3 ――男女どちらの競技・種目で競うのか

(1) トランスジェンダーと性同一性障害

トランスジェンダー（transgender）とは，一般的に心と身体の性が一致しない人を意味する。心の性に身体の性をより近づけたいと願い，性別適合治療を望むトランスセクシュアル（transsexual）の人もこれに含まれる。トランスジェンダーは，心と身体の性が一致しないという点で性同一性障がい（Gender Identity Disorder）と混同されるが，性同一性障害のように性自認を障がいとしてとらえる点では異なる。トランスジェンダーという用語に馴染みがなくとも，Lesbian（女性同性愛者），Gay（男性同性愛者），Bisexual（両性愛者），Transgenderの頭文字をとった「LGBT」を用いて，間接的にトランスジェンダーという用語に触れている人はいると思われる。

2015年 4 月に電通ラボ（2015）が 6 万9989名を対象に実施した性的少数者に関する調査によると，性的少数者に該当する人は7.6％であった。また，2013年10月から 3 か月間，「いのちリスペクト。ホワイトリボン・キャンペーン」が小学校～高校の時代に主に関東圏で暮らした10～35歳のLGBTを対象に実施した調査によると，回答者609名中，68％がいじめに遭い，そのうち71％が 1 年以上いじめられ，52％が相談せず，3 割が自殺を考え，2 割が自傷行為をしていた（朝日新聞2014年 5 月 8 日）。さらに，「関西レインボーパレード2008」

において風間ら(2011)が実施した調査によると，性的少数者に該当する人77.7%(213名)中，半数以上が学校体育およびスポーツ部活動の状況について「異性愛を当然とする雰囲気があった」，「男女で異なる性役割等が与えられた」，「同性愛に関して不快な発言を聞いた」，「女らしさや男らしさを強く求められた」と認識していた。また，半数以下は「男女グループ分け」をはじめ，「スポーツ参加中の服装」，「他者との身体接触」，「男女別更衣室」に抵抗があったと回答した。さらに，性のあり方について，25%(53名)が無視・嘲笑され，6%(12名)が暴力を受けていた。これらの調査結果から，たとえば，13名以上が集うスポーツイベントに参加すれば私たちはLGBTの人に出会っているのであり，彼らはその環境に違和感や不快感，身の危険さえ感じているのである。

(2) 日本における性同一性障害をめぐる法的動向

　上述のようなLGBTが直面する問題を解決するために，日本では取り組みが始まっている。一方，LGBTの人々も自らの権利の実現をめざして司法制度に訴え，裁判所の判断，すなわち判例が積み重ねられようとしている。そこでLGBTに係る代表的な法律，通知および裁判例を紹介する。

　まず，「性同一性障害者の性別の取扱いの特例に関する法律」(以下，特例法)についてである。特例法は，性同一性障害者の社会的利益を回復するために2003年7月16日に制定された。特例法の制定以前は，性同一性障害者が戸籍上の続柄記載の変更を家庭裁判所に求めても，ほとんど許可されず，社会生活上，さまざまな問題を抱えていた。特例法は，そのような社会的困難を抱えた性同一性障害者の治療効果を高め，不利益を解消するために求められていた。

　同法では，「性同一性障害者」を「生物学的には性別が明らかであるにもかかわらず，心理的にはそれとは別の性別(以下「他の性別」という。)であるとの持続的な確信を持ち，かつ，自己を身体的及び社会的に他の性別に適合させようとする意志を有する者であって，そのことについてその診断を的確に行うために必要な知識及び経験を有する2人以上の医師の一般に認められている医学的知見に基づき行う診断が一致しているもの」(2条)と定義し，5つの要件すなわち，①20歳以上であること，②現に婚姻をしていないこと，③現に子がいな

いこと，④生殖腺がないことまたは生殖腺の機能を永続的に欠く状態にあること，⑤その身体について他の性別に係る身体の性器に係る部分に近似する外観を備えていることを満たせば，家庭裁判所に性別の取扱い変更の審判を請求でき（3条1項1～5号），その審判の請求時には診断の結果ならびに治療の経過および結果等が記載された診断書を提出しなければならない（3条2項）。しかし，上述の③（3条1項3号）は，いわゆる「子なし要件」として現に子がいる性同一性障害者の性別の取扱いの変更を妨げていた。そのため，同要件の改正が求められ，2008年6月18日に子なし要件の「子」を「未成年の子」に改正し，より多くの性同一性障害者の性別の取扱いの変更が可能となった。しかし，④は，世界保健機関（WHO）等が要件から削除するよう諸外国に求め，諸外国の立法においても裁判所が違憲と判断し，撤廃される傾向にあることから，改正が望まれている（谷口 2017）。

　次に，「性同一性障害に係る児童生徒に対するきめ細やかな対応の実施等について」（以下，性同一性障害に関する通知）である。特例法が制定され，性同一性障害に係る児童生徒の支援に社会の関心が高まる中，2015年4月30日に文部科学省（以下，文科省）は，性同一性障害に関する通知を小中高の学校等に向けて発表した。性同一性障害に関する通知は，性同一性障害に係る児童生徒に特有の支援を必要とする場合，個々の事案に応じて児童生徒に配慮する対応が求められるとし，①学校における支援体制，②医療機関との連携，③学校生活の各場面での支援，④卒業証明書等，⑤当事者である児童生徒の保護者との関係，⑥教育委員会等による支援等について説明している。また，性同一性障害に係る児童生徒だけでなく，LGBTのような性的マイノリティに係る児童生徒に対する相談体制等も充実させるよう求めている。さらに，上記③については，すでに全国の学校で取り組まれた支援を参考事例として表03-3のように紹介している。中川ら（2017）は，1979年に文部省が「生徒の問題行動に関する基礎資料」の中で同性愛を問題行動としてとらえていたことからみると，性同一性障害に関する通知を「前進」だと評価する一方，2020年実施の学習指導要領の改訂案の「体育」3・4年生に異性愛に偏った記述があることを指摘し，性同一性障害に関する通知が求める個々の事案への対応・配慮だけでなく，学校教育における人権教育としての性教育と教育の自由の保障を求めている。

表03-3　性同一性障害に係る児童生徒に対する学校における支援の事例

項　目	学校における支援の事例
服　装	自認する性別の制服・衣服や，体操着の着用を認める。
髪　型	標準より長い髪型を一定の範囲で認める（戸籍上男性）。
更衣室	保健室・多目的トイレ等の利用を認める。
トイレ	職員トイレ・多目的トイレの利用を認める。
呼称の工夫	校内文書（通知表を含む）を児童生徒が希望する呼称で記す。自認する性別として名簿上扱う。
授　業	体育または保健体育において別メニューを設定する。
水　泳	上半身が隠れる水着の着用を認める（戸籍上男性）。補習として別日に実施，またはレポート提出で代替する。
運動部の活動	自認する性別に係る活動への参加を認める。
修学旅行等	1人部屋の使用を認める。入浴時間をずらす。

出所：坪田知広，2015，「性同一性障害に係る児童生徒に対するきめ細かな対応の実施等について」，文部科学省ウェ
　　ブサイト（http://www.mext.go.jp/b_menu/houdou/27/04/1357468）。

　最後に，「性同一性障害で女性への適合手術を受けた経営者に男性更衣室の
使用を求めたＣスポーツクラブが提訴されたケース」（以下，Ｃクラブのケース）
についてである。2009年にＣスポーツクラブに入会した男性が，2014年3月に
性別適合手術を受けた。同会員は，性同一性障害の既婚者であり，未成年の子
がいたことから，先述した特例法3条1項2および3号に該当せず，戸籍の性
が男性のままであった。しかし，手術後の身体では男性更衣室の使用はできな
いとの考えから，同会員がＣクラブに男性用更衣室以外の施設を使用できるよ
う配慮を求めたところ，戸籍の性に従って男性用更衣室を使用するよう求めら
れた。同会員は，Ｃクラブに人格権を侵害されたとして，2015年12月に慰謝料
等約470万円の損害賠償を求める訴訟を提起したが，2017年6月19日に京都地
裁で和解が成立した。その内容は非公開であるが，京都地裁で記者会見を開い
た同会員の言葉を引用するインターネットニュース（渡辺 2017）によると，和
解勧告で裁判長は「自らの性自認を他者から受容されることは，人の生存に関
わる重要な利益であ」り「契約上のサービスを受ける場においても，性自認に
したがった取り扱いを求めたことのみを理由として，冷遇されたり排除された
りすることがあってはならない」と指摘した。一方，Ｃクラブ側は，新聞報道
によると「LGBT（性的少数者）の方に一層真摯に向き合えるよう従業員を指導
する」とのコメントを発表した。

⑶ トランスジェンダーの選手の大会出場資格

　では，トランスジェンダーに係るスポーツ界の取り組みはどうなのか。ここでは，IOCのトランスジェンダー選手の大会出場資格に焦点をあててみよう。

　2003年の医事委員会による性別適合に関する勧告を受けて，2004年5月にIOCは初のトランスジェンダー選手の大会参加に関するガイドラインを発表した。それによると，思春期前に性別適合手術を受けた選手は，手術後の性の競技・種目に出場できるが，思春期後に性別適合手術を受けた選手は，3つの条件すなわち①生殖器の変更と生殖腺の摘出を含む性適合手術を完了する，②自認する性の法的承認を得る，③競技に有利に働かないようにするために自認する性のホルモン療法は生殖腺摘出後から最低でも2年間は継続する，を満たせば競技に参加できる。しかし，同ガイドラインは，性別適合手術を望まないあるいは受けることができない選手や法的性別を変更できない国・地域の出身選手を排除するとの批判を受けた（井谷・來田 2016）。

　2004年のガイドラインの批判を受けて，2016年1月にIOCは新たにトランスジェンダー選手の大会出場に関する方針を発表した。2016年の方針は，2004年のガイドラインが求めた性別適合手術と自認する性の法的承認を条件から外した。また，トランスジェンダー男子選手（Female to Male）は制限がなく男子の競技・種目に出場できるようになった。一方，トランスジェンダー女子選手（Male to Female）は，自認する性が女性であることを宣言し，それを最低4年間は変更しないよう求められた。さらに，大会出場まで最低12か月間および大会参加を希望する間はテストステロン値を10nmol/ℓより低い値に保つことが求められた。つまり，2年間のホルモン抑制治療を求めた2004年のガイドラインに比べ，1年間短縮されたことになる。

　以上のように2016年の方針は条件を緩和し，より多くのトランスジェンダーの選手の大会出場が期待される。一方，トランスジェンダーの女子選手（Male to Female）のみに参加制限があるのは，「『男性の身体』がスポーツ界では常に有利であるという前提にたっているため」（井谷 2018）だと指摘されている。2018年5月26日にIAAFが高アンドロゲン症の女子選手の大会出場資格に関する新規定を発表し，それと連動しIOCも女子選手に新たな血中テストステロン値を求める方針を発表すれば，トランスジェンダーの女子選手もその影響を

受けると予想されるが，先述のC.セメンヤ選手のケースにおけるCASの判断によっては発表の延期あるいは新たな展開も考えられる。

4 ── 性別に競うべきか：まとめと今後の課題

　この章では，「高校野球に女子生徒は参加すべきか？」という問いから始まり，高校野球の女子参加の可能性，性別確認検査と女子の大会出場規定，性同一性障害を含むトランスジェンダーの選手の大会出場規定等を検討してきた。これらの検討を通して，選手の性は実に多様であることが理解できる。一方，IOCやIAAFは，競技の平等性の確保を理由に競技・種目を男女に分けている。つまり，IOCやIAAFは，実際の選手の多様な性を認識しつつも，男女のカテゴリーを維持しているのである。そのような両者の姿は，実態レベルで女子選手の身体（記録）が男子選手のそれに追いつこうとすると，男性の身体が常に有利であるということを前提に，法レベル（方針や規定）で女性の身体（記録）と男性のそれの差異化を加速させようとしているように映る。高野連の「体力差のある男女が一緒にプレーをするのは危険であり安全を確保することは難しい」という甲子園大会への女子参加の制限理由にも，「男性身体が常に有利である」という前提を固守しようとする姿が見え隠れするといっては言い過ぎだろうか。

　近年，国内や国際社会において性自認をより尊重する動きが顕著になっている。国際人権法においては，LGBTよりもSOGIESCが用いられるようになっている。SOGIESCは，SO (Sexual Orientation，性的指向)，GI (Gender Identity，性自認)，GE (Gender Expression，性表現)，SC (Sexual Characteristics，身体的性の特徴) を意味する。「主体的概念」であるLGBTとは違い，SOGIESCは「個人の属性」や「特徴」を表し，LGBTの人もそうでない人もすべての人を包摂する用語である。また，国内においては，同性カップル等がパートナーであることを証明する書類の発行を可能にするために条例や要綱を定める自治体が増えている。さらにスポーツ界もそのような流れの中，2014年にIOC総会で採用されたIOCの改革案を示すアジェンダ2020は，オリンピック憲章のオリンピズムの根本原則6に性的指向を理由とする差別の禁止を規定するようIOCに求

め，2014年版オリンピック憲章で実現されている。

　以上のように，性自認を尊重する潮流の中，高野連は「男子生徒」規定を再検討するときを迎えているのかもしれない。たとえば，上述したように男子高校野球への女子生徒の参加を認める「混成チーム編制案」は，男女平等の推進のための男女混成チームの採用を促すアジェンダ2020が後押ししてくれないだろうか。また，これまで通り男女それぞれの高校野球を存立させ，それぞれを同等に扱う「男女平等案」は，より現実的な対応といえる。さらに，トランスジェンダーの男子（Female to Male）生徒の参加資格を認める「トランスジェンダー男子参加資格規定案」はトランスジェンダーの男子選手に負担のないIOCやIAAFのトランスジェンダーの大会出場規定を参考にできないだろうか。あるいは，性自認の性に従って参加する「性自認の性案」は，学校現場で人権として性自認を尊重する指導の一環として採用できないだろうか。

　高野連元会長でありスポーツ法学会名誉理事でもある奥島（2011）は，コラム「スポーツ基本法と高校野球」に高野連について「アマチュアスポーツ団体組織としては，その規模においては世界最大級であり，ボランティアによる運営をも考慮すると，まさしく日本の誇るべき文化の１つである」と記している。「日本の誇るべき文化」であり続けるために，高野連が甲子園大会の女子参加制限を見直し，ジェンダー問題解決の開拓者としてさらに進化することを期待したい。

📖 文献紹介

飯田貴子・熊安貴美江・來田享子編，2018，『よくわかるスポーツとジェンダー』ミネルヴァ書房.
　スポーツとジェンダーにかかわる問題・課題を網羅した最新テキストである。

〔参考文献〕

阿部新治郎，2017，「性別を理由とする不当な差別」菅原哲朗・森川貞夫・浦川道太郎・望月浩一郎監修『スポーツの法律相談』青林書院，64-66.

e-Gov電子政府の総合窓口，2018,「日本国憲法」，http://elaws.e-gov.go.jp/search/elawsSearch/elaws_search/lsg0500/detail?lawId=321CONSTITUTION

飯田貴子，2018，「スポーツとジェンダー・セクシュアリティ」飯田貴子・熊安貴美江・來田享子編『よくわかるスポーツとジェンダー』ミネルヴァ書房，2-3.

井谷聡子, 2018, 「二つの性に分けられぬ身体」飯田貴子・熊安貴美江・來田享子編『よくわかるスポーツとジェンダー』ミネルヴァ書房, 170-171.

井谷聡子・來田享子, 2016, 「スポーツとセクシュアリティ」日本スポーツとジェンダー学会編『データでみるスポーツとジェンダー』八千代出版, 150-175.

岡田桂, 2018, 「男らしさとセクシュアリティ」飯田貴子・熊安貴美江・來田享子編『よくわかるスポーツとジェンダー』ミネルヴァ書房, 10-11.

奥島孝康, 2011, 「スポーツ基本法と高校野球」日本スポーツ法学会編『詳解 スポーツ基本法』成文堂, 62-63.

風間孝・飯田貴子・吉川康夫・藤山新・藤原直子・松田恵示・來田享子, 2011, 「性的マイノリティのスポーツ参加――学校におけるスポーツ経験についての調査から」『スポーツとジェンダー研究』9：42-52.

金城清子, 2007, 『ジェンダーの法律学 第2版』有斐閣.

公益財団法人日本高等学校野球連盟, 2017, 「日本学生野球憲章」, http://www.jhbf.or.jp/rule/charter/index.html

公益財団法人日本高等学校野球連盟, 2018, 「平成30年度大会参加者資格規定」, http://www.jhbf.or.jp/rule/enterable/2018.html

小林恭子, 2016, 「『両性具有』の南ア選手が残した課題」WEBRONZA 2016年9月22日, http://webronza.asahi.com/business/articles/2016091600004.html

参議院法制局, 2003, 「性同一性障害者の性別の取扱いの特例に関する法律（平成15年7月16日法律111号）」, http://houseikyoku.sangiin.go.jp/bill/outline007.htm

参議院法制局, 2008, 「性同一性障害者の性別の取扱いの特例に関する法律の一部を改正する法律（平成20年6月18日法律第70号）」, http://houseikyoku.sangiin.go.jp/bill/outline20070.htm

谷口洋幸, 2017, 「性自認と人権――性同一性障害者特例法の批判的考察」『法学セミナー』62（10）：51-55.

辻村みよ子, 2005, 『ジェンダーと法』不磨書房.

坪田知広, 2015, 「性同一性障害に係る児童生徒に対するきめ細かな対応の実施等について」, http://www.mext.go.jp/b_menu/houdou/27/04/1357468

電通ダイバーシティ・ラボ, 2015, 「電通ダイバーシティ・ラボが『LGBT調査2015』を実施――LGBT市場規模を約5.9兆円と算出」, http://www.dentsu.co.jp/news/release/pdf-cms/2015041-0423.pdf

徳田暁, 2017, 「LGBTに対する不当な差別」菅原哲朗・森川貞夫・浦川道太郎・望月浩一郎監修『スポーツの法律相談』青林書院, 67-70.

中川重徳・横山佳枝・熊澤美帆, 2017, 「LGBTと子ども――教育現場における問題点」『法学セミナー』62（10）：35-38.

中西絵里, 2017, 「LGBTの現状と課題――性的指向又は性自認に関する差別とその解消への動き」『立法と調査』394：3-17, http://www.sangiin.go.jp/japanese/annai/chousa/rippou_chousa/backnumber/2017pdf/20171109003.pdf

松宮智生, 2016, 「スポーツにおける男女二元制に関する一試論――性別確認検査における

女子競技者の基準を起点に」『国士舘大学体育研究所報』35：19-27.

森浩寿，2011，「スポーツ団体の自治と政策」菊幸一・齋藤健司・真山達志・横山勝彦編『スポーツ政策論』成文堂，457-464.

來田享子，2010，「スポーツと『性別』の境界──オリンピックにおける性カテゴリーの扱い」『スポーツ社会学研究』18（2）：23-38.

來田享子，2012，「指標あるいは境界としての性別──なぜスポーツは性を分けて競技するのか」杉浦ミドリ・建石真公子・吉田あけみ・來田享子編『身体・性・生──個人の尊重とジェンダー』尚学社，41-71.

來田享子，2018，「性別確認検査」飯田貴子・熊安貴美江・來田享子編『よくわかるスポーツとジェンダー』ミネルヴァ書房，150-151.

渡辺一樹，2017，「『生きていて良いんだと思えた』性同一性障害のジム利用者，コナミと和解成立」BuzzFeedNews 2017年6月19日，https://www.buzzfeed.com/jp/kazukiwatanabe/20170619

Ali, Qaiser M., 2018, "Dutee Free, But Most See Fiery Red," Outlook, May 14, 2018, https://www.outlookindia.com/magazine/story/dutee-free-but-most-see-fiery-red/300106

Electronic Code of Federal Regulations, 2018, "34 C.F.R. 106.41, Athletics" (Retrieved June 1, 2018).

Furman, Blake J., 2007, "Gender Equality in High School Sports: Why There is a Contact Sport Exemption to Title IX, Eliminating it, and a Proposal for the Future," *Fordham Intellectual Property, Media and Entertainment Law Journal*, 17（4），https://ir.lawnet.fordham.edu/cgi/viewcontent.cgi?article=1390&context=iplj

IOC, 2011, "IOC ADDRESSES ELIGIBILITY OF FEMALE ATHLETES WITH HYPERANDROGENISM," Lausanne, Switzerland: International Olympics Committee, https://www.olympic.org/news/ioc-addresses-eligibility-of-female-athletes-with-hyperandrogenism

IOC, 2015, "IOC Consensus Meeting on Sex Reassignment and Hyperandrogenism November 2015," Lausanne, Switzerland: International Olympics Committee, https://stillmed.olympic.org/Documents/Commissions_PDFfiles/Medical_commission/2015-11_ioc_consensus_meeting_on_sex_reassignment_and_hyperandrogenism-en.pdf

IAAF, 2018, "ELIGIBILITY REGULATIONS FOR THE FEMALE CLASSIFICATION (ATHLETES WITH DIFFERENCES OF SEX DEVELOPMENT) Explanatory Notes/Q&A," Monaco Cedex: International Association of Athletics Federations, http://www.documentcloud.org/documents/4449931-Explanatory-Notes-IAAF-Eligibility-Regulations.html

IAAF, 2018, "ELIGIBILITY REGULATIONS FOR THE FEMALE CLASSIFICATION (ATHLETES WITH DIFFERENCES OF SEX DEVELOPMENT)," Monaco Cedex: International Association of Athletics Federations, https://www.documentcloud.org/documents/4449932-IAAF-Eligibility-Regulations-for-the-Female.html

Nguyen, Annie Bach Yen, 2018, "Fairness at a Price: Protecting the Integrity of Athletic

Competitions at the Expense of Female Athletes," *Notre Dame Journal of International & Comparative Law*, 8 (1), https://scholarship.law.nd.edu/ndjicl/vol8/issl/ 8

Office of the Law Revision Counsel, 2018, "Title IX of the Education Amendments of 1972, 20 U.S.C.A § 1681-1688 et seq. (2018)," (Retrieved June 1, 2018).

Puzey, Brittany K., 2014, "Title IX and Baseball: How the Contact Sports Exemption Denies Women Equal Opportunity to America's Pastime," *Nevada Law Journal*, 14 (3), https://scholars.law.unlv.edu/nlj/vol14/iss3/18

Sharp, Linda A., Anita M. Moorman and Cathryn L. Claussen, 2014, *SPORT LAW: A MANAGERIAL APPROACH*, Routledge.

Spengler, John O., Paul M. Anderson, Daniel P. Connaughton and Thomas A. Baker III., 2016, *Introduction to Sport Law*, Human Kinetics.

Wikipedia, 2018, "List of female American football players," http://en.wikipedia.org/wiki/List_of_female_American_football_players

「性的少数者の7割いじめられた経験」(二階堂友紀) 朝日新聞2014年5月8日.

【新井喜代加】

04 スポーツ賭博は禁止されるべきか？

　スポーツ賭博の市場規模は1兆ドル（約111兆円）。そのうちの90%が違法なスポーツ賭博によるものである——国連犯罪防止刑事司法会議で，スポーツ賭博の専門家P.ジャイはこのように述べた。世界ではスポーツ賭博の市場が拡大の一途をたどっており，2022年の市場は2017年の2倍に達すると予想されている。オンライン・ギャンブルにより，スポーツ賭博が国境を越えるようになったからである。一方，スポーツ賭博市場の拡大に伴い，スポーツの現場では八百長が多発している。これまでスポーツ賭博にあまり縁がなかった日本でも無関係と高を括ってはいられない。この章では，スポーツ賭博と八百長の関係について考えていく。

1──最近の出来事

　2015年から16年に日本でスポーツと賭博に関する，2つの事件が相次いで発生した。1つは，読売ジャイアンツ選手（投手）の野球賭博事件。そしてもう1つはバドミントン日本代表選手の違法カジノ事件である。

　野球のケースでは，巨人の投手4人が野球賭博に関与しており，しかも賭博行為は自らが所属する巨人戦も対象としていたことが判明したのであった。この問題で，日本野球機構（以下，NPB）は4人の投手のうち，3人を無期失格処分とし，他方，残りの1人には，自ら賭博常習者との関係を絶ったことを考慮して1年間の失格処分に留めたのであった。

　これに対して，バドミントン日本代表選手らのケースは，違法カジノ店に出入りし，1回あたり数万から十数万を賭けていたことが判明した。この件で日本バドミントン協会は，ロンドン五輪で活躍した選手とリオ五輪で金メダル獲得が期待されていた選手に対して，それぞれに登録抹消処分と無期限出場停止

処分を下したのであった。

この2つのケースは，スポーツと賭博に関して私たちが考えるべきテーマを投げかけている。そもそも，なぜ，賭博は禁止されているのであろうか。野球とバドミントンのケースに違いはあるのだろうか。競馬や競艇はなぜ合法として容認されているのか。パチンコは賭博ではないのか。こうした視点からこの章では，スポーツと賭博の問題について考えていくことにしよう。

2──日本社会と賭博規制

(1) 賭博罪と賭博禁止の理由

周知の通り，日本では賭博は犯罪として処罰される。刑法185条は「賭博をした者は，50万円以下の罰金又は科料に処する。ただし，一時の娯楽に供する物を賭けたにとどまるときは，この限りでない」と規定している。つまり，食事を賭けるなどの行為を除いて，賭博行為を原則禁止とし，これに違反した場合は50万円以下の罰金を科しているのである（ただし，常習的に賭博をした場合は3年以下の懲役に処せられる（刑法186条1項））。ちなみに，違法ダウンロードは2年以下の懲役もしくは200万円以下の罰金とされている（著作権法119条第3項を新設）。

こうしてみると賭博行為は刑罰としては比較的軽微ではあるものの，れっきとした犯罪とされているのである。他方，イギリス，オーストラリア，イタリア，フランス，スペインなどでは賭博が広く容認されている。賭博行為を業とする場合（賭博場を開帳する場合）にはライセンスが必要とされているにすぎず，個人で「賭け」をすることについてはあくまでも個人の自由であり，国家による規制は存在しない。サッカーやボクシングの勝敗，明日の天気，政治家の選挙，英ロイヤルベイビーの名前などあらゆる事柄が日常的に賭けの対象となっている。

(2) 日本で賭博が禁止される理由

では，なぜ日本では賭博が禁止されているのであろうか。この点について，最高裁は「怠惰浪費の弊風を生ぜしめ，……勤労の美風（憲法第二七条一項参照）

を害する」,「副次的犯罪を誘発し又は国民経済の機能に重大な障害を与える」
と説明した(最大判昭和25年11月22日刑集4巻11号2380頁)。ただ,その一方で,国
家あるいは地方政府が運営する競馬など一定の賭博については例外として容認
しているのである。ちょっと辻褄が合わない気がするのも無理はない。これら
は国民の射幸心を煽り,勤労の美風を害することを国が自ら運営していること
になるのだから。

　これについては次のように考えられている。つまり,政府が責任をもって管
理する賭博については合法とする。これにより,健全な経済活動や勤労への悪
影響があるが,売り上げを公共善に利用することで悪影響に勝るメリットをも
たらす。そして,賭博の副次的犯罪(暴行,脅迫,殺傷,強窃盗など)については
政府が責任をもって取り締まる,というわけである。もっとも,ギャンブル依
存症の社会的コストの観点,あるいは若年層や社会的弱者への悪影響の観点か
ら,賭博に対する反発も根強くある。

3 ──日本で合法とされている賭博行為

(1) 賭博が容認される公営競技

　先にみたように,刑法で賭博を禁止しながらも,国家あるいは地方政府が運
営する一定の賭博については例外として容認している。ここで,合法とされて
いる賭博について概観しておこう。日本で許されている賭博は,競馬,競輪,
競艇,オートレースである。これらは公営競技と呼ばれ,いずれもスポーツと
のかかわりが深い。

　さて,ここからが本題である。特別法によって賭博が容認される公営競技で
は,利益を得るためにわざと負けるなどの八百長行為は犯罪として禁止されて
いる。たとえば,競馬法31条は,財産上の利益を得るために,競走において馬
の全能力を発揮させなかった騎手については,3年以下の懲役または300万円
以下の罰金が科せられる。加えて,競馬法施行令10条に基づき,競馬会は,競
馬への関与禁止などの処分を下すことになる。後でみるが,かつてプロ野球界
で発生した八百長事件(黒い霧事件),そして2011年に発覚した大相撲での八百
長事件については,関与した選手や力士がそれぞれの業界から追放されること

となったが，刑事責任を問われることはなかった。

⑵ 公営競技における八百長防止策

　賭博の対象となる公営競技はほかのプロスポーツとは別の扱いになっている。騎手になるためには競馬学校に入学し，不正防止教育も含め競馬に関する講義を3年間にわたって受けなければならない。そして，競走の前々日（または前日）から，当日まで騎手は「調整ルーム」に軟禁される。そこでは携帯電話の使用も許されず，外界とは隔離され，家族や恋人とのコンタクトでさえも禁止されるのである。これらは，すべて八百長の防止を徹底するための規則である。同様の規則は，公営4競技すべてにある。

　このように公営競技は，八百長に対してきわめてセンシティブである。八百長があれば競走で馬券を買った人々から賠償請求を受けることになるし，そもそもイカサマがあるギャンブルは正当なビジネスとしての破綻を意味する。消費者（大衆）保護という説明もなされるが，本質的には合法化した賭博ビジネスの維持と保護のために，公営競技での八百長を犯罪として取り締まっているのである。

　実は，この4競技以外にも，みなさんがよく知るスポーツで八百長が犯罪となる競技がある。それはサッカーだ。2001年にサッカーくじである「toto」がJリーグを対象として導入され，プロサッカーも公営競技類似の位置づけとなったからである。

⑶ totoは賭博⁉

　サッカーくじの正式名称は，「スポーツ振興投票」である。「スポーツ振興投票」とは，サッカーの複数の試合結果についてあらかじめ発売されたスポーツ振興投票券によって投票をさせ，当該投票とこれらの試合結果との合致の割合が文部科学省令で定める割合（以下，「合致の割合」）に該当したスポーツ振興投票券を所有する者に対して，合致の割合ごとに一定の金額を払戻金として交付することをいう（スポーツ振興投票法2条）。

　もし，選手，監督，コーチおよび審判員などが指定試合について賄賂を得た場合やその約束をした場合には3年以下の懲役。これによって不正な行為をし

た場合は，5年以下の懲役となる。

こうしたサッカーくじの導入の是非をめぐっては日本国内で激しく議論された。日本で違法とされているギャンブルでスポーツ振興をめざす，というのは健全な青少年の育成，フェアネスの醸成，スポーツマンシップなど，スポーツのもつ価値や理想に著しく反するという根強い反発があったからである。これに対して導入支持派は，サッカーくじはあくまでも「くじ」であり，射幸性の高い「ギャンブル」とは異質のものであるため，反対派の懸念はあたらないし，むしろ，スポーツ振興にかかる国家予算を確保するための最善の策であると反論したのであった。

結局，totoの対象はプロサッカーの指定13試合の「勝ち」「負け」「引き分け」を予想するもので，的中率は500万分の1というきわめて低い設定とされ，「ギャンブル」ではなく，「くじ」であることを強調することで導入に漕ぎ着けたのであった。ただ，導入当初はメディアの注目も手伝って，いわゆる祝儀相場的な売り上げがあったものの，その後にわかに失速し，販売開始から5年にして存続の危機に直面したのであった。激論の末に導入されたtotoは，その数年後には，8000万円の補助金しか生み出さない，きわめて非効率な制度に成り下がったのであった。ここでtoto再起をかけて，その起爆剤とされたのが「totoBIG」である。

図04-1の通り，totoBIGの導入以降，瞬く間に売り上げを伸ばすことになった。まさに会心の復活劇である。スポーツへの助成は安定的になり，当初の目的通り，スポーツ振興の財政基盤になっている。ただし，この復活劇については，冷静に分析する必要がある。なぜなら，totoの売り上げ上昇の要因は，サッカーくじに対する新たな需要が掘り起こされたのではなく，これまでジャンボ宝くじやナンバーズを買っていた人々が，当選確率，配当金の双方において条件が良いtotoBIGに乗り換えたから，といえそうだからである。そうだとすると，これまで総務省にもたらされていた宝くじの売り上げが，文部科学省に移行したにすぎず，日本における省庁間の財布の中身が一定の範囲で移行した，ということになる。総務省がその対抗策として，当選確率の高い商品を出せば，また逆流現象が起こるというわけである。こうなると，totoの射幸性を少しずつ高めて，つまりギャンブルに近づけていくことで，totoへの関心を高

04 スポーツ賭博は禁止されるべきか？

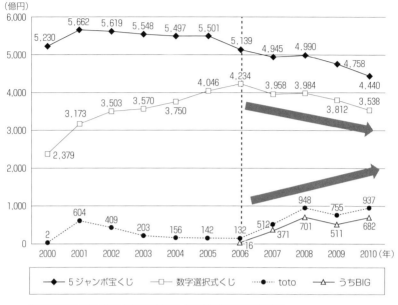

図04-1 宝くじとtotoの売上客推移

出所：総務省「宝くじ活性化検討会報告書」参考資料10頁を基に筆者作成。

めるという戦略をとるほかない。実際，2000年のtoto導入後，2006年に，当たりやすさ（的中率241分の1）をアピールする5試合対象の「mini toto」が新たに導入された。同様に，当初5試合についてチームの得点を当てる「totoGOAL」（5試合）に替えて（的中率を上げるために）3試合に限定する「totoGOAL3」に変更されたのであった。当時，文部科学省令では，射幸心をあおらないよう1等当選の組み合わせを100万通り以上と定めていたため，totoゴールは約105万通りだった。しかし，その規制を撤廃し，当たりやすい「くじ」をアピールして売り上げを伸ばし，スポーツ団体への助成額アップにつなげることとなった。こうして，totoは的中率が低く「ギャンブル」にはあたらない，という導入当時の説明はおざなりにされたのであった。

ところで，増幅する新国立競技場の建設費用をカバーするために，totoの拡大が検討されていたのをご存じであろうか。新たな検討対象として浮上したのは，ラグビーとプロ野球である。これらの競技は，性質上，八百長を仕組みに

くいというのがその理由であった。ただ，totoの対象になれば選手や関係者の不正行為は犯罪化されることになる。かつて八百長スキャンダルを経験したプロ野球は，totoに対して難色を示したのであった。特にtotoがギャンブル性を高める現状において，安請け合いできないのは当然である。また，アマチュア選手が8割を占めるラグビートップリーグについては，totoの対象となることへの抵抗感も大きい。なお，対象の如何については，当該競技団体，そして選手側の意向が尊重されるべきであることはいうまでもない。もっとも，totoの対象拡大について本格的な議論が開始される直前に，プロ野球選手とバドミントン選手の賭博スキャンダルが発生したことで，toto拡大の議論は立ち消えになったのであった。

⑷ パチンコは賭博じゃないの!?

　パチンコが「賭博」ではないという認識をもっている人はどれほどいるであろうか。「パチンコに関する世論・有識者調査（2003年）」からも，パチンコは賭博であると多くの国民がとらえていることがうかがえる。しかし「賭博」は違法であるので，パチンコは賭博でないと説明する必要がある。そこで採用されているのが，3店方式と呼ばれる仕組みである。

　①客がパチンコホールに来ると，遊技場営業者であるパチンコ店は客の現金と遊技球（いわゆる「出玉」）を交換する。②客はパチンコで増やした出玉をパチンコ店に持参し，パチンコ店は出玉を特殊景品と交換する。③客が特殊景品を景品交換所に持参すると，古物商である景品交換所は特殊景品を現金で買い取る。④景品問屋が景品交換所から特殊景品を買い取り，パチンコ店に卸す。

　つまり，客が現金を目当てにして遊戯をするのではなく，あくまでも景品を目当てにしているという建前になっている。このように，いったん景品を介在させて現金化する仕組みであるため，景品を現金化する景品交換所はパチンコ店とは別の組織であることが強調される。実際，景品交換所はパチンコ店に隣接しているが，決してパチンコ店内に設置されることはない。

　さて，みなさんは賭博が禁止される理由を覚えているだろうか？　それは「怠惰浪費の弊風を生ぜしめ，勤労の美風を害する」ということであった。政府が運営する賭博は容認され，またパチンコが違法でないという運用がされて

いるこの現状のもとで，「勤労の美風」，「怠惰浪費」という倫理観を禁止の理由にするのは説得力を欠くといわざるをえない。株式や為替などマネーゲームが経済活動の中心を占める現代において，従来の勤労の概念は大きく変化してきたからである。日本の賭博禁止政策は現代において必ずしも筋が通ったものではないのである。こうして，最近ではカジノ構想が日本国内でにわかに熱を帯びている。ギャンブル依存症の問題がクリアできれば，ギャンブルを禁止する理由はないという認識が国民の中にも広がっているようにみえる。

　他方，スポーツ賭博については，賭博一般の議論とはまったく別の観点からの議論が必要となることを強調しておきたい。なぜなら，スポーツ賭博は，八百長の問題を誘発するからである。

4──スポーツと八百長

(1) プロ野球で発生した八百長事件（黒い霧事件）

　1969年から71年にかけて発覚したプロ野球の八百長事件がある。1969年のシーズン中に，西鉄ライオンズの投手が，野球賭博にかかわる暴力団関係者に依頼され，八百長を行っていたことが判明した。これが端緒となってオートレースの八百長に関与したプロ野球選手の存在も明るみになっていった。

　NPBはプロ野球における八百長への関与について「（野球協約355条が規定する）『敗退行為』に該当する」との見解を発表し，八百長に関与した現役選手には永久出場停止（追放），長期間の出場停止，年俸減額などの処分を下した。また，上記の選手の一部はオートレースの八百長事件にも関与しており，この事件では現役のオートレース選手19名が警察に逮捕される事態となった。ここでの19人，つまりオートレース選手らは特別法（小型自動車競走法65条～68条）違反ということになる。

　この一連の事件をめぐって，実に29名のプロ野球選手がプロ野球協約に基づいて処分されたのであった。そしてそのうちの6人に対しては球界史上初めての永久追放処分が下された。ただし，八百長行為にかかわった選手が刑事処分の対象となることはなかった（八百長行為に従事したプロ野球選手が賭博常習者に対する賭博幇助等の容疑で略式起訴され，有罪の判断が下っている（林 1996：296））。

2015年の読売ジャイアンツの選手の野球賭博のニュースは，この黒い霧事件の再来を予感させ，関係者を震撼させたのであった。ジャイアンツの選手，しかも投手が自らのチームを対象として賭博をすることは，八百長の蓋然性がきわめて高いケースであったからである。現役の野球選手が野球賭博に従事すること，しかも所属球団に賭けることは，違法カジノで「賭博」をすることとは別次元の問題なのであり，非難されるべき内容と程度は実は大きく違っていたのである。

⑵ 大相撲で発覚した八百長事件

2011年の本場所で，力士同士が白星を金で売買するという「故意の敗退行為」が発覚した。取組での勝敗のほか，具体的な取組の流れについても事前にメールを通じて対戦相手とやり取りし，その約束通りの取組を演じていたのであった。2010年，大相撲関係者らの野球賭博問題をめぐり，捜査員が野球賭博に関与した力士から証拠として押収した携帯電話のメールから，この事実が発覚した。こうして，角界を揺るがす八百長スキャンダルに発展したのである。

プロ野球での八百長事件と，大相撲の八百長事件の背景は大きく異なっていた。つまり，プロ野球の八百長事件は野球賭博に関連するものであり，他方，大相撲で発覚した八百長は，幕内下位から十両の地位を保全するための互助会メンバーによる星の貸借を背景とするものであった。このような貸借が生じる背景として，幕内，十両の地位を維持する経済的インセンティブ，そしてケガの不安から，全力の取組を回避するインセンティブの存在が指摘されている（中島 2008）。

本場所15日間のうち，7勝以下であれば負け越し，8勝以上が勝ち越しとなる。勝ち星から負け数を引いた数値を数えて，〈負け越し何点〉というように表記する。たとえば6勝9敗なら負け越し3点である。大関・横綱以外の力士が負け越せば，原則として負け越し点数だけ下の地位に転落することになる。勝ち越しをすることに大きな意味があるが，勝ち越し点の大きさについてはさほど大きな意味をもたない仕組みになっている。

こうした制度のもとで，幕内あるいは十両で，地位を安定的に得ることに大きなインセンティブが発生し，力士の間で互助会型（「持ちつ持たれつ」でお互い

の地位を保護する形）の八百長が生まれる。従来，八百長疑惑は7勝7敗で迎え
た千秋楽の力士の勝率データからも説得的に主張されてきた。『ヤバい経済
学』の著者でシカゴ大学教授のスティーブン・レヴィットは，1989年1月から
2000年1月までに開かれた本場所の取組のデータをもとに，7勝7敗と勝ち越
しがかかる力士と，8勝6敗あるいは9勝5敗とすでに勝ち越しを決めている
力士との千秋楽での対戦に着目した。これによると，7勝7敗の力士の勝率は
約80％となり，過去の対戦成績期待勝率約50％から大きくはね上がる。そし
て，7勝7敗で勝った力士は，翌場所で同じ相手との対戦においては勝率が
40％，さらに翌々場所では，50％となる。このことから，力士間で星の取引が
あり，翌場所で星の貸し借りが清算されていると指摘した（レヴィット／ダブ
ナー 2007：45-49）。

(3) 八百長事件の顚末

2011年に発覚した角界の八百長事件をめぐって，日本相撲協会は23名の力士
が八百長行為に関与したとして，そのうちの20人に対して引退を勧告した。ち
なみに，実際に八百長を認めたのは3人の力士に留まった。そして引退勧告を
受け入れなかった2人の力士については解雇処分となり，その解雇処分の有効
性が裁判所で争われた。裁判の結果，1人は解雇有効，もう1人（蒼国来）につ
いては「過去に無気力相撲への関与はうかがえるが，今回は証拠が十分ではな
い」として，引退勧告および解雇はいずれも無効との判断が下された。

大相撲の取組で力士が八百長行為を行うことを規制する法律は存在しない。
もちろん，これらの八百長が賭博に関連して行われたのであれば賭博容疑で立
件されることになるが，八百長が問題となった一連の取組では賭博行為との関
連はなかった，とされる。

(4) 海外の八百長事件

ここで海外の状況について概観しておこう。2014年，サッカー日本代表の監
督であったハビエル・アギーレがスペインサッカーの監督時代に八百長疑惑が
あったとされて，突如解任になり，サッカーの八百長を身近に感じて驚いた
サッカーファンも少なくなかった。

実は韓国でも，2011年から2013年にかけて，スポーツと八百長の根深い関係が露呈した。プロサッカーリーグのＫリーグでは全登録選手657人のうち８％超にあたる54人が八百長に関与したとして起訴されるという空前の事態に陥った。韓国検察によると，2010年に開催された15試合で手抜きプレーをする見返りにブローカーらから3100万ウォン（約230万円）から300万ウォン（約20万円）を受け取ったとされる。また，プロ野球においてもブローカーから500万ウォン（約36万円）と700万ウォン（約50万円）を受け取って八百長に加担したとされる投手２人にそれぞれ懲役６か月執行猶予２年と追徴金の有罪判決が下った。さらに，プロバスケットボールの監督がブローカーから4700万ウォン（約410万円）を受け取り，その見返りに，主力選手を交代させて負けるなどした疑いで逮捕された。プロバレーボールでも八百長疑惑で４人の選手が検察当局の捜査対象となり，これを受けて韓国バレーボール連盟は４人の選手を永久除名にすることとした。

　また，サッカー界では欧州を中心に大がかりな八百長疑惑が発覚している。2013年，欧州刑事警察機構（ユーロポール）は国際試合など680試合で不正の痕跡が確認されたとして本格的な捜査に乗り出した，と大々的に報道された。世界ではスポーツ賭博を容認する傾向が続いている。特にインターネットと賭博が融合したことで，賭博市場は一気に世界に広がった。そして八百長の仕掛けも国境を越え，大がかりかつ巧妙になってきている。

　2017年には日本人プロテニス選手が八百長などの不正行為にかかわったとして，テニスの不正監視団体TIUが永久資格停止と罰金５万ドル（約570万円）の処分を下した。新聞報道によると，この選手は2015年に南アフリカであったツアー下部大会で，以前に指導したことがある選手を通じてシングルスで2000ドル，ダブルスは600ドルで，敗退するようにほかの選手に働きかけたとされる。またナイジェリアで開催された大会では選手に直接八百長をもちかけたほか，テニスを対象にした賭けを76回繰り返したとされる。

　さらには，ウィンブルドン選手権を含むトップクラスのテニスの試合で八百長が横行しており，世界ランキング50位に入ったことのある選手16人が，過去10年間に敗退行為をした疑いがあると2016年１月17日，英BBC放送（電子版）が報じた。これら発覚した八百長は氷山の一角であるといわれている。私たち

が想像している以上に八百長がスポーツの世界に蔓延しているということになる。

　なお，試合の勝敗に賭けるのが一般的なスポーツ賭博の形であるが，世界ではさまざまな形態のスポーツ賭博が存在している。その1つはSpot Bettingである。誰が最初に得点するか，ペナルティキックを先に蹴るのはどちらのチームか，など試合を細分化して，都度にお金を賭ける仕組みがある。サッカーの試合結果をコントロールするためには，キーパー，審判，数人の選手など，複数の協力者を必要とするが，Spot Bettingについては，個人を買収することで足り，また関与する選手も，必ずしも試合の勝敗に影響しないため，良心の呵責が比較的小さく不正に手を染めやすいという実情がある。このため，Spot Bettingは八百長を誘引するものであると指摘されている。

(5) ロンドン五輪での無気力試合

　2012年のロンドンオリンピック・バドミントン女子ダブルス1次リーグ最終戦で，複数のペアが無気力試合を公然と行った。その試合に勝つことで，次の組み合わせが不利になるため，双方ともに試合に勝つ動機をもたなかったというケースであった。決勝トーナメント準決勝での強豪中国ペアとの同国対決を避けたい中国ペアと，同じくその強豪中国ペアとの対戦を避けたい韓国のペアが1次リーグ最終戦で意図的なミスを繰り返した。そして続く別の韓国ペアとインドネシアのペアによる試合も互いに安易な失点を繰り返した。それぞれのペアが，予選リーグでわざと負けることで，次の決勝トーナメントの組み合わせを有利にする戦略をとったのであった。これに対して世界バドミントン連盟はそれぞれのペアの無気力試合が選手行動規範に違反するとして，中国，インドネシアのペア，そして韓国の2ペアの合計8人を失格処分とした。これにより，いずれのペアも決勝トーナメントに進むことができなくなったのである。

　ここでの問題の本質は何であろうか？　五輪での頂点をめざした選手らの戦略，つまり決勝トーナメントでより有利な組み合わせになるようにするために勝とうとしない行為は非難されるべきであろうか？　非難されるべきとすれば，それはなぜか？　もし，全力で戦うことが要請されるのであれば，おそらく，全力で戦うふりをして負けるという姑息な方法に出ることになるであ

ろう。予選で全力を傾けることが，むしろ決勝でのメダル獲得のマイナス要因になるケースで，全力を尽くせというのは選手にとって酷ではないだろうか。商業化したスポーツにおいては，戦績が当該選手の収入や今後のキャリアにダイレクトに影響するため，その本音（勝利への執念）と建前（スポーツマンシップ）のギャップはますます大きくなる。

　純然たるアマチュアスポーツにおいて，スポーツマンシップの観点から，対戦相手やスポーツそのものに対するリスペクトを求めることには十分な説得力があるが，莫大なお金が動き，選手の人生の明暗を大きく分ける現在のオリンピックにおいて，こうしたスポーツマンシップを求めるのはあまりにも表層的にすぎるように思われる。そもそも負けるほうが得になるようなトーナメントの仕組みに不備があるといえるのであり，今回の問題で責任を負うべきは主催者側のマネジメントといえるのではないだろうか。同じロンドン五輪の女子サッカーグループリーグ最終戦で，なでしこジャパンが南アフリカと0-0で引き分けて1次リーグ2位になったのであるが，準々決勝のブラジル戦を南ア戦と同じピッチ（1位通過だと別のスタジアムへの長距離移動が必要であった）で戦うメリットを考えて，グループリーグでの1位ではなく，2位になる戦略をとったこともよく知られている。

5──スポーツ賭博をどう考えるか

⑴ 拡大する世界のスポーツ賭博市場

　「スポーツ賭博の市場規模は1兆ドル（約111兆円）。そのうちの90％が違法なスポーツ賭博からのものである。」2015年にカタールで開かれた国連犯罪防止刑事司法会議で，スポーツ賭博の専門家P.ジャイはこのように述べた。スポーツ賭博の対象は65％がサッカー，そしてテニスとクリケットがそれぞれ12％という。

　世界ではスポーツ賭博の市場が近年，拡大の一途をたどっており，2022年の市場は2017年の2倍に達すると予想されている。これまでスポーツ賭博に対してきわめて厳格な態度をとってきたアメリカでさえその立場を大きく変えようとしている。スポーツ賭博をめぐるお金の流れを少しでも確保したいという思

惑があるからである。日本でも、こうしたアメリカの動向に影響を受け、スポーツ賭博の議論が生まれてくるのも時間の問題といえよう。

写04-1　メルボルン五輪跡地の銅像

出所：筆者撮影。

(2) スポーツ賭博はスポーツを変える!?

写04-1は、オーストラリアの陸上競技をめぐり、スポーツマンシップの象徴としてメルボルン五輪の跡地に建立された銅像である。オーストラリアのジョン・ランディ選手は豪州全国陸上競技大会において、1500m走の序盤、走者が密集したコーナーでつまづき転倒した選手を気遣って、なんとコースを逆戻りしたのであった。そしてランディ選手は転倒した選手に手を貸そうとした後（手を貸す前に、転倒した走者が自ら立ち上がって走り出した）、再び快走をみせて、ほかの選手をごぼう抜きし、なんと1位でゴールしたのであった。しかし、嘱望されていた世界記録の夢は絶たれた。世界記録の樹立を犠牲にして転倒した他者を思いやったランディ選手の行為に対して、スタジアムの観衆から大喝采が沸き起こった。この出来事は豪州のスポーツ史上最も美しいシーンの1つとして今も語り継がれている。

もっともこれは賭博の対象になっていなかった時代の出来事である。賭博の対象となる現在の豪州陸上競技においては、ランディ選手のあの行為はむしろ不正であるとみなされることになる。少なくとも、ランディ選手の世界記録樹立に大金を賭けた人々に対する大いなる裏切となる。このように、同じ競技であっても賭博の対象となるか、ならないかで評価されるスポーツマンシップは大きく異なるのである。

(3) スポーツ賭博と八百長への悪魔のささやき

賭博とは偶然性の結果に対して金品などの利益の得失を争うことである。明日の天気という偶然性に賭ける場合には、その結果をコントロールすることはできない。これに対して、スポーツや私事に関するイベントについては偶然性があるとはいうものの、人為的なコントロールが可能である。そのため、ス

ポーツが賭博の対象になれば，その結果に対するコントロールを及ぼそうとするモチベーションが博徒（賭博をする人）に発生し，選手に魔の手が伸びる可能性が高くなる。つまり，スポーツ賭博の対象となる競技には，悪魔のささやきが付随することになる。だからこそ，日本の公営競技はイベントの前日から選手を隔離するなど，悪魔のささやきが届かないようにさまざまな対策を講じているのである。

(4) 賭けの対象にされない権利の提唱

　さて，筆者は，賭けの対象とされない権利が認められるべきだと考えている。先にみたような影響があるにもかかわらず，無断で賭けの対象とされるのはごめんだ，といえるはずであろう。しかし，現時点では日本の相撲，サッカー，野球などあらゆるスポーツが海外のインターネット賭博の対象になっている。もちろん，海外のブックメーカーは日本の競技団体から承諾をとっているわけではない。知らず知らずのうちに悪魔のささやきが届く環境が生まれているのである。こうした環境のリスクに立たされながらも，賭博の対象になることがなお当該競技団体にとってメリットがある場合には，賭博の対象となることに承諾することになる。承諾がなければ賭けの対象にしない。こうした商慣行を国際的にも確立していく必要がある。

　さて，日本でスポーツ賭博の是非についての議論に先駆けて，すでにスポーツ賭博を容認している国々との比較において，どのような特徴があるかをみておこう。スポーツ賭博は，八百長を生み，またスポーツのあり方自体を変容させる可能性があることはすでに指摘した通りである。もっとも，八百長という悪魔のささやきに負けるのはあくまでも個人の意思の問題ととらえることもできる。つまり賭博の対象となることで生じる悪影響については個人の良心によって排除すべきという考え方である。このアプローチは個人主義が徹底されている国々でみられる傾向にある。こうした国では，賭博を容認しておきながら，八百長行為に関与した選手に対して刑罰で厳しく処罰するのである。他方，日本のような団体主義的，あるいはパターナリスティックな要素が強い社会では，悪魔のささやきが発生する状況を排除するというアプローチ，つまり八百長の原因となる賭博そのものを禁止する政策がとられる傾向にある。個人

04 スポーツ賭博は禁止されるべきか？

を誤らせる構造や環境を問題にするわけである。

　このように，スポーツ賭博や八百長の規制については，それぞれの国の歴史的経緯，価値観，文化が色濃く反映されることになる。スポーツ賭博市場の拡大，そしてこれに伴う八百長への対応については，各国の立場や背景をしっかりと認識した上での慎重かつ配慮ある議論が不可欠なのである。

📖 文献紹介

　レヴィット，スティーヴン・D.／スティーヴン・J.・ダブナー，2007，望月衛訳『ヤバい経済学——悪ガキ教授が世の裏側を探検する 増補改訂版』東洋経済新報社.
　　八百長のインセンティブについて経済学の視点で分析した興味深い1冊。

〔参考文献〕

新雅史・中澤篤史，2006，「サッカーくじと共倒れする日本のスポーツ環境」『中央公論』121
　　(11)：176-183.

石川才顕，1970，「プロ野球八百長選手の刑事責任」『時の法令』715：22-27.

岡崎康次，1998，「サッカーくじ法成立 文部省は『打ち出の小槌』を振れるのか」『エコノミスト』76 (23)：21.

柏原全孝，2013，「ガチンコと八百長——大相撲のスポーツ社会学」『追手門学院大学社会学部紀要』7：1-16.

笹倉明，2005，『復権——池永正明，35年間の沈黙の真相』文藝春秋.

佐藤仁，2007，『パチンコの経済学——内側から見た30兆円ビジネスの不思議』東洋経済新報社.

社会安全研究財団，2003，「パチンコに関する世論・有識者調査報告書」.

杉山一夫，2008，『パチンコ誕生——シネマの世紀の大衆娯楽』創元社.

鈴木義男，1971，「八百長競輪と詐欺罪の成否」『研修』381：67-76.

高橋義雄，2002，「サッカーくじにみられる日本人の賭けに対する意識」『総合保健体育科学』25 (1)：85-90.

谷口源太郎，2006，「『スポーツ振興策』の破綻——サッカーくじなどやめてしまえ！」『ZAITEN』50 (11)：24-27.

伊達秋雄，1955，「競輪における八百長レースと詐欺罪」『法律のひろば』8 (2)：52-54.

玉木正之，2011，「大相撲，八百長で何が悪い」『新潮45』30 (4)：210-217.

中島隆信，2008，『大相撲の経済学』筑摩書房.

萩野寛雄，2015，「公営競技の歴史と現在 (特集 公営競技と自治体)」『都市問題』106 (4)：42-50.

林淳司，1962，「モーターボート競走制度の改善——公営競技の改正」『時の法令』430：13-17.

林則清，1996，『組織暴力の一断面——或る捜査官の軌跡』立花書房.

船田元, 1998, 「Check！the議員立法 サッカーくじ法」『法学セミナー』43 (9)：116-117.
古川岳志, 1997, 「競輪の変容過程——競輪から見たギャンブルとスポーツの関係」『スポーツ社会学研究』6：84-96, 129.
望月浩一郎, 2013, 「大相撲におけるIntegrity問題——八百長問題を中心に」『日本スポーツ法学会年報』20：53-72.
和食昭夫, 1994, 「スポーツ精神に反する『サッカーくじ』」『前衛』650：191-200.
和食昭夫, 1997, 「サッカーくじ問題と国民のスポーツ振興（特集・ギャンブルをどう教えるか）」『未来をひらく教育』108：68-69.
「田児・桃田両選手の助成金，JSC『返還を検討』」朝日新聞（朝刊）2016年4月16日.
「プロ野球『toto』案浮上 超党派議員連盟，制度検討へ」朝日新聞（朝刊）2015年4月16日.
「五輪相『toto困難』巨人投手の賭博問題」朝日新聞（夕刊）2015年10月6日.
「八百長は事実だった？ プロ野球 永易元投手の八百長事件」朝日新聞（夕刊）1970年4月7日.

【川井圭司】

05 なぜケガをさせても 訴えられる可能性が低いのか？

　「訴えられる」とはすなわち，刑事上の責任または民事上の責任を問われることである。スポーツ活動中の事故において他人にケガをさせた者（原因行為者）も例外なく，これらの責任が問われる可能性があるが，それはきわめて抑制的である（伊藤 1994）。というのは，裁判においては，スポーツ活動中の事故という特殊性が考慮され，加害行為が競技ルールに従っている場合には，原則としてその行為の違法性が阻却されるためである（松尾 2014）。ボクシングで故意に相手を攻撃する行為は，形式的には刑罰の対象となるが，そこから除外されるのはこのためである。また，損害を補償する責任，すなわち民事上の責任も，同様の理由から免責される。違法性が阻却される根拠としては，原因行為が社会的な相当性を有する，たとえば「正当行為」とみなされることや，被害者による「危険の引き受け」を指摘することができる。ただし近時は，単にスポーツ活動中の事故であるというだけで違法性を阻却すべきではない，とする裁判例もある。

1 ── 民事上の責任

　民事責任とは刑事責任に対する語である。また両者の成立する範囲は必ずしも一致しておらず，後者が成立しない場合にも前者が成立する場合もある（平野 2013：4）。民事責任とは一般的には，不法行為責任による損害賠償責任を指すが，広く債務不履行責任をも含めて私法上の責任全般を指す場合もある（法令用語研究会編 2012；國井 1984）。ただし，不法行為責任にしても債務不履行責任にしても，その目的は被害者に生じた損害を補填することにある（高橋ほか編 2012）。

(1) 不法行為責任

民法上の不法行為制度は，一般不法行為と特殊不法行為に分類することができる。前者とは原則的な不法行為をいい，民法709条がこれを規定する（「故意又は過失によって他人の権利又は法律上保護される利益を侵害した者は，これによって生じた損害を賠償する責任を負う」）。後者とは「監督義務者等の責任」（同714条），「使用者責任」（同715条），「工作物責任」（同717条）等をいう。

① スポーツ活動の実践者（プレイヤー）の不法行為　スポーツ活動中のプレイヤーがほかのプレイヤーに損害を与えた場合には，民法709条が適用され責任の有無が判断される。ここにいう不法行為が成立するための要件は，①加害者の行為に故意または過失があること（故意・過失），②他人の権利または利益が侵害されていること（権利・利益侵害），③損害が発生していること（損害の発生），④先述の①によって③がもたらされたこと（因果関係），である。ただし，これらの4つの要件を充たすときにも，加害者に責任能力がない場合，加害者に正当防衛・緊急避難が認められる場合，および解釈上，被害者の承諾・正当行為等が認定される場合には，不法行為の成立が否定される（前田 2010：11）。

民事事件においては，「故意」と「過失」とを区別する必要性は刑事事件と比較するとそれほど高くはない。なぜならば原則として，故意であろうと過失であろうと賠償内容に差はないからである（大判明治40年6月19日民録13輯685頁）。過失とは「損害の発生を予見し防止する注意義務を怠ること」（内田 2011）である。すなわち，事故が起こる可能性を予見し，そのような結果の回避のための具体的な措置を講じることが可能であったにもかかわらず，それを怠ったことによって事故発生を招いた場合，注意義務違反となる。注意義務の内容は，スポーツの種類，行為者の属性（初心者か熟練者か，男性か女性か，年齢，体格等），施設・環境等の個別的事案によってそれぞれ異なる（片岡 2011）。

ボクシングや相撲など，ほかのプレイヤーに対して直接的攻撃がルール上許される競技をはじめ，サッカー，ラグビー，野球およびテニスなど得点や順位を競う過程でプレイヤー同士が接触する可能性がある競技では，それ以外の競技と比較して，加害行為をなしたとしてもその行為がルールに則る場合には，原因行為者が免責される可能性が高いといえよう。なぜならば，それらの行為

は社会的に相当な行為と解されるためである。すなわちルールを遵守してプレイすることが，プレイヤーに課される注意義務となる。

　野球の試合中，加害者がスライディングをした際，被害者に衝突して負傷させた事故において裁判所は，以下の理由から加害者の責任を否定している（東京地判平成元年8月31日判時1350号87頁）。すなわち①ルールに違反する危険なスライディングの方法をとっていた等の事情も認められないことから，本件衝突による原告の受傷が，被告の故意または重過失に起因する行為によって生じたものではない，②加害者の行為は社会的に容認される範囲内であって，違法性はない。このほかにも，社会的相当性を理由に加害者の免責が認められた判決としては，合気道中の事故（浦和地判昭和55年12月12日判時1019号111頁）などがある。

　ただし，当該スポーツのルールや危険を防止するために守るべき義務に違反する場合には，原因行為者が損害を賠償する責任が生じる。実際，柔道練習中の事故において裁判所は，柔道のスポーツとしての社会的相当性を認めながらも，「そこには規則（ルール）にしたがつた有形力の行使であることを必要とすることは勿論，規則がなくても，危険を防止するために守るべき義務があるところでは，これを守るべく，この義務を過失によつて怠り事故を発生させた場合には，その過失責任が問われるものである」として，新入部員である上に疲労していることが明らかな被害者に対して，技をかけ続け死に至らしめた被告の過失責任を肯定している（千葉地判昭和49年9月9日判時779号93頁）。

　ところで近時，「社会的相当性の範囲内の行為か否かについては，当該加害行為の態様，方法が競技規則に照らして相当なものであったかどうかという点のみならず，競技において通常生じうる負傷の範囲にとどまるものであるかどうか，加害者の過失の程度などの諸要素を総合考慮して判断すべきである」と判示された（東京地判平成28年12月26日；石井 2017）。このような解釈がされたのは，サッカー競技中にスライディングタックルを受け負傷した選手が，その損害の賠償を求めた事案においてである。その判示に従い裁判所はまず，入院手術を余儀なくされるような骨折は，「競技中に通常生じうる傷害結果とは到底認められない」と，負傷の程度を評価した。続いて，レフェリーによってファウルの判定を受けていない加害者の行為を，「軽過失にとどまるものとはいえ

ない」と自らが認定した。それらを考慮した上で，当該行為の社会的相当性を認めず原告の訴えを容認した。

　この判決は，ルールが一定のコンタクトを認めているとはいえ，そのレベルは競技によってさまざまであり，そのような競技による相違が勘案された上で，負傷が通常生じうる範囲かどうかが判断されることを示唆している。このような解釈が定着するのであれば，プレイヤー同士の接触がルール上認められる競技であっても，種目によっては，単にルールに則りプレイするだけではなく，重大なケガの発生を回避するようにプレイすることも注意義務に含まれることとなろう。

　スポーツに参加する者は一定のリスクを引き受けるべきである，という「危険の引き受け」の適用によって，不法行為の成立が否定される場合がある。この法理はラテン語の「同意は権利侵害の成立を阻却する」に由来する（及川1995）。アメリカにおいては，同法理を抗弁として認める州もあるが，現在は，被害者に過失がある場合，損害賠償額がその過失に応じて調整されるという「比較過失の法理」へとシフトしているといえよう（諏訪1998）。日本においても，ルールが侵害を許すスポーツ種目においては，この法理の適用によって原因行為者を免責することを，社会全体として容認しているといえる（楠本1966；佐藤1999；四宮1963）。しかしながら，この法理を明示的に抗弁として認めた判決はわずかである。その典型例は，小学校のPTA会員によるバレーボールの練習中，参加者の1人がスパイクをしようとしてバランスを崩し転倒，相手コートの選手（原告）に衝突し，右膝を負傷させた事案である。東京地裁は原告の訴えを以下のような理由から棄却している。「スポーツの競技中に生じた加害行為については，それがスポーツのルールに著しく反することがなく，かつ通常予測され許容された動作に起因するものであるときは，そのスポーツの競技に参加した者全員がその危険を予め受忍し加害行為を承諾しているものと解するのが相当であり，このような場合加害者の行為は違法性を阻却するものというべきである」（東京地判昭和45年2月27日判時594号77頁）。

　他方この法理を不法行為責任の成立を阻却する事由としてではなく，過失相殺を認めるための事由とした判決が出された（東京地判平成26年12月3日判例集未登載）。この判決において裁判所は，大学ラグビーの試合中，タックルを受け

て重傷を負ったプレイヤーの賠償請求を認めた上で，ラグビーの試合に出場する選手は，自ら一定の危険を引き受けた上で試合に出場していたといえ，民法722条2項（過失相殺）の趣旨を類推して損害賠償額を定めるのが相当である（実際4割の過失相殺が認められている）と判示した。すなわち，アメリカ法における「比較過失の法理」と同様の解釈を行ったといえ，本法理のこのような適用は学説においても支持されている（平野 2013：214）。

　「プレイヤー同士の身体的接触を前提としない競技」のカテゴリーを代表する競技は，スキーやスノーボードなどのウィンタースポーツである。裁判例も比較的多数存在し，その中にはスポーツ活動中の事故ということが勘案されて，加害者の責任を否定する判決もある（札幌高判昭和61年9月30日判タ633号174頁）。しかしながら1995（平成7）年の最高裁判決（平成7年3月10日民集174号785頁）は，スキー場において上級者は，最低限「他の滑走者に接触しないよう最大限の注意を払う義務」があるとして，「……スキーの滑走がルールや，当該スキー場の規則に違反せず，一般的に認知されているマナーに従ったものであるならば，他の滑走中に傷害を与えるようなことがあっても，それは原則として注意義務の違反と目すべきものではなく，また行為に違法性がないと解するのが相当である」とした原判決を破棄した。最高裁が考慮したのは，スキーが「本来他の競技者と接触することを全く予定していない」競技であるため，「競技者同士が危険な結果を承諾しているとは到底言えない」という観点である。すなわち，選手同士の一定の接触が許容されるスポーツとそうではないスポーツとを区分した上で，後者に属するスポーツのプレイヤーが引き受ける危険の範囲には，衝突に起因する損害は含まれない，という解釈である。言い換えれば，スキーやスノーボード中は，滑走ルールや当該スキー場の規則に違反せず，一般的に認知されているマナーを守ることはもちろん，受傷原因となる他者との衝突を回避する注意義務も課せられるといえよう。

　この判決におけるもう1つの注目点は，最高裁が，完全に加害者の不法行為責任を否定すべく正当行為であるかどうかの判断をしたのではなく，衝突の危険を避けるためにとるべき注意義務の違反があるかどうかを問題にしたということである（後藤 2007）。東京地裁判決（平成27年6月5日判例集未登載）はこのような最高裁による解釈を踏襲して，「スキー場において上方から滑降する者

は，前方を注視し，下方を滑降している者の動静に注意して，その者との接触ないし衝突を回避することができるように速度及び進路を選択して滑走すべき注意義務を負う」として，その義務を果たさなかったスノーボーダーの賠償責任を肯定している。

競技ルール違反を犯しているわけではないが，参加したスポーツ活動の目的や参加者の属性が考慮され，加害者の責任が肯定された以下のようなケースがある（長野地判平成7年3月7日判時1548号121頁）。男女混合で行われた親睦のためのソフトボール大会において，男性がスライディングした際に女性を負傷させた。裁判所は，「男女という本質的に異なる肉体的条件下にある者を意図的に混在させたスポーツ競技においては……親睦という趣旨を尊重し，参加者の負傷や事故……をできる限り回避すべく行動する義務が，社会通念として，参加者各人に課せられている……負傷行為について違法性が阻却される余地は，プロスポーツなどの場合に比して狭い」。

② 指導者の不法行為　スポーツ活動の指導者に対しては，参加者の安全を確保するために注意義務が課せられる。その義務に違反した場合には不法行為となる。注意義務は広範にわたるが，具体的な内容としては，活動に立ち会うこと，参加者の技術・体力的較差に配慮すること，環境条件に対応した練習・試合の実施，設備・用具の整備などに区分することができよう。

学校スポーツが盛んな日本における典型的なケースである部活動中の事故において最高裁は，「課外のクラブ活動が本来生徒の自主性を尊重すべきものであることに鑑みれば，何らかの事故の発生する危険性を具体的に予見することが可能であるような特段のある場合……顧問の教諭としては，個々の活動に常時立会い，監視指導すべき義務までを負うものではない」と判示している（最判昭和58年2月18日民集37巻1号101頁）。この解釈は近時の高等学校部活動中の事故に関する判決においても踏襲された（さいたま地判平成28年3月16日判例地方自治416号35頁）。ただし，4歳園児が綱引きの際に拇指を切断した事故においては，担当教諭が立ち会っていないことを理由に教諭の注意義務違反が肯定されている（大阪地判昭和48年6月27日判時727号65頁）。すなわち，その活動の参加者の事理弁識能力の程度によって指導者の立ち会い義務も左右されるということ

ができる。また，単に活動に立ち会うだけでは，十分な注意義務を果たしたとはみなされない，といえよう。というのは，高等学校の部活動として鉄棒演技を練習していた部員が，落下し重傷を負った事故において裁判所は，指導者は，危険を回避するための措置を講ずることができる適切な位置に立つべき注意義務がある，と判示しているためである（大阪高判平成29年12月15日判時2370号54頁）。

　体力・技量に較差がある者を競わせる場合には，ケガのリスクが高まる可能性があり，そのような較差がある場合にはそもそも対戦をとりやめることや，プレイ上一定の制限を加える等の措置を指導者が講じることが必要となる。このような措置を怠ったならば，指導者は注意義務に違反したこととなる。たとえば，ラグビーの試合中，組み合う相手と明らかに技量の劣る初心者である被害者に，スクラムを組むことを継続させたことは，十分な注意義務が果たされたとはいえないとして，指導者である教諭の過失が肯定されたケースがある（大阪高判平成7年4月19日判例地方自治143号33頁）。また，社会人チームとの練習試合にフッカーとしての経験が浅い高校生を出場させ，手足麻痺の障害を負わせた顧問教諭の責任が認定された，同種の事案がある（福岡高判平成元年2月27日判時1320号104頁）。ただし最高裁は，ラグビー中の事故に関する別の事案で，指導者の過失を認定する際には，具体的に社会人チームと高校生チームとの間に技量・体力の較差があったかどうかを審理すべきであると判示しており（最判昭和58年7月8日判時1089号44頁），高校生を社会人との試合に一切参加させるべきではないとの立場はとっていない。

　科学の進歩とともに指導者に求められる注意義務の内容も高度化するといえよう。たとえば，高校生がサッカーの試合中に落雷を受けて，重傷を負った事案において高松高裁（差し戻し審：平成20年9月17日判時2029号42頁；最判平成18年3月13日）は，昨今の科学がもたらす知見から，引率教員が落雷の危険を予見できたにもかかわらず，回避措置をとらなかったとして，その過失を認めている。また熱中症に罹患した参加者に適切な処置を施さない場合にも指導者の責任が問われる裁判例が，複数の競技について出されている（野球：高松高判平成27年5月29日判時2267号38頁；バドミントン：大阪高判平成28年12月22日判時2331号31頁；水泳：大阪地判平成29年6月23日判タ1447号226頁）。これらのことから，一般

的な指導者であっても常に科学的な知見を踏まえた指導が求められるということがいえよう。

　安全対策上必要な防具を着用させることも指導者の重要な責務である。たとえば，野球の打撃練習中に投手役の生徒に打者が打ったボールが直撃し，負傷したケースにおいて裁判所は（静岡地判平成28年5月13日判時2336号83頁），高等学校の野球部の監督にあたる教諭は，部員が打撃練習を行う際には，打撃投手に投手用ヘッドギアを着用するよう指導すべき職務上の注意義務を負い，過失により同義務に違反し，打者が打ち返したボールが打撃投手の頭部に直撃する事故を生じさせた場合，教諭の職務行為には違法性が認められると判示した。また，熱中症対策のため室内または室外に温度計を設置するなど，WBGT等の温度を把握することができる環境を整備する義務もある（前出，大阪高判平成28年12月22日）。ただし，いくら用具の点検義務が指導者に課せられるとはいえ，竹刀に「異常があれば申し出るように」との注意を行うことで十分な場合もあり，一本一本手に取り点検することまでは負わない（名古屋地判昭和63年12月5日判時1321号140頁）。

　ところで，上記のようなケースにおいて，指導者個人の責任を追及することはきわめて例外的であり，普通は指導者の雇主である学校や企業に対して，損害の賠償が請求される。個人に損害を求めても十分に救済されない可能性があるためである。雇い主が私立学校や民間企業であれば民法715条により，使用者としての責任が問われる。たとえば，先の落雷事故において裁判所は，引率教諭の使用者である学校法人に対して，同条を適用して損害賠償を命じている。一方，過失を犯した指導者の所属が公立の学校等の場合には，その設置者である地方公共団体等が，国家賠償法1条1項の規定により責任を負担する。ただし，雇用者が被害者に対して責任を負担するということが，過失を犯した指導者の責任を不問にするということではない。なぜなら，使用者は民法715条3項の規定によって，国・地方公共団体は国家賠償法1条2項の規定によって，当該指導者に対して求償権を行使することができるためである。実際，県立高校の生徒が部活動中に熱中症により死亡したケースにおいて，当該活動を指導していた教師に対し県が，求償権を行使するよう命じた判決も存在する（福岡高判平成29年10月2日判例地方自治434号60頁）。

③ 責任能力を欠く者の不法行為　民法712条は責任能力を欠く未成年者，また同713条は精神上の障害により責任能力を欠く者の賠償責任が否定されることを規定している。この場合，それらの者を監督する義務を負う者（監督義務者）やその代理監督者が，責任無能力者に代わって賠償責任を負う（同714条）。監督義務者とは親権者（同820条），後見人（同857条）等である。代理監督者とは，施設ないし事業体自体とする説と，施設ないし事業体の教職員・保母などの個人が代理者にあたるとする説の対立があるが，裁判例では後者の説をとって，施設ないしは事業体は同715条または国家賠償法１条の責任を負うとするものが多い（前田 2010：144）。したがって，スポーツ活動中の引率者である指導者・コーチ等も代理監督者にあたる可能性がある（杉山 2016）。

　スポーツに関連して，監督者の責任が問われたケースとしては以下のような事案がある。１例目は，公園でキャッチボールをしていた小学生（いずれも９歳，なお判例は責任能力を認める境界線を12～13歳としている（窪田 2007））の誤った投球が付近で遊んでいたほかの小学生にあたり死亡した事案である。裁判所は，キャッチボールをすれば他人にあたることが十分に予想でき，軟式ボールが当たった場合に他人に傷害を負わせ死亡させる結果となることは予見できたとして，親の監督者責任を肯定した（仙台地判平成17年２月17日判時1897号52頁）。２例目は，小学生（当時11歳）が放課後の校庭でサッカーゴールに向かってフリーキックの練習をしていたところ，ボールが校庭から公道に飛び出し，それを避けようとした自動二輪を運転中の被害者が転倒して負傷，その後死亡したという事案である。一・二審では，ゴールに向けてサッカーボールを蹴ることは，後方にある公道に向けて蹴ることになり，蹴り方次第ではボールが公道に飛び出す危険性があるから，そのゴールに向けてサッカーボールを蹴らないよう指導する監督義務があるとして，親権者の損害賠償責任が肯定された。これに対して最高裁（平成27年４月９日民集69巻３号455頁）は，原因行為者の行為は「校庭の日常的な使用方法として通常の行為である」とした上で，このような「行為によってたまたま人身に損害を生じさせた場合は，当該行為について具体的に予見可能であるなど特別の事情が認められない限り，子に対する監督義務を尽くしていなかったとすべきではない」として，原審判決を破棄している。

79

④ スポーツ施設を占有・所有する者の不法行為　民法717条は，スポーツ活動を行う上で必要不可欠となる施設の設置，または保存に瑕疵があることによって生じた損害について，その工作物の占有者または所有者に賠償責任を科している。この責任を工作物責任という。同条は占有者が「損害の発生を防止するのに必要な注意を払っていた際」には免責するが，所有者の責任は免責しない。したがって前者は過失の立証が転換されている中間責任と解されるのに対して，後者は無過失責任と解される（前田 2010：154）。工作物責任は，①土地の工作物にあたること，②その設置または保存に瑕疵があったこと，③瑕疵と損害の発生との間に因果関係があったことが成立要件となる。スポーツ施設に関していえば，スキー場（長野地判昭和45年3月24日判時607号62頁）やゴルフコース（横浜地判平成4年8月21日判タ797号234頁；東京地判平成6年11月15日判時1540号65頁）などは，自然の地形を利用しつつも人工的な作業が加わっているので，工作物として認められている。

　瑕疵とは，工作物が通常有すべき安全性を欠くことをいう（川井 1988）。スポーツ施設に関する瑕疵が認定されたケースの態様は多様であるが，以下のような例がある。①レース場に衝突炎上事故のための消火作業要員を適切に配置していない（東京地判平成15年10月29日判時1843号8頁），②サッカーゴールに通常講じられるべき転倒防止のための措置がとられていない（岐阜地判昭和60年9月12日判時1187号110頁），③プールの水深が飛び込み台からの飛び込みを想定した場合に浅すぎ，事故の危険を有していた（奈良地判平成11年8月20日判時1729号62頁），④グラウンドに附属する防護塀がグラウンドからボールの逸出を防ぐには不十分であった（大阪地判昭和48年1月17日判時706号45頁）。

⑤ スポーツイベントの主催者の不法行為　スポーツイベントの主催者となる可能性があるのは，地方公共団体，スポーツ関連団体（スポーツ連盟，体育協会等），各種プロスポーツ球団等である。スポーツイベントの主催者は参加者の安全に注意する義務を負い，その義務に違反したならば，不法行為責任を負う可能性がある。たとえば，前出の落雷事件において裁判所は，会場担当者に落雷事故発生の危険が迫っていることを予見すべき注意義務を怠った過失があるとして，同人が所属するサッカー大会の主催者である市体育協会に対して，損害の賠償を命じている。

また，最近の注目されるケースは，野球の観戦中にファウルボールが観客に直撃し，負傷した札幌地裁による判決である（札幌地判平成27年3月26日判時2314号49頁）。なぜならば，同種の事故においてこれまで否定され続けた（仙台高判平成23年10月14日判例集未登載；神戸地判平成26年1月30日判例集未登載；畑中 2015），工作物責任が初めて認定されたためである（ただし高裁は，工作物責任および営造物責任は否定した上で，ファウルボールに対する注意喚起が不十分であったとして，主催者であるプロ野球球団の責任のみを肯定した。札幌高判平成28年5月20日判時2314号40頁）。地裁は，球場に設けられていた安全設備等は，原告席付近で観戦する観客に対するものとしては通常有すべき安全性を欠いていたとして，まず球場の占有者であり試合の主催者でもあるプロ野球球団と指定管理者である会社の工作物責任（民法717条1項）を容認した。同時に所有者である札幌市については，営造物責任（国家賠償法2条1項）を課した（たとえば公立の学校の体育館や遊園地など，公の営造物にあたる場合には，国家賠償法2条が適用される）。

⑵ 債務不履行責任

債務不履行とは，債務者が債務の本旨に従った履行をしないことをいう（民法415条）。すなわち，債権者（被害者）と債務者（加害者）との間に何らかの契約関係が存在する場合に発生するのが，債務不履行責任である。この責任制度は不法行為制度と比べて被害者に有利であるとされる。というのは，消滅時効が不法行為においては3年（同724条）であるのに対して債務不履行においては原則10年（同167条1項）であることや，前者では過失のないことを証明するのは債務者側であるが，後者では被害者側に故意・過失の立証責任があるためである。また日本法においては，前者と後者の間で請求権が併存する場合には（請求権の競合），被害者が自由にどちらかを選択することができるとされている（大判大正6年10月20日民録23輯1821頁）。

ところで，スポーツ参加者個人がほかの参加者，観客および主催者等に対して，安全に配慮する義務を，競技に関する契約上負担しているとは考えにくいので，債務不履行責任が問われるのはもっぱら，スポーツイベントの主催者等である。トライアスロン中に参加者が死亡したケースで裁判所は，一般論として主催者の安全配慮義務を以下のように規定している——競技会主催者は，競

技に関する契約に基づき，その競技が危険を伴うものである場合にはその参加者が安全に競技できるように配慮し，救助を要する事態が発生した場合にはただちに救助すべき義務を負う（大阪高判平成3年10月16日判時1419号69頁）。実際，先のファウルボール訴訟において札幌高裁は，試合の主催者である球団に対し，野球観戦契約に信義則上附随する安全配慮義務違反があるとし，債務不履行に基づく損害賠償責任を課している。また学校における事故においても，国公立学校か私立学校かを問わず，契約上の債務の不履行を問うことができる余地があるとされる（奥野 2004）。というのは，安全に配慮する義務が在学契約に付随すると解されるためである（山形地判昭和52年3月30日判時873号83頁：長野地判昭和54年10月29日判時956号104頁）。

2 ──刑事上の責任

⑴ 社会的相当性と被害者による危険の引き受け

　刑事上の責任とは行為の反社会性などに対して行為者に刑罰が科されることをいう。スポーツ活動中の行為について加害者は，たとえば，傷害罪（刑法204条），傷害致死罪（同205条），暴行罪（同208条），過失傷害罪（同209条），過失致死罪（同210条）および業務上過失致死罪（同211条）などに問われる可能性がある。しかしながら実際には，スポーツ活動中の事故に関してこのような責任が追及されることはまれである。なぜならば，一般に，ボクシングや相撲などスポーツは刑法35条の正当業務行為にあたり，スポーツにおいて人の生命や身体に侵害を与えても，正当業務といえる限り違法性を阻却する（大谷 1996），と解されるためである。なお，スポーツが正当業務，すなわち社会的相当性を有するといえるためには，それがルールに従って行われることばかりではなく，参加者がそのスポーツに伴う危険について十分に認識していることが必要である（十河 1999）。また正当業務のほかにも，被害者による危険の引き受けによって違法性が阻却される可能性がある。なぜならば，スポーツに参加する場合，ある程度のリスクは受忍すべきものと考えられるためである（藤吉 2016）。

　実際，スポーツ活動の社会的相当性と危険の引き受けを理由に，加害者の刑事責任が否定された以下のようなケースがある。被告人がダートトライアルの

練習走行中に運転操作を誤り，自車を暴走させ防御柵に激突・転覆させ，同乗していたインストラクターが死亡したため，業務上過失致死罪に問われた（千葉地判平成7年12月13日判時1565号144頁）。裁判所は，「本件事故の原因となった被告人の運転方法及びこれによる被害者の死亡の結果は，同乗した被害者が引き受けていた危険の現実化というべき事態であり，また，社会的相当性を欠くものではないといえるから，被告人の本件走行は違法性が阻却される」とした。ただし，ダートトライアル走行がある程度の危険を内在しているとしても，本件のように死に至るまでの結果について具体的予見可能性を認めることができるかどうかについては，議論の余地もあろう（佐伯1997）。そうだとすれば，被害者による危険の引き受けは，被害者の同意とは同視すべきではなく，すなわち，単独で違法性阻却事由となるものではないが，社会的相当性の有無を判断するための重要な要素の1つである，と解するほうが妥当であるといえよう（十河1999：佐伯1997）。

⑵ スポーツ事故で刑事責任が問われた具体例

　スポーツ活動中の事案であっても，社会的相当性を逸脱した行為によって犯罪を構成する要件を満たした場合には，刑罰が科される。たとえば，奥秩父連山縦走コースで行われた大学のワンダーフォーゲル部新人錬成合宿において，上級生による新入生に対する「しごき」というべき，殴打などを含む過度な訓練により1名が死亡，2名が重軽傷を負った事案がある（東京地判昭和41年6月22日判時455号17頁）。裁判所は，いずれも執行猶予としながらも，部の監督および主将に対して懲役3年，暴行を加えた上級生5名に懲役2年の刑を言い渡した。また，退部を思いとどまらせるために稽古と称して顔面を殴打する行為は，日本拳法を行う上でのルールが守られていたとはいえず，加害者の行為は正当行為としてみることができないと判示したケースがある（大阪地判平成4年7月20日判時1456号159頁）。そのほかにも，高等学校のラグビー部の合宿練習中，1年生部員が日射病で死亡した事件につき高裁は，練習中「2回も倒れた被害者をそのまま放置するとどのような不測の結果が発生するかも知れないと危惧し，直ちに医師の診察，治療を受けさせるための適切な措置をとるべきであったがこれを怠った」として，無罪判決を下した一審を破棄し，同部の顧問

として全般的な指導監督にあたっていた教諭に業務上過失致死の責任があるとした（東京高判昭和51年3月25日判タ335号344頁）。

📖 文献紹介

浦川道太郎・吉田勝光・石堂典秀・松本泰介・入澤充編，2016，『標準テキスト スポーツ法学』エイデル研究所.
　　スポーツ法学に関してわかりやすく解説した書。

〔参考文献〕

石井信輝，2017，「社会人サッカー試合中における競技者間の事故と競技者及び監督者の責任」『新・判例解説Watch』21：89-96.

伊藤堯，1994，「スポーツ事故判例にみる当事者関係――スポーツの本質的危険性をめぐって」『日本スポーツ法学会年報』1：98-115.

内田貴，2011，『民法Ⅱ 債権各論 第3版』東京大学出版会.

及川伸，1995，「スポーツ事故と『危険引受の法理』」『日本スポーツ法学会年報』2：181-190.

大谷實，1996，『刑法講義総論 第4版補訂版』成文堂.

奥野久雄，2004，『学校事故の責任法理』法律文化社.

片岡理恵子，2011，「スポーツ活動中における競技者同士の事故――おもに球技系スポーツに関して」『Sportsmedicine』135：42-45.

川井健，1988，「土地工作物責任／動物所有者・占有者の責任 日本不法行為法リステイトメント」『ジュリスト』914：166-173.

楠本安雄，1966，「遊戯・スポーツ中の事故と違法性」林良平・中務俊昌編『判例・不法行為法（法律実務体系4）』有信堂，141-150.

國井和郎，1984，「責任――近代法から現代法への展開 責任の諸態様」芦部信喜ほか編『基本法学5 責任』岩波書店，44.

窪田充見，2007，『不法行為法――民法を学ぶ』有斐閣.

後藤泰一，2007，「スキー事故と注意義務」『信州大学法学論集』9：1-94.

佐伯仁志，1997，「ダートトライアルの練習中に同乗者を死亡させた事案において，業務上過失致死罪の成立を否定した事例」『法学教室別冊附録』198：32.

佐藤千春，1999，「スポーツ事故における損害賠償責任――加害免責と賠償額限定の構成」『日本スポーツ法学会年報』6：29-51.

四宮和夫，1963，「不法行為」我妻榮・有泉亭・四宮和夫『事務管理・不法利得・不法行為（判例コメンタールⅥ）』日本評論新社，207.

杉山翔一，2016，「不法行為法」浦川道太郎・吉田勝光・石堂典秀・松本泰介・入澤充編『標準テキスト スポーツ法学』エイデル研究所，170.

諏訪伸夫，1998，「スポーツ事故における危険引受の法理に関する考察」『日本スポーツ法学会年報』5：29-46.

十河太朗，1999，「危険の引受けと過失犯の成否（千葉地裁平成7年12月13日判決）」『同志社

法学』50(3)：1139-1159.

高橋和之・伊藤眞・小早川光郎・能見喜久・山口厚編，2012，『法律学小辞典 第4版』有斐閣.

畑中久彌，2015，「観客席に飛来した折れたバットによる負傷と球場所有者・球団の損害賠償責任［神戸地裁尼崎支部平成26・1・30判決］」『新・判例解説Watch』16：63.

平野裕之，2013，『民法総合6 不法行為法 第3版』信山社.

藤吉修崇，2016，「刑事法とスポーツ」浦川道太郎・吉田勝光・石堂典秀・松本泰介・入澤充編『標準テキスト スポーツ法学』エイデル研究所，88.

法令用語研究会編，2012，『有斐閣法律用語辞典 第4版』有斐閣.

前田陽一，2010，『債権各論 不法行為法 第2版』弘文堂.

松尾浩也，2014，「スポーツ事故」小笠原正・塩野宏・松尾浩也編『スポーツ六法2014』信山社，517.

【石井信輝】

06 スポーツの商業主義は問題か？

> プロスポーツは，単に選手が競技によりその報酬を得るという目的以外にも，スポンサーから商品の供与を受けたり，スポーツの試合自体が商品化（映像化）されたりと，さまざまなビジネスとの関連を有している。ここでは，そのようなスポーツとビジネスとの関係として，どのようなものがあり，法的にどのように構成されるのかを確認する。また，選手がそのような契約の締結交渉をするのは，練習などの時間確保や専門知識の点から問題がある。そこで，そのような交渉や契約についてサポートを行う代理人（スポーツ・エージェント）の役割についてもここで確認を行う。

1 ── スポーツにおける契約とビジネス

(1) スポーツ契約と諸法律

スポーツを単に友人と余暇に行う限りにおいては，何らビジネス等での問題は生じず，事故などが発生した場合に法的にどのように処理がなされるかという問題が生じるにすぎない（⇒**05**）。それに対し，対価（年俸等）をもらいながらスポーツをする場合や，どのような活躍に対して報償が与えられるのか，または，スポンサーといかなる形で連携していくのかなど，さまざまな取引に関して，選手等は契約で取り決めを行っていくこととなる。ここでいう契約とは，一般市民（私人という）が自分の意思に基づいて，相手方と自分との意思通りの法律関係を形成させる法的な制度である。この契約を規律する法律には数多くのものがある。スポーツとの関係で重要なものに絞って確認すると，次のものがある。第1に，私人間の権利義務関係を規律する一番基本となる民法（以下，民）がある。民法は，契約での取り決めやほかの法律に規定がない場合に適用

される法律である。第2に，商法（以下，商）があり，企業活動，商人の営業，商取引などについては商法が適用される。第3に，消費者と事業者との間の取引に関して適用される消費者契約法（以下，消）がある。消費者とは，一般的な個人のことであり，事業としてまたは事情のために契約当事者になる者は含まれない（消2条1項）。事業者とは，法人等（⇒**08**）の一定の団体，または事業としてもしくは事業のために契約の当事者となる個人のことである（消2条2項）。第4に，新たなビジネスとの関係で著作権法等の知的財産法といわれる法も適用される。スポーツビジネスにおける法的紛争もこれにより処理されることも多い。

(2) スポーツ産業・スポーツビジネスの形

　スポーツと関連する産業・ビジネスにはさまざまなものがある。伝統的には次の3つの形が挙げられる。第1に，スポーツ用品産業がある。これは，バット，ボール，ユニフォームなどの用具の作成を行う産業である。第2に，スポーツサービス・情報産業がある。これには，スポーツ関連の放送・雑誌の作成等が挙げられる。第3に，スポーツ施設・空間産業である。これは，スキー場，ゴルフ場，野球場の開発などが挙げられる。

　現代では，これらの産業が複合的な形となって新たなビジネスを生み出している。すなわち，第4に，スポーツ施設・空間産業にサービスの要素を加えた施設・空間マネジメント産業がある。これは，テニス場を単に貸出すのではなく，クラブという一定の会員制の形をとって親睦を兼ねたり，テニスを教示したりするものであり，クラブビジネスやスクールビジネスといわれるものがこれに当てはまる。第5に，スポーツ関連流通業というものがある。これは，これまで第1のスポーツ用品産業界が問屋に卸し，小売店で販売するという流通の流れに対して，メーカー自身が販売店（直営店）を経営するものである。メーカーが直接運営をすることで自社製品をより詳細に説明することができ，また，一定の価格を維持させることによりブランドイメージを保持させるのにも役立つ。第6に，スポーツハイブリッド産業というものが挙げられる。これは，まさにプロスポーツの分野であり，スポーツをみせること自体に商品価値を見出すエンターテイメント産業での一種である。ここには，スポーツ業界以

外のホテル業界やメディア業界も関与し、さらには、以下で確認する、著作権などがかかわる権利ビジネスもこの産業の一環であるといえる。

(3) スポーツビジネスの発展の歴史

　上記のようなスポーツビジネスが急速に発展するきっかけとなったのが、1984年のロサンゼルスオリンピック（⇒**07**）である。それ以前の1972年ミュンヘンオリンピックではパレスチナ武装勢力によりイスラエル選手11名が殺害されるというテロ事件が発生し、スポーツにも警備等の必要性が重視されることとなる。1976年のモントリオールオリンピックでは、オイルショックの影響もあり、最終的に10億ドル以上の赤字が生じることとなった。それゆえ、各国がオリンピック開催に及び腰になる中で当時の社会主義国であるソ連が運営費を全額負担するという約束で、1980年に共産圏では初であるモスクワオリンピックが開催された。しかし、ソ連のアフガニスタン侵攻により、西側諸国の多数がボイコットすることとなる。その影響を受けて開催されたのが、1984年のロスオリンピックである。ここでは、政治的介入を避けようと、税金をまったく使わずに開催がなされた。すなわち、テレビ放映料、スポンサーの限定、入場料収入、記念グッズの売上を運営費とし、最終的に4億ドル以上の黒字で終了した。これがオリンピックの商業主義への転換となり、その後のスポーツビジネス・産業にも大きな影響を与えていくこととなった。

2──契約と代理制度

(1) 選手とビジネスとを結びつける契約の交渉

　1でみたように、スポーツビジネスの分野は大きな広がりをみせている。しかし、どのような形であれ、スポーツおよびスポーツビジネスの中心は選手である。ただ、選手はあくまでもスポーツを行う人であり、必ずしも取引交渉等に長けているとは限らず、また、練習等の必要性からその時間にも制限がある。そこで、契約内容やビジネスの交渉等を代わりに行う者、すなわち、代理人（スポーツ・エージェント）の存在が重要となる。

(2) 代理制度と委任契約

代理人は，原則として代理という法律制度の規律を受ける。それゆえ，各国の契約法や代理法の適用を受ける。日本では，スポーツ・エージェントを直接規律する法律はないので，民法に存在する代理制度がベースとなって代理人制度が組み立てられているといえる。

民法での代理とは，代理人が自己の判断に基づいて意思を表示し，契約を成立させつつも，その契約自体は本人と相手方との間で成立するというものである（民99条以下）。法制度上，代理人は法律行為と呼ばれる契約等を行うことしかできず，成績の経年変化のデータ化や事務書類の整理など，権利義務関係の形成とは直接関連しない事実行為と呼ばれるものは，民法における代理制度の対象とはならない。たとえば，日本サッカー協会（JFA）では，後述するサッカーの仲介人に関する規則の定義規定を置いており，そこでは「仲介人は本人のための法律行為を代理する権限を有するものではなく，仲介人の法律行為は，本人に帰属しないものとする」との規定を置いているのはこのような意味であり，仲介人は民法上の代理（人）とは異なることがわかる。

この，他人に事実行為（事務処理等）をしてもらうには，委任契約（民643条以下）と呼ばれる契約で依頼を行うこととなる。委任契約は本来，法律行為を相手方に依頼する契約であるが，準委任契約として事務の委託をすることもできる（民656条）。それゆえ，委任契約により，スポーツの成績の分析などの事務処理を他人に依頼することは可能である。この委任契約を使って，他人に代理権を与えることもできる。それゆえ，①委任契約で代理権を与える形，②委任契約で事務処理だけを依頼する形，③委任契約でその双方を依頼する形，をつくり出すことが可能である。

なお，代理には未成年者に対する親権者のように，法的に代理権を付与される場合も存在する。このような場合を法定代理といい，前述のような契約で代理権を与える場合を，任意代理という。スポーツビジネスの現場では，たとえ選手が未成年者であっても，親権者がスポーツ・エージェントを委任契約で選任することが必要となるので，任意代理が問題となる。

⑶ **任意代理の終了原因**

　代理権は，本人，代理人の死亡，代理人が破産手続開始の決定・後見開始の審判を受けた場合，または，委任による代理権については委任の終了によって消滅する（民111条）。破産手続開始は，債務超過に陥っている場合等になされ，その者の経済生活の再生を図るためのものであり，後見開始の審判とは，事理弁識能力を欠く常況に陥った場合になされるものである。両者とも，代理人としての任務に支障をもたらす場合について規律をしている。委任の終了とは，契約で定めた内容を達成した場合等が妥当し，たとえば，移籍交渉を依頼し，それが成功するという形等が考えられる。

3 ──スポーツにおける代理人

　民法に代理に関する制度が規定され，スポーツに関する契約で代理人が使われた場合には原則としてこれらの制度に従って処理されることとなる。ここでは，各スポーツの場面で代理人がどのような立場で，どのようなことを行うのかを簡単に確認する。

⑴ **エージェントとマネジメント**

　代理人（スポーツ・エージェント）は，契約の場面であればどこでも関与させることができるのが原則である。たとえば，スポーツ契約以外でも，テレビ出演，取材対応，スポンサー契約等について選手が契約を行う，エージェントが交渉・契約をすることができる。このような，スポーツの場面以外において，エージェントが仕事をこなすことをマネジメントという。世界的にみて代理人がマネジメントの役割をこなすことも多い。しかし，日本のスポーツの分野においては，代理人資格が限定されていたり，エージェントとマネジメントを行う者が分離していたりする場合もある。これらは，競技団体の構造や組織との関係に由来するところが大きい。

⑵ **スポーツ団体の構造と代理人の規制**

　各スポーツ団体はそれぞれに競技団体が存在し，さらにその上位団体が下位

図06-1 サッカー協会等の構造

出所：公益財団法人日本サッカー協会ウェブサイト（http://www.jfa.jp/about_jfa/organization/structure/）。

団体を統制することもありうる。一般的な構造としては，国内競技団体が中央組織として存在し，その加盟団体として都道府県競技団体が属することとなる。サッカーの場合であれば，図06-1のような組織となる。これらの各団体が，基本規程のような形で内規を作成し，加盟団体等に遵守させることとなる。ただし，日本のプロ野球の組織構造はこのような明確な形をとってはいない。以下では，プロ野球とサッカーについて，代理人の扱いの違いを確認する。

(3) **日本プロ野球における代理人**

　代理人を使った交渉は，1992年に当時のヤクルトスワローズに在籍していた古田敦也選手が，契約更改交渉において初めて代理人による交渉を希望したことに始まる。ただし，当時は球団側がその交渉を拒絶している。その後，2000年に至り，代理人交渉の道が開かれた。しかし，プロ野球選手会がその選手代理人規約において公認選手代理人を認める資格と，球団側が認める条件には齟齬がある。

選手会側は，選手代理人資格として，①弁護士，②米国大リーグ選手会の規約に基づきエージェントとして登録された者であり，選手会の規約に定める「General Certification」を得ている者，③法人・団体を除き，選手会が実施する選手代理人資格検定試験に合格した者を，選手代理人として認めるとしている（同規約2条）。選手代理人となるには，さらに選手会に備えた選手代理人名簿に登録されなければならない（同4条）。選手代理人が負う義務として，選手代理業務に関する善管注意義務（同11条：客観的・一般的に必要とされる注意をもって義務を尽くすという重い注意義務内容である），選手代理人活動についての守秘義務（12条），選手代理契約成立について，選手会への報告義務（17条）等がある。なお，選手代理人報酬についても，そのビジネスモデルが選手会より作成され，選手が代理人との関係で契約内容について困らないように対応がなされている。

　球団側は，日本人選手の代理人として，日本弁護士連合会所属の日本人弁護士に限るとしている。また，1人の代理人が複数の選手と契約することは認めず，かつ，選手契約交渉における選手の同席に関して，初回の交渉には選手が同席することを求めている。2回目以降の交渉について，球団と選手の双方があれば，代理人だけとの交渉も認めるとしている。ただし，2回目以降は，選手が同席していた場合でも，双方合意すれば，選手が一時的に席を外し，代理人だけとの交渉となることも認めるとしている。この初回交渉の対面性については，野球協約50条（対面契約）においても規定されている。

　このように，選手会側と球団側の見解が対立し，米国大リーグ選手会公認代理人による代理人交渉を否定していることから，現実には日本人弁護士が代理人として対応している。しかし，球団側は現実に，外国人選手と交渉する際には弁護士以外の者との交渉をしていること，大リーグから復帰する日本人選手との間では上記の公認代理人による交渉をしていることから，球団側に対する選手会による批判がなされている。また，複数の代理を禁ずることも，代理交渉に長けた代理人を選手が活用できないという，選手にとっての不利益を生み出すことになっている。交渉時における選手の同席についても，実際には球団ごとに対応が異なっている。

⑷ サッカーにおける選手エージェント（Jリーグ）

　サッカーは，図06-1のように，その組織構造がFIFAやIOCを中心として明確である。そこで，Jリーグでは，FIFAおよびJFAの規則により，以前は日本国内の選手契約に関するクラブとの交渉として参加できるのは，その規則によれば次のような者とされていた。すなわち，①JFAがライセンスを発行したJFA認定選手エージェント，②外国サッカー協会がライセンスを発行した外国サッカー協会認定選手エージェント，③日本の弁護士法に基づく弁護士，④親，兄弟，配偶者，である。これらの者以外との契約は禁止されていた。しかし，選手の移籍には多額の金銭が動き，かつ，代理人は選手契約，ひいては選手生命をも左右する力をもっている。そのような中，無資格の代理人など，トラブルが起きた際にFIFAが各国の事情を把握しきれず，対応に苦慮する等の問題が生じたことから，2015年4月1日より，選手エージェント制度が廃止され，新たに仲介人制度が開始した。JFAも同じく認定選手エージェント制度を廃止している。

　仲介人とは，クラブとの選手契約の締結を目的として選手もしくはクラブのために交渉し，または，移籍合意を目的としてクラブのために交渉を行う自然人（法人ではない）者である。選手・クラブが仲介人を関与させるためには，仲介人はJFAに事前に申請し，登録されていなければならない。登録するための資格や試験等はない。ただし，登録手数料として，初回の登録に1年度あたり10万円（税別），次年度以降は1年度あたり3万円（税別）がかかる。すなわち，毎年登録を更新する必要がある。なお，利害関係人や刑罰法規に触れた者等は登録ができない（仲介人に関する規則3条4項）。この登録に関し，JFAは，仲介人登録の申請をした者に対し，登録の完了または拒絶を通知するが，登録が拒絶されたとしても，JFAはその理由を通知せず，また，仲介人は何らの異議申し立ても認められていない。

　選手・クラブが仲介人を関与させた場合，その仲介人の報酬に関する情報を開示しなければならず，場合により，サッカー協会に対して，調査のために仲介人に関する契約書等を開示する必要がある。この仲介人に対する報酬は，金銭以外では認められていない。また，依頼人以外の者による仲介人への報酬の支払いは，いかなる場合であっても禁止されている。

⑸ 民法上の代理との関係

　プロ野球の選手代理人は，選手会側と球団側との間に対立関係があり，その内容が明確にされているとは言い難い。ただし，日本人弁護士が実質的に対応していることから，法律行為を行う権限を選手代理人に与えることも可能であるといえる。それに対し，サッカーの仲介人は2の⑵で述べた通り，法律行為を行うことができないので，法律上（民法上）の代理（人）とは異なることがわかる。

4 ── 選手の地位（選手契約）

　選手契約とは，選手となる者が競技を行うことを約束し，相手方がこれに対して報酬を与えることを約束する契約である。これを明確に規定する法律はないので，各スポーツや選手ごとに契約で細かな内容を決定していくこととなる。選手がある団体（たとえば，プロ野球球団）との契約を行う場合には，その団体が選手の肖像（権）についての取扱い，健康診断の受診等の義務や，団体の保険加入などの事項を定めている。これに対して，選手または選手が組織する選手会などが，団体との間で一定の取り決めを行い，報償についての規定を定めたりする。プロ選手は，第一義的には競技に対する報酬を得ることを目的として，球団と契約している。

　選手は，契約の相手方たる球団等のために競技を行うこととなる。これに関連して，選手契約は雇用契約か請負契約かという，契約の性質に関する理解の対立がある（⇒**11**）。雇用契約であれば，労働者として解雇，労働時間，労災等の労働法上の保護を受けられるが，雇用契約には公正取引委員会によると独占禁止法が適用されないとされている（ただし，学説としての異論は強い）。これは，問題ごとに，それを規律する法律により対応が異なっている。たとえば選手のチーム移籍との関係でこれが問題となった。すなわち，ラグビーのトップリーグ（JRTL）はプロとアマチュアの選手が混在するリーグであり，その関係からJRTL規約93条に，JRTL加入チームの選手がほかのJRTL加入のチームに移籍をすると，JRTLが届け出を受理した日より1年間公式試合に出場できないとされている。ただし，「選手離籍証明書」を所有し，移籍前の1年間にわた

り所属していた前チームから「移籍承諾書」を発行されている選手は，選手登録手続完了後ただちに公式試合出場が認められるとされている。すなわち，前所属チームが「選手移籍承諾書」を提出しなかった場合，その選手は1年間の公式戦出場ができない可能性が出てくる。これが，独占禁止法8条に違反しないかが問題とされている。もし，選手契約が雇用契約であるとすると，上述のように選手の移籍や選手活動に支障が出ることとなり問題となる（⇒**11**）。

5──選手を取り巻くビジネス

　プロスポーツ選手は，球団等との契約により報酬をもらうことで生計を立てている。ここではその報酬以外で，まず選手自身との関係を起点として，ビジネスが組み立てられていく形を確認していく。

⑴ スポンサーと契約
　スポンサー契約とは，選手やチーム等に一定の経済的支援を行うことを条件として，ユニフォーム等に記号やブランドの名称等を掲載してもらい，それらの浸透を図ることを目的とする契約である。これにより，スポンサー側は広告効果，企業のイメージアップ，知名度の上昇などの効果が得られ，選手・球団側も資金を得ることができる。このスポンサー契約は，アマチュアスポーツにおいてもなされている。
　スポンサー契約の具体的な形としては，第1に，企業が大会のスポンサーとなったり，企業名を冠した大会を主催したりし，ロゴ，商品名，企業名を独占的・優先的に使ってもらう形がある。これは，資金を提供することが基本となる。オリンピックの公式スポンサーがこの例である（オリンピックについては，⇒**07**）。第2に，サプライヤー契約という形がある。これは，資金提供ではなく，自社製品を選手に提供する形である。すなわち，スポーツ用品メーカーが自社製品を使用することを条件に，メーカーの名前入りスポーツ用品を無償で選手または球団に提供する契約である。これにより，広告効果とともに，選手から製品についての意見を集め，自社商品の開発を兼ねることができる。第3に，エンドースメント契約というものがある。これは，著名な選手を，スポー

図06-2 人格権と各権利との関係

出所：筆者作成。

ツとは直接関連しない商品の販促イベントなどに参加してもらうような契約である。選手としては，商品の販促のために自己の肖像等を使用させる義務などを負うこととなる。

スポンサー契約の場合においても，選手契約のところでみた選手の法的地位の問題が生じる。たとえば，サプライヤー契約の場合，チーム・競技団体が特定のメーカーと契約をした場合，選手が自分自身で用具等を選ぶことができなくなる。これが2008年の北京オリンピックにおいて問題となった。当時，日本水泳連盟は特定のメーカーとのみサプライヤー契約を締結していた。オリンピックに至るまでに，それ以外のメーカーの水着を着用した選手によって多くの世界新記録が生み出された。そこで，日本選手が当該水着を着用することを決めたことから，メーカー側がその行動について，債務不履行（民415条）の形で責任追及をするかどうかが注目された。ただし，この件についてはメーカー側が不問に付し，その後に国際水泳連盟が当該水着の形を禁止したことから，問題は収まることとなった。

(2) 選手の人格に対する法的権利とビジネス

法律には明文はないものの，選手の人格について，スポーツビジネスと関連するいくつかの権利が存在する。それらの権利の枠組みを確認すると，第1に，人格権というものがあり，これは個人として人格の尊厳を維持して生活する上で侵害されえないものであり，その個人と分離することができない権利の総称である。第2に，この人格権の一種としてプライバシー権という権利も承認されている。これは，私事をみだりに公開されないという法的保証ないし権利である。第3に，プライバシー権のうち，人が自己の肖像（写真，絵画，彫刻など）をみだりに他人に撮られたり，使用されたりしない権利として肖像権というものがある。第4に，肖像権のうち，著名人が自己の氏名や肖像が有する経済的利益をコントロール・専有する権利として，パブリシティ権というものが認められている。これらの権利は，明文規定は存在しないものの，憲法13条

の幸福追求権によりその内容が承認されている。

上記の4つの権利は**図06-2**のようにあらわすことができる。この中で，とりわけスポーツビジネスとの関係で問題となるのが，肖像権とパブリシティ権である。以下で，この2つを確認する。

⑶ 肖像権

肖像権も人格権の一種であり，一般的には，団体の規約等により肖像権やそこから生み出される報酬や利益は，専ら競技団体や球団に属させるようになっている。これは，その競技等を貶める可能性がある形で，肖像等が使われないようにするためである。なお，規約において選手に関する肖像権として取り決められている条項であっても，その報酬や利益に関連する規約部分は，現在では次に述べるパブリシティ権として把握されるものであるといえる。これは，歴史的に両権利の違いが明確にされていなかったことに由来する。

⑷ パブリシティ権

パブリシティ権は，最判平成24年2月2日民集66巻2号89頁によって初めて最高裁としてその権利性が認められた。事案としては，ピンク・レディーの振り付けを利用したダイエット法の記事を，本人の白黒写真付きで掲載し，今回の紙面に関しては本人の許諾が得られていなかったことから，パブリシティ権侵害として損害賠償請求がなされたというものである。その判旨では，無断で専ら肖像等の有する顧客吸引力の利用を目的に，「①肖像等それ自体を独立して鑑賞の対象となる商品等として使用し，②商品等の差別化を図る目的で肖像等を商品等に付し，③肖像等を商品等の広告として使用するなど，専ら肖像等の有する顧客吸引力の利用を目的とするといえる場合」には，パブリシティ権侵害として，法的責任（不法行為責任）を負うとした（ただし，事案としては原告敗訴）。このように，パブリシティ権は，顧客吸引力を利用することから著名人について問題となるものであり，スポーツ選手もその対象となる。

6 ──スポーツを取り巻くビジネス

　ここでは，選手ではなくスポーツ自体に関連するビジネスの内容を確認する。もちろん，5と6との関係は，このような意味で明確に割り切れない部分や重なる部分がある。

(1) 通信・放送（放映権・著作権）

　スポーツ産業として，スポーツサービス・情報産業があり，スポーツはテレビ等で放送もされる。ここで，スポーツを生中継で，または録音・録画により映像として作成し，独占的に放送することができる権利のことを放映権（放送権）という。このように，スポーツの実演を撮影した映像は，映像と音響で構成されたものとして，著作物とされ，その映像に著作権が認められることになる。著作権とは，著作者の経済的利益を保護するための法律で，具体的には，複製権（放送がなされたものを受信し，その放送に係る音・映像を録音・録画・写真等で複製できる権利），再放送権・有線放送権（放送を受信しこれを再放送または有線放送する権利），送信可能化権（著作物を自動的に公衆に送信できる状態にする権利）などが認められる。これらの権利を侵害された場合，差止めなどの請求が認められる。なお，スポーツの試合等は必ずしも著作権の対象にならないとされているが，それを映像として作成した場合には，その映像自体に著作物性が認められる。

(2) 命名権（ネーミングライツ）

　命名権とは，施設等に企業の社名やブランド名を名付けたり，施設自体の運営にも関与したりする権利のことである。法律上規定はないが，施設等の所有者が，その所有権に基づいて命名する権限のみを他人に譲渡する形式から認められるといえる。その名前がテレビ放送等で読み上げられることで，企業の広告効果が得られることや，従業員に対して当該施設で行われる試合などの無料チケットを配布することで社員の福利厚生に役立てることもできる。施設側にとっても，建設・運用の資金調達として役立てることができる。問題点として

は，球場等とフランチャイズ契約をしている球団とどのような関係を維持するか，命名権者が球場内で多角化な経営を行った場合に，近隣商業施設への配慮を図るべきか，また，入場料の増加の可能性などが挙げられる。

契約の形としては，施設所有者とスポンサー企業が直接に契約をする場合と，施設所有者とフランチャイズ契約を結んだプロチームが，命名するスポンサー企業と直接契約する形がある。後者の場合，プロチームが従来のチームスポンサーからの収益を確保しつつ，さらに命名権販売により新たな収入を得ることができる。

⑶ 商品化権

商品化権とは，一定のキャラクター等を利用して，商品の価値を高めようとするために，権利者から許諾を得てそのキャラクター等を商品とする権利のことである。スポーツの世界でも，チームのロゴやマスコットなどを使うことがありうる。法律上明確な規定はないが，民法・著作権法・意匠法・商標法などにより対応される。その理由は，キャラクターであれば著作権法，選手であれば肖像権・パブリシティ権（民法等）という形で，利用される対象により法が変わるからである。

⑷ 興行権

興行とは，観客等から対価を受けることを目的に，演芸やスポーツ等を観覧させることである。サッカー場や野球場などの特定の場所で興行を行い，それに伴う入場料，広告料，スポンサー収入，物品販売などから収入を得る。オリンピックは，このような形で収入を得て，運営費等を賄っている。興行は，スポーツの人気，チームの状況等に左右されることも少なくなく，また，スポーツ興行では，リーグ等の序盤と終盤にピークを迎えることが多いので，安定的な収入の確保をめざすことが必要となる。

興行主としては，第1に特定の場所での開催が主となるので，その会場内への無断立ち入り等が問題となる。この場合，興行主が所有者であれば，所有権（民206条）に基づく妨害排除請求権の行使ができる。興行主がその会場を借りている場合であれば，占有権に基づいて妨害の停止等を求めることもできる

（民198条）。

　興行主は，観覧させることが目的であるので，観客がその試合等を録音・録画等をすることは，前記の著作権侵害となりうる。この点，スポーツだけに限ると，前記の通りスポーツの試合自体は著作物性が否定されることになるが，各スポーツ団体の規約等でそれらの行為が禁止されており，そのような規約は公序良俗に反するものでもないことから，この規約に基づき録音・録画等を禁止させることも可能である。

📖 文献紹介

石堂典秀，2015，「アメリカにおけるスポーツ代理人規制——エージェント規制に関するメジャーリーグ選手会（MLBPA）規則を中心として」『CHUKYO LAWYER』22：1-16.
　本章では触れられなかった，大リーグでの代理人に関する論考である。

内田貴，1994〜2004，『民法Ⅰ〜Ⅳ』東京大学出版会.
　代理や契約といった法律関係の基礎となる民法の基本的な書籍である。版が更新されるので，最新版を確認すること。

【大川謙蔵】

07 オリンピックは必要とされているか？

　オリンピック大会は，世界最高峰の特別なスポーツイベントとして注目を集める一方で，大会を取り巻く現実においてはさまざまな弊害が指摘されている。現実があまりにもオリンピックの理念とかけ離れているとして，現在，オリンピックはその必要性を問われる事態を抱え込んでいる。この章では，オリンピックを提唱したクーベルタンの構想やオリンピック・ムーブメントの理念を確認する。その上で，オリンピックに関する規則において最上位に位置づけられているオリンピック憲章が憲法的性格をもつとされる点に着目し，その意味を検討する。この検討を通して，2020年の東京大会開催に向け，経済的利益以外のオリンピックの意義や利用価値を再考する。

1──オリンピック・ムーブメントとIOC

(1) オリンピックとは

　オリンピックは，スポーツを通じ，若者の教育と国際社会の平和に貢献することをめざす社会運動（オリンピック・ムーブメント）である。この社会運動の提唱者は，フランスのP.クーベルタンである。クーベルタンは，古代ギリシャ時代のオリンピアで1200年間にわたって開催された競技会をモデルに，4年に一度，国際競技会を開催することを計画した。この計画は，「パリ・アスレチック会議」(1894年6月16〜23日) の最終日に提案され，満場一致で可決された。このとき，大会を主催する組織として設立されたのが国際オリンピック委員会 (IOC) である。

　大会の開催を提案した背景には，スポーツの教育的可能性に対するクーベルタンの期待があった。スポーツは，人間の心身の調和のとれた発達に貢献し，人々が自らの能力と釣り合いのとれた責任をもって生きるための経験や人生哲

学を与える身体文化だととらえていたのである。クーベルタンにとって，大会はスポーツを通じて成長した世界中の若者たちが交流する場であると同時に，スポーツを世界に普及し，大衆化するための場であった。

「オリンピック」という語は「オリンピアード競技大会（いわゆる夏季オリンピック大会，the Games of the Olympiad）」や「オリンピック冬季競技大会（the Olympic Winter Games）」という，大会を指して用いられることが多い。しかし，この用法は，社会運動としてのオリンピック・ムーブメントの存在をみえづらくする場合がある。大会はオリンピック・ムーブメントの一部であり，オリンピック・ムーブメントを国際社会に普及し，実効性をもたせると同時に，4年に一度，ムーブメントの賛同者が理念を確認する場である，というのが，本来の理解の仕方である。

この章では，大会と社会運動は区別し，両者を総称する場合には「オリンピック」を用いることとする。

(2) オリンピックにおける理想・理念と現実との乖離

① メダルの数を国別に集計することに意味はあるか？　120年を超える大会の歴史では，前述のクーベルタンの期待にそぐわない出来事が多々発生してきた。たとえば，選手が獲得したメダルの合計を国別に比較することも，その1つである。

IOCや組織委員会が獲得メダル数を国別に比較することは，オリンピック憲章第5章オリンピック競技大会・Ⅳプロトコル・57項「入賞者名簿」によって禁じられている。これは，この行為がオリンピックの理念に反すると解釈されていることを意味する。しかし，新聞，TV，インターネット上では，大会で各国が獲得した金・銀・銅のメダル数が報じられる。

スポーツにおける勝利は，選手たちの努力の積み重ねに加え，スポーツの本質的な要素ともいえる，ある種の偶然性の結果にほかならない。選手が獲得したメダル1つひとつの価値は，そもそも数を合計してあらわせるものではありえない。

それにもかかわらず，国別にメダル獲得数を比較する行為によって，大会は過剰にナショナリズムを喚起する国威発揚の場として利用されてきた。勝者の

出身国の国旗を掲揚し，国歌を演奏する式典の形式（プロトコル）は，1932年ロサンゼルス大会以降のものであり，1936年には「ヒトラーの大会」とも呼ばれるベルリン大会が開催された。第一次世界大戦，第二次世界対戦へと向かう国際社会の中で，オリンピック大会は，国家の力を代弁させる装置になっていった。

②　勝利至上主義と商業主義の影響　第二次世界大戦後においても，国際社会における対立や紛争は，大会に影響を与えた。1980年モスクワ大会は，その典型的な事例として知られている。さらに，勝利至上主義や商業主義的な価値観がオリンピックにさまざまな問題をもたらした。これが個人のレベルであらわれるのは，不正行為の典型としてのドーピングである。ドーピングは，1968年グルノーブル冬季大会から検査が導入されたが，現在に至るまで違反は止むことがない。2016年リオデジャネイロ大会を前にした時期には，ロシアが国家ぐるみの組織的なドーピング違反を問題視されるという異例の事件が発生した。

　1984年ロサンゼルス大会を契機に，大会招致に絡む汚職も摘発されるようになった。近年では，オリンピック大会の開催をビジネス・チャンスにしようとするあまり，社会的・経済的格差の下位に位置づく人々への人権侵害が危惧される事態も発生している（AFP通信 2014）。

　大会に絡んで発生する数々の問題は，クーベルタンが最初に掲げた理想，IOCが120年間引き継いできたオリンピック・ムーブメントの理念とあまりにも乖離しているとされる。そのため，2020年の開催を控えた東京大会に関しても批判的主張や批判的検証がなされている（小笠原・山本編 2016；小川 2016；石坂 2018）。しかし現実には，国際社会全体と影響し合っているオリンピック大会を変化させるのは，容易ではない。

(3) オリンピックはなぜ120年続いたか

①　IOCが手放さなかった理念　クーベルタンは，近代におけるオリンピックの復興を構想しただけではなく，第2代IOC会長としてムーブメントを直接的に牽引する立場にあった。しかし，そのクーベルタンにとってさえ，国際競技団体や各国のスポーツ関係者に冒頭で述べた

ような構想を十分に理解させることは困難であった (マカルーン 1988)。

1930年代後半には，大会の肥大化による開催地の人的・財的負担がIOCの理事会や総会でも問題視されるようになった (來田 2013)。背景には，スポーツが大衆化し，国際競技団体 (IF) の多くが，オリンピック大会のプログラムへの競技種目の採用を望んだことがある。この観点では，スポーツの大衆化というクーベルタンの意図は達成され，オリンピックは一定の役割を果たしたといえる。

しかし，オリンピック大会そのものが先に述べたような政治の道具と化しただけでなく，ドーピングや八百長等の不正行為によってスポーツの高潔さも失われたために，大会の開催は巨額の費用がかかる無駄遣いであるとの批判を絶えず受けるようになった。このような中で，IOCがクーベルタンの構想を引き継ぎ，手放さずにきた理念が少なくとも2つある。

1つは，スポーツには教育的な可能性があるという考え方である。IOCがこれを明示した直近の考え方は，3つのオリンピックの価値 (Olympic Values) である (IOC 2016)。もう1つは，紛争がなく，平和な世界を形成するための基盤となる人権の擁護と拡大という考え方である。これら2つの理念に則り，現実と理想の乖離という綻びをかろうじて繕いながら，オリンピックは現在に至っている。

② 他の国際的なスポーツ組織とIOCの位置づけの違い　クーベルタンは，冒頭で述べたような構想を達成するために，類似した目的を掲げる国際機関との協力関係が欠かせないと考えていた。近年のIOCは，後述するように，特に開発分野における国際連合 (UN) とのかかわりを深めている。このような国際機関とオリンピック・ムーブメントの協力関係は，国際労働機関 (ILO) との第二次世界大戦以前の関係に起点を見出すことができる (ILO広報誌 2004)。周知の通り，ILOは第一次世界大戦後の1919年，国際連合の姉妹機関として設立され，国際的なレベルでの労働者保護，貿易競争の公平性の維持などを目的としていた。クーベルタンは，ILO初代事務局長のA.トーマに接触し，1929年にはILOスポーツ専門家会議を開催するなど，大衆ないし労働者の教育活動における協力関係を構築しようとした。この時期，クーベルタンは，国際連合やILOに対し「オリンピック・

ムーブメントは31の加盟国をも
ち，国際連合と目的を同じくす
る組織である」とする書簡を
送ったとされる (Cholley 1995)。

現在のIOCの法的地位は「国
際的な非政府の非営利団体であ
る。法人格をもつ協会の形態を
整えた，存続期間を限定されな
い組織であり，2000年11月１日

表07-1　2017年版憲章の構成

オリンピック憲章への導入
前文
オリンピズムの根本原則
第１章　オリンピック・ムーブメント
第２章　国際オリンピック委員会 (IOC)
第３章　国際競技連盟 (IF)
第４章　国内オリンピック委員会 (NOC)
第５章　オリンピック競技大会
第６章　対応措置と制裁，規律上の手続きと紛争の解決

出所：IOC, 2017a, OLYMPIC CHARTER IN FORCE AS FROM 15 SEPTEMBER 2017 (https://www.joc.or.jp/olympism/charter/pdf/olympiccharter2017.pdf).

発効の協定に基づき，スイス連邦評議会により承認されている」(IOC 2017a) と
されている。

　一方で，オリンピック憲章にこの法的地位が明記される1991年以前から，
IOCはほかの国際レベルのスポーツ統括組織とは一線を画する存在とみなされ
てきた。この理由の１つは，すでに1920年代という時期には，IOCが国際機関
との目的の類似性，すなわち人権保障や国際社会の協調への貢献を目的とする
組織であることを表示し，活動を継続してきたことだと考えられる。

２——オリンピック憲章の「憲法的性格」

　１でみたようなオリンピック・ムーブメントとその最高権限機関であるIOC
については，オリンピック憲章 (以下，憲章) に定められている。現行の2017年
版憲章 (IOC 2017a) は，**表07-1**のように「オリンピック憲章への導入」「前文」「オ
リンピズムの根本原則」と６章61規則 (rule) および27の付属細則 (Bye-law) で
構成されている。

　最初の憲章にあたる規則は1908年に発行されたが，当初はIOCの規則とし
ての意味合いが強く，次第に大会開催のための規程集としての性格を併せもつ
ものへと歴史的に変遷した (石堂 2016)。ほぼ現在の構成となってからの憲章が
法的明確性を欠くとの指摘に対し，石堂はその理由を２つの点から解釈してい
る。１つは，前述の歴史的変遷であり，もう１つはオリンピック・ムーブメン
トの内部組織であるIFやNOCを位置づける機能をもたなければならなかった

表07-2　2017年版憲章「オリンピック憲章への導入」

a) オリンピック憲章は，憲法的な性格をもつ基本的な法律文書として，オリンピズム
の根本原則とその根源的な価値を定め，想起させる。
b) オリンピック憲章はまた，国際オリンピック委員会の定款である。
c) オリンピック憲章はさらに，オリンピック・ムーブメントの主要3構成要素である，
国際オリンピック委員会，国際競技連盟，国内オリンピック委員会と，オリンピッ
ク競技大会の組織委員会の主な権利と義務を規定する。これらの組織はオリンピッ
ク憲章を遵守する義務がある。

出所：IOC, 2017a, OLYMPIC CHARTER IN FORCE AS FROM 15 SEPTEMBER 2017
(https://www.joc.or.jp/olympism/charter/pdf/olympiccharter2017.pdf).

ことである（石堂2016）。実際，憲章の冒頭「オリンピック憲章への導入」には，**表07-2**のように記され，憲章のもつ複合的性質が示されている（IOC 2017a）。

　この項が憲章に設けられたのは，2004年版以降である。注目すべきは憲章が「憲法的な性格をもつ」とされている点である。

　芦部は憲法の概念を形式的意味と実質的意味に区別した上で，後者の，すなわち「ある特定の内容をもった法」としての憲法の概念を2点示している。その1つは，「固有の意味の憲法」であり，国家の統治の基本を定めた法としての憲法であるとする。もう1つは，「立憲的意味の憲法」である。この意味の憲法は，立憲主義の思想に基づくものであり，「歴史的な観念であり，最も重要なねらいを政治権力の組織化というよりも権力を制限して人権を保障することにある」とされている（芦部2011）。

　ここでは，1におけるオリンピック・ムーブメントに関する理解およびIOCの国際的位置づけを踏まえ，憲章の「憲法的な性格」を「立憲的意味の憲法」の観点から考えることとする。

3 ── オリンピック憲章「根本原則」にみる人権保障

(1) 1949年版以降における差別を禁じる内容の登場

　憲章には，1924年版から「根本原則」が設けられている。名称が示す通り，オリンピック・ムーブメントの基本的な理念がここに集約されている。2003年版までは「根本原則（Fundamental principles）」と記載されていたが，2004年版以降は「オリンピズムの根本原則（Fundamental Principles of Olympism）」に変更さ

れた。この中に，差別の禁止という人権保障に関する記述が登場するのは1949年版以降である。第二次世界大戦後最初の版となる1946年版には，こうした内容は含まれていないことから，1948年に世界人権宣言が採択された国際社会の動向が影響したと考えるべきであろう。

1949年版ではオリンピック大会の定義を「4年に一度のアマチュア選手による公正で平等な競技会」であるとした上で，「肌の色，宗教，政治にもとづく国や個人に対する差別を認めない」とする記述が第1項に盛り込まれた。とはいえ，この記述の仕方には，この項に示された差別の禁止が「大会」の範疇に留まっている点に限界がある。

1973年版における改正では，根本原則に2つの項が追加された。その1つはオリンピック・ムーブメントの目的を記した第1項であり，もう1つは1896年以降，1オリンピアード（4年）頃に継続されてきた大会のみをオリンピック大会と称することができるとする第2項である。この追加を受け，1949年版以降置かれてきた差別を禁止する内容は，第3項として置かれることとなった。

この改正までの約25年間に，「肌の色（colour）」が1958年版では「人種（race）」へと変更されたり，「政治（politics）」が1958年版では「政党（political affiliation）」となり，1971年版では再び「政治（politics）」へと変更されるといった，微修正は行われた。しかし，1991年版までは内容的には大きな変化はみられない。

一方で，根本原則以外の規則において，差別を禁じるいくつかの記述が追加されている。たとえば，選手村における差別の禁止（1950年版），NOCにおける選手派遣の際の差別の禁止（1955年版），アマチュア規定内への差別の禁止の加筆（1962年版）がこれに該当する。大会の開催にかかわって現実に発生した差別的な事例に対応するため，こうした文言が規則に加えられていった状況がうかがえる。

IOCが1979年にNOCのために提示した規程のモデルにも，差別を禁じる内容が含まれた。したがって，条文が差別を禁じた範囲は大会に限定されていたものの，差別の禁止を加盟NOCレベル全体に拡大させる意図はあったと考えられる。

(2) 1991年版以降のオリンピズム，オリンピック・ムーブメントの定義追加に伴う変化

　1991年版に改正された根本原則では，オリンピック・ムーブメントやオリンピズムにおける大会の位置づけが明確にされた。この改正は，オリンピック・ムーブメントの本質に大きく影響するものであった。

　この改正時には，差別の禁止をその内容として含む項の記述は「オリンピック・ムーブメントの目的は，あらゆる形態の差別なく，オリンピック精神（Olympic spirit）にもとづくスポーツの実践を通じた若者の教育，すなわち友情・連帯・フェアプレイの精神を伴う相互理解を獲得することにより，平和でより良い世界の構築に貢献することである」（根本原則6項。筆者訳）へと大きく修正された。この修正の特徴は，①差別が「あらゆる形態」において容認されないと明記されたこと，②禁止の及ぶ範囲がスポーツの実践全体とされたこと，という2点にみられる。

　さらに，1991年版ではIOCの役割を示した第1章2項4条に「あらゆる形態の差別と闘うこと」が加えられ，オリンピック・ムーブメントに属する事柄を定めた同章3項2条に以下が記された。「Any form of discrimination with regard to a country or a person on grounds of race, religion, politics, <u>sex</u> or otherwise is incompatible with belonging to the Olympic Movement.（人種，宗教，政治，性別，その他の理由に基づく国や個人に対する差別は，いかなる形態のものであれオリンピック・ムーブメントにかかわる事柄とは相容れない）」（訳および下線は筆者）。

(3) 2011年版以降の根本原則における人権保障の強化

　2011年版への改正では，人権保障の観点での非常に大きな変化がみられる。それは，2004年版以降「オリンピズムの根本原則」へと改称された箇所の1項が差別の禁止を掲げる内容のみで構成されることになったことである。なお，具体的文言において，1991年版では"sex"とされていた差別の一形態が"gender"へと修正された。この修正には，当時の国際社会において，生物学的性差（sex）だけでなく，社会的性差（gender）の観点からも両性の不平等が解消されるべきであるという主張が高まっていたことが反映されている。

　規則内に置かれていた1つの条文を「根本原則」へと移動したこの改正は，

07 オリンピックは必要とされているか？

図 07-1　憲章根本原則における差別の禁止に関する記述の変遷

1948	世界人権宣言	1949　大会において「差別を容認しない」（肌の色，宗教，政治的状況）
1965	人種差別撤廃条約	1973　オリンピック・ムーブメントの目的と大会の位置づけが明確化
1979	女性差別撤廃条約	1991　ムーブメントの目的を定めた条文内に「あらゆる形態の差別なく」を記載
1985	スポーツ反アパルトヘイト条約	2011　「ムーブメントにおいては差別を容認しない」ことを 1 つの条文とする（人種，宗教，政治，ジェンダー，その他）
2006	障がい者権利条約	2014　「憲章がうたう権利と自由の享受において差別を容認しない」に見直し（人種，肌の色，性，性的指向，言語，宗教，政治その他の思想，国や社会的出身，財産，出生，その他）

出所：筆者作成。

差別の禁止および差別との闘いがオリンピック・ムーブメントの理念を構成する重要な要素となったことを意味する。この改正に伴い，憲章内に個別に存在していた類似内容の記述は，整理されることになった。

　3 年後の2014年版では，それまで具体的に示されてきた 4 つの差別の形態のうち，"gender（ジェンダー）"が再び1991年版と同様の"sex（性別）"に，"politics（政治）"が"political or other opinion"へと修正された。さらに新たな形態として，「肌の色（colour）」「性的志向（sexual orientation）」「言語（language）」「国または社会的ルーツ（national or social origin）」「財産（property）」「出自やその他の身分（birth or other status）」が加えられた。

　この修正や追加により，根本原則では，「あらゆる形態の差別」の具体例として11の形態を例示することになった。この11の形態は，1948年に採択された世界人権宣言に記された10の形態に「性的志向」を加えたものである。

　以上みてきたような根本原則の変化からは，憲章がおよそ120年をかけて「立憲的意味の憲法」としての性格を形成してきた過程を理解することができる。参考までに，根本原則の変化の概略と人権にかかわる国際条約の採択年の対比を図07-1に示した。

4 ──オリンピック・ムーブメントと人権保障にかかわる最近の動向

(1) 国連との協力関係の強化

　ロンドン・パラリンピック大会会期中にあたる2012年8月29日，イギリス，ロシア，ブラジル，韓国の4か国が「人権とオリンピック・パラリンピックに関する共同声明」を発表した。この4か国は，2012年以降の夏季・冬季オリンピック・パラリンピック大会の開催が決定していた国々である。

　建石は，IOCおよびオリンピック大会が国際関係に与える影響について，国連との関係の観点から以下のように指摘している。そもそもIOCは，スイス民法によってNGOとして承認されている私的な団体である。また，オリンピック大会は，国際的に公的なイメージを有しているが，実はIOCと開催都市との私的な契約に基づくイベントである。したがって，オリンピックには本来，国際社会における国家間関係における法的な拘束はないことになる。しかし現実には，国際関係におけるオリンピックの影響力は，1993年の第48回国連総会を転機に増している，というのである（建石 2014）。

　第48回国連総会では，この指摘を裏づける2つの決議が採択された。1つは，1994年リレハンメル冬季大会に向けた「オリンピック休戦 (Olympic Truce)」決議 (A/RES/48/11) であり，もう1つはIOC100周年にちなみ1994年を「スポーツとオリンピック理念の年」とする決議である。オリンピック休戦の決議は，「国連史上いかなる決議よりも多くの加盟国に支持され」(国際連合広報センター)，この後，夏季・冬季オリンピックの開催を契機とする2年ごとに，総会の議題とされている。

　このような平和の構築という共通の価値の訴求において，人権保障は不可欠な要素である。2012年の共同声明は，1990年代以降IOCと国連が協力関係を強め，目的を共有したことの延長線上にある。

　スポーツ分野との関係を強めることにより，国連が人権の保障に向けた具体的な活動を実施する動きもみられるようになった。その1つは，2000年9月に国連総会で採択された「ミレニアム宣言」の具体的目標として定められた「ミレニアム開発目標 (MDGs)」の達成に，スポーツの機能を積極的に活用しよう

としていることである。国連はこの活動のために，2001年から特別顧問の任命
や専門部会の設置などの準備的活動を開始し，2004年に「開発と平和のための
スポーツ国際ワーキンググループ (SDPIWG)」を設置した後，現在は「国連平
和と開発のためのスポーツ局 (UNOSDP)」が活動を牽引している (來田 2008)。

　また，IOCは2009年に国連総会のオブザーバー資格を付与された。これによ
り，IOCは国連総会への出席および発言が認められることとなり，国際社会に
おいてスポーツ促進のために活動する法的地位を獲得した (建石 2014)。

⑵「オリンピック・アジェンダ2020」の採択・開催都市契約の変更

　2014年12月，IOCはモナコで第127次IOC総会を開催し，アジェンダを採択
した。このアジェンダは，2020年に向けたIOC改革のための提言として
「20+20」，すなわち40項目を示したものである。IOCが公表した原本 (IOC
2014) の和訳はJOCのサイトでみることができる (JOC 2014)。

　原本の冒頭には，トーマス・バッハ会長が総会での採択にあたって述べたス
ピーチが掲載されている。このスピーチには，しばしば多様性という語が登場
する。たとえば，バッハ会長は，オリンピック大会がもつ「魔法の力」の1つ
が「多様性」にかかわるものであるとし，大会は世界のすべてを映し出すと述
べる。その上で，文化・社会・環境・身体活動に関する社会の状況などの観点
から，オリンピックは，これまで以上の柔軟性を確保した運営をめざすことに
よって，異なる文化の対話を促す場でなければならないとする (IOC 2014：
3-4)。

　アジェンダ2020における提言1「招待としての招致プロセスを整える」(IOC
2014) に基づき，IOCは「スポーツと人権同盟 (Sports and Rights Alliance: SRA)」
と協議し，人権，反腐敗，持続可能な発展の観点からの変更を行うことを決定
した (IOC 2017b)。この変更により，2024年以降の大会の開催都市契約では，
人権保障について，①オリンピズムの根本原則第6項に記された差別の禁止，
②開催国における人権保障は「ビジネスと人権に関する国連ガイドライン」を
含むあらゆる国際的な合意・法・規則の人権基準に一致するよう見直しを行
う，ことが盛り込まれることとなった。

5——オリンピックはどのように活かされるべきか

　1984年ロサンゼルス大会は，国際的なスポーツイベントによって経済的利益を得るという，1つのビジネスモデルを提供した。以来，オリンピック大会の利用価値は，専ら，開催都市に与える経済効果の側面から注目されてきた。スポーツの大衆化と商業主義化は，オリンピックをスポーツ分野や開催国だけでなく，国際社会全体に多方面の影響を与える存在へと変貌させたが，その影響には光と影の両面がある。その現状が「オリンピックは必要とされているか？」という問いにもつながっている。

　この章でみた通り，オリンピックの本来の目的や理念は，否定されるべき性格のものではない。また，オリンピック憲章は「立憲的意味の憲法」の観点からの憲法的性格を有していることが確認でき，それはオリンピックの目的や理念と分かちがたいものであった。そうであるならば，オリンピックを人権保障の有効なツールとして利用するという価値にも，着目すべきではないだろうか。

　「必要とされているか？」という問いは，オリンピックを第三者的に眺める視点から発せられている。しかし，人権保障は，何よりも人権侵害を受けている当事者の立場や視点からの議論が必要とされる問題である。誰のために必要なものとしてオリンピックをとらえるのか，と問いかけることによって，経済的利益以外のオリンピックの利用価値を改めて認識することができるのではないだろうか。

📖 文献紹介

　石堂典秀・大友昌子・木村華織・來田享子編，2016，『知の饗宴としてのオリンピック』エイデル研究所.
　　オリンピック憲章を「統治の基本を定めた法」の観点から検討した章のほか，9つの学際的視点からのオリンピック研究書。

〔参考文献〕
　ILO広報誌，2004，「オリンピックを考える——IOCとILOの協力方式」『ワールド・オブ・ワーク——ディーセント・ワークへの道』2：2（World of Work，2004年6月発行第51

号の翻訳記事）.

芦部信喜，2011，『憲法 第5版』岩波書店.

石堂典秀，2016，「国際オリンピック委員会（IOC）の法的地位」石堂典秀・大友昌子・木村華織・來田享子編『知の饗宴としてのオリンピック』エイデル研究所，12-50.

石坂友司，2018，『現代オリンピックの発展と危機 1940-2020――二度目の東京が目指すもの』人文書院.

AFP通信，2014，「リオのスラム街を警官1000人が制圧，犯罪追放作戦の一環」2014年3月31日，http://www.afpbb.com/articles/-/3011305

小笠原博毅・山本敦久編，2016，『反東京オリンピック宣言』航思社.

小川勝，2016，『東京オリンピック――「問題」の核心は何か』集英社.

JOC，2014，「オリンピック・アジェンダ2020」，http://www.joc.or.jp/olympism/agenda2020/

建石真公子，2014，「人権とオリンピック・パラリンピック――イギリス，ロシア，ブラジル，韓国共同声明」『スポーツとジェンダー研究』12：147-150.

マカルーン，ジョン・J.，1988，柴田元幸・菅原克也訳『オリンピックと近代――評伝クーベルタン』平凡社.

來田享子，2008，「国連文書翻訳 SDPIWG報告書（2008）開発と平和に向けたスポーツの力の活用――各国政府への勧告 第4章 スポーツとジェンダー――少女／女性のエンパワーメント」『スポーツとジェンダー研究』11：114-151.

來田享子，2013，「1936年から1959年までのIOCにおける女性の参加問題をめぐる議論――IOC総会・理事会議事録の検討を通して」『中京大学体育研究所紀要』27：13-35.

Cholley, Patrice, 1995, PIERRE DE COUBERTIN AND THE INTERNATIONAL LABOUR OFFICE, *Olympic Review,* 25(5)：6-8.

IOC, 2014, Olympic Agenda 2020: 20+20 Recommendations, http://www.olympic.org/Documents/Olympic_Agenda_2020/Olympic_Agenda_2020-20-20_Recommendations-ENG.pdf

IOC, 2016, FACTSHEET OLYMPIC VALUES EDUCATION PROGRAMME (OVEP), Update-July.

IOC, 2017a, OLYMPIC CHARTER IN FORCE AS FROM 15 SEPTEMBER 2017, https://www.joc.or.jp/olympism/charter/pdf/olympiccharter2017.pdf

IOC, 2017b, 28 Feb 2017 Press Release "IOC STRENGTHENS ITS STANCE IN FAVOUR OF HUMAN RIGHTS AND AGAINST CORRUPTION IN NEW HOST CITY CONTRACT".

【來田享子】

08 スポーツにおける連帯責任は問題か？

　連帯責任とは、「ある集団に属する一人が問題を起こした場合に、その集団の全員にその責任を負わせること」とされている。高校野球の「甲子園出場禁止措置」は連帯責任として有名である。スポーツ競技団体による出場禁止措置は、懲戒処分の1つである。これは、団体の自治の範囲として、スポーツ団体に認められた権限であり、一定の裁量が認められているが、懲戒処分を行うためには、いくつかの前提条件がある。文部科学省『スポーツ指導における暴力等に関する処分基準ガイドライン（試案）』では、①罪刑法定主義、②平等取扱の原則、③相当性の原則、④適正手続といった、懲戒処分を行うための4原則を挙げている。しかし、連帯責任は、「自らの行為に対してのみ責任を負い、他者の行為に対しては責任を負わない」とする自己責任の原則に反するとともに、違反行為に加担していない選手のスポーツ権を侵害するおそれがある。また、このような処分を行うスポーツ団体自身も適正な運営（ガバナンス）が求められている。連帯責任の検討を通じ、団体運営はいかにあるべきかを考えてみたい。

1──スポーツ団体の法的性格

(1) 法人とは

　民法は「私権の享有は、出生に始まる」（民法3条）と規定する。私権とは、契約などの権利義務の主体となることができる法律上の資格であり、法人格ともいう。自然人以外で、法律上の権利義務の主体となることが認められているのが法人である。法人は法律の規定によってのみ成立する（民法33条）とされ、その設立については、特許主義、許可主義、準則主義、自由設立主義などがある。スポーツ団体といっても、その規模や組織形態はそれぞれ異なっている。法人には、株式会社、一般社団法人、一般財団法人、公益法人、法人格のない団体

などがある。

⑵ 法人の種類

① 株式会社　株式会社は営利を目的とした法人であり，株式会社の設立，運営に関しては会社法が適用される。株式会社は，一定の要件を満たし，定款認証を受けて，法務局に届け出ることで成立する（準則主義）。株式会社の構成員は株主であり，株主総会が会社の最高議決機関である。株主とは，会社に対する出資者であり，株主の責任は，その有する株式の引受価額を限度とする間接・有限責任とされている（会社法104条）。株主総会は，株式会社の組織，運営，管理その他株式会社に関する一切の事項について決議をすることができ，株式会社の意思決定および業務執行を行う取締役の選任・解任を決定する。

　プロ野球やJリーグといったプロの球団・クラブは株式会社の形態をとっている（Jリーグ規約12条・13条）。日本野球機構（NPB）は，株式会社である各球団が構成員となっている。会員資格として資本金1億円以上の株式会社と定められており（野球協約27条），さらに，新参加球団は預保証金として25億円をNPBに納入しなければならない（野球協約36条の5）。

② 一般社団法人・一般財団法人　一般社団法人の設立は，一般社団・財団法人法に定められた手続に従うことになる（準則主義）。一般社団・財団法人は，非営利法人であり，剰余金または残余財産の分配が禁止されている（一般法人法11条2項・153条3項2号）。一般社団・一般財団については，主務官庁の監督を受けない。

　一般社団法人の設立には，定款の作成と設立の登記が必要となる。一般社団法人は，社員のいる法人であり，社員総会と法人の業務を執行する理事から構成される。社員総会は，一般社団法人の組織，運営，管理等に関する根本的な意思決定機関である。定款の定めによって，理事会，監事，会計監査人を置くことができる（一般法人法35条・60条）。

　一般財団法人は，社員のいない法人であり，設立者の拠出した財産を定款の目的に従って運営することを目的とした法人である。一般財団法人を設立するには，設立者が定款を作成し，これに署名し，または記名押印しなければなら

ない。一般財団法人は，評議員，評議員会，理事，理事会および監事を置かなければならない（一般法人法170条）。評議員は，３人以上でなければならないとされ，評議委員会で選任された理事が財団の業務執行を行う（一般法人法197条・76条）。評議委員会は理事や理事会を監督する立場にあり，理事・監事を選任・解任することができる（一般法人法177条・176条）。理事は３人以上でなければならない（一般法人法177条）。

　一般社団法人の形態は，都道府県のスポーツ競技連盟が多いが，中央競技団体としては，日本ボクシング連盟，全日本テコンドー協会，日本サーフィン連盟などがある。また，日本野球機構（NPB）も一般社団法人の形態をとっている。一般財団法人としては，全日本剣道連盟，全日本野球協会などがある。

③ NPO法人　　NPO法人は，特定非営利活動促進法（一般にNPO法）に基づいて設立される団体である。NPO法は，ボランティア活動をはじめとする社会貢献活動を促進するため，特定非営利活動を行う団体に法人格を付与している。「特定非営利活動」とは，不特定かつ多数のものの利益の増進に寄与することを目的とするものであり，NPO法２条で定められた17のいずれかの活動に該当しなければならない（認可主義）。NPO法人を設立しようとする者は，所轄庁から設立の認証を受けなければならない（NPO法10条）。

　NPO法人は，10人以上の社員によって構成され，役員として，理事３人以上および監事１人以上を置かなければならない（NPO法15条）。法人の最高議決機関は社員総会である。理事は，特定非営利活動法人の業務執行を行い（NPO法16条），監事は，理事の業務執行や法人の財産の状況を監査する（NPO法18条）。NPO法人を取得する中央競技団体は日本クリケット協会などがあるが，それほど多くはない。一方，NPO法人は，地域総合型スポーツクラブなどに多くみられる。

④ 公益法人　　公益法人は，一般社団法人・一般財団法人のうち，公益法人認定法に基づき行政庁（内閣総理大臣または都道府県知事）より公益目的事業を行うものとしての認定を受けた法人をいう（公益認定法２条３号）。公益目的事業とは，学術，技芸，慈善その他の公益に関する一定の事業であって，不特定かつ多数の者の利益の増進に寄与するものをいう。行政庁は，申請をした一般社団法人・財団法人が公益認定の基準に適合すると認めるときは公

益認定を行う。公益法人認定法による公益性の認定を受けたものは，それぞれ公益社団法人または公益財団法人として税制上の優遇措置を受けることができる。

2008年の公益法人制度改革により，民法上の公益法人が廃止され，すべての公益社団法人・財団法人は公益認定を受けなければならなくなった。公益法人に法令違反行為があった場合には，行政庁から報告聴収，勧告，公益認定の取消し等の処分がなされる（公益認定法28条・29条）。

中央競技団体の多くが公益認定を受けている。公益社団法人としては，たとえば，日本馬術連盟，日本フェンシング協会，日本ホッケー協会などがある。公益財団法人としては，日本オリンピック委員会（JOC），日本陸上競技連盟，日本水泳連盟，日本サッカー協会などがある。なお，高野連も公益財団法人である。

⑤ 組合・権利能力なき社団　　日本では，法人は一定要件を満たして登記をなすことにより法人格が取得される。そのため，法人登記をしない団体は，民法上の組合として扱われることになる。たとえば，法人登記されていない大学のサークルなどは組合ということになる。組合契約は，各当事者が出資をして共同の事業を営むことを約することによって成立するとしている（民法667条）。民法上の組合は権利能力がないので，組合の債務は個人責任となり，組合財産は組合員の共有に属するとされている。しかし，社団の実体を備えている団体や設立準備段階の財団などについては，「権利能力なき社団（財団）」として法人に準ずる権限を認めてきた。

権利能力なき社団とは法人として未登記であるが，実態として法人と同様の活動をしている団体をいう。法人格が認められないため完全な権利能力は認められないが，一般社団法人の規定が類推適用されている。権利能力なき社団の要件としては，団体としての組織を備え，多数決の原則が行われ，構成員の変更にもかかわらず団体そのものが存続し，その組織によって代表の方法，総会の運営，財産の管理その他団体としての主要な点が確定しているものでなければならないとされている（最判昭和39年10月15日民集18巻8号1671頁）。権利能力なき財団についても同様に解されている。

図 08−1　日本陸上競技連盟の組織

評議員会（20名）

理事会（30名）　　　監　事（3名）

顧　問（7名）

会　長（1名）

副会長（2名）

専務理事（1名）　　　専門委員会

理　事（26名）

事務局
事務局長
管理部　　事業部

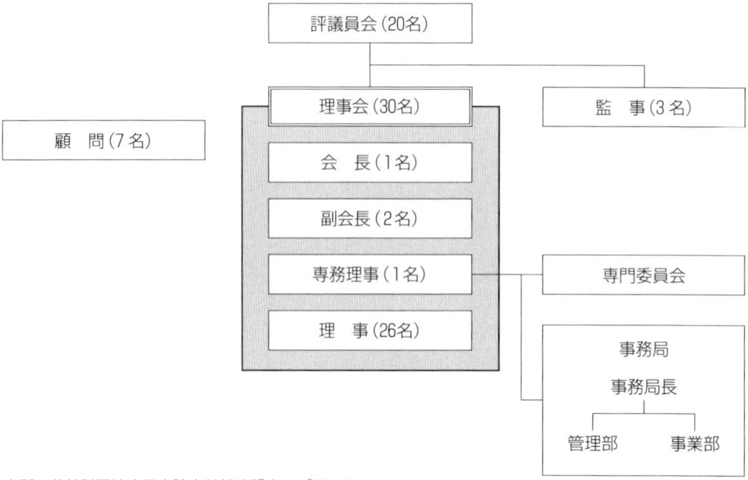

出所：公益財団法人日本陸上競技連盟ウェブサイト。

(3) スポーツ団体の内部組織

　法律で定められた，理事会や評議員会とは別に，実際の競技団体の組織で
は，事務局や専門委員会などが設置されている。たとえば，日本陸上競技連盟
の組織を例に挙げると，専務理事のもとに事務局が置かれ，さらに各種の専門
委員会が設置されている（図08-1）。

　理事等の役員の数は，団体ごとに異なっており，たとえば，日本陸連は理事
の定員を30名としているが，バスケットボール協会は18名以内とし，迅速かつ
効率的な意思決定，業務執行を可能にするため，理事会のほかに幹部会を設置
している。

　また，専門委員会として，専務理事のもとに，総務企画委員会，強化委員会，
法制委員会，財務委員会，競技運営委員会，普及育成委員会，施設用器具委員
会，科学委員会，医事委員会，国際委員会，の10の専門委員会が設置されてい
る。これら専門委員会が実質的に団体の活動を担っている。

(4) 法人の活動：基本規則

　民法では，「法人は，法令の規定に従い，定款その他の基本約款で定められ

た目的の範囲内において，権利を有し，義務を負う」(34条)とされ，競技団体がどのような活動を行うかは，定款に記載されなければならない。たとえば，サッカー協会の定款には下記のような活動が記載されている。「この法人は，前条の目的を達成するため，次の事業を行う。(1) 日本を代表する各年代，各カテゴリーのサッカーチームを組織し，各種競技会への参加及び代表チームが参加する競技会の開催，(2) サッカーの全日本選手権大会その他の競技会の開催，(3) サッカー選手の育成，サッカー競技の普及並びにサッカーの指導者及び審判員の育成，(4) 選手，チーム，指導者及び審判員等の登録，(5) 知的所有権の管理及び商標提供，(6) 社会貢献及び国際貢献の実施，(7) その他この法人の目的を達成するために必要な事業」。

　定款とは，団体の根本準則であり，法人設立に際して作成されるもので，社団法人等の目的，組織，業務執行等に関する根本規則またはこれを記載した書面（一般法人10条・152条，会社法26条・575条等）である。法人の目的，名称，事務所，資産に関する規定等，法人の種類については，絶対的記載事項とされ，その1つの記載を欠いても定款は無効とされる。

　競技団体は，この定款に基づいて活動することになるが，実際に競技団体として活動するためは，定款のほかにもさまざまな規則を作成しなければならない。サッカー協会では30を超える規則が整備されている。たとえば，競技規則のほかにも，理事会や各種委員会，事務局等の組織運営に関する規則，選手登録・選手契約に関する規則，ユニホームに関する規則，指導者・審判員に関する規則，懲罰規則，アンチ・ドーピングに関する規則などがある。これは，サッカー協会に限ったものではなく，スポーツ競技を組織化し運営していくためには，必要不可欠なものといえる。

2──懲罰規程

　競技団体による出場停止措置は，懲戒処分の1つである。懲戒処分としては，戒告・訓告，注意，厳重注意，謹慎処分，試合出場資格の停止，登録抹消，除名，罰金，氏名等の公表などが考えられる。これは，団体の自治の範囲として，各スポーツ団体に認められた権限であり，一定の裁量が認められている

が，懲戒処分を行うためには，いくつかの前提条件がある。文部科学省「スポーツ指導における暴力等に関する処分基準ガイドライン（試案）」では，①罪刑法定主義，②平等取扱の原則，③相当性の原則，④適正手続といった，懲戒処分を行うための4原則を挙げている。

(1) 懲戒処分

① 規定の明確性　懲戒処分については，選手らに対する不利益処分となるため，その手続および内容について明確な基準を定める必要がある。スポーツ基本法5条2項は，「スポーツ団体は，スポーツの振興のための事業を適正に行うため，その運営の透明性の確保を図るとともに，その事業活動に関し自らが遵守すべき基準を作成するよう努めるもの」と定めている。競技団体は処分を行う以上，定款や懲罰規程（倫理規程，競技者規程など）において，懲戒事由や懲戒内容を明確にしておく必要がある（明確性の原則）。懲戒事由としては，定款違反行為，団体の名誉・信用を毀損する行為，刑事法に違反する行為などが考えられる。

② 手続上の瑕疵がないこと　懲戒規定が置かれている場合でも，処分決定に至る手続に瑕疵がある場合には，その処分の有効性が問題となる。不利益処分を受ける者には，まず弁明の機会が与えられなければならない。そのため，処分の対象となる行為や事実および処分理由が示される必要がある。その結果，事実確認の聴取がなかった場合や処分の法的根拠が示されなかった場合などは，処分が取り消される可能性がある。たとえば，大学のウエイトリフティング部の部員（男子）が大麻取締法違反で逮捕された際に，実質的に指導に関与していなかった女子ウエイトリフティング部のコーチに対してなされた除籍処分決定が仲裁判断により取り消された事案（JSAA-AP-2003-001）では，「本人からの事情聴取を行うなど何らかの弁明の機会を与えることは不可欠の手続である」とされている。

　行政手続法では，行政庁が不利益処分をする場合には，処分基準を定め，かつ，これを公にし，不利益処分を受ける者の意見陳述のための手続および不利益処分の理由を示さなければならないとされている（行政手続法12条～14条）。行政手続法は，国等の行政機関の行う処分行為を対象としているが，公益性の強

い競技団体については同法の規定は参考になるものと思われる。スポーツ仲裁機構の仲裁判断でも競技団体に行政手続法等が直接的に適用される余地はないが，行政手続法等の規定の趣旨は適用が認められるとするものがある（JSAA-AP-2003-001（ウエイトリフティング），JSAA-AP-2016-006（柔道））。

③ 処分の相当性　懲戒処分基準が明確に定められており，手続がいかに適正なものであっても，実際に行われる懲戒処分自体が不合理なものであってはならない。何が適正な懲戒処分内容であるかは，違反行為の目的・動機，被害の程度，懲戒処分の目的・効果，社会的影響等を考慮し総合的に判断される。そして，処分内容は，比例原則のもと，違反事実の重大さに応じた処分でなければならず（JSAA-AP-2003-001），処分が過去の処分例などと釣り合っている必要がある（平等取扱の原則）。

④ 懲戒処分に対する不服申立　懲戒処分の内容に不服がある場合には，まず，競技団体内部の審査委員会などの該当機関に不服申立ができる。また，裁判（民事訴訟）においても処分の無効を争うことができる。裁判所が審理しうる対象は「法律上の争訟」（裁判所法3条1項）に限定されており，法律上の争訟性がない事件は却下される。さらに，判例は，「法律上の争訟性」が認められる場合であっても，「それが一般市民法秩序と直接の関係を有しない内部的な問題にとどまる限り，その自主的，自律的な解決に委ねるのを適当とし，裁判所の司法審査の対象にはならない」（最判昭和52年3月15日民集31巻2号234頁）としている。たとえば，学生スキー競技連盟が行った競技大会への出場停止措置が団体の内部問題であるとして不適法とされた事例（東京地判平成22年12月1日判タ1350号240頁）などがある。一方，司法審査の対象となったものとしては，競技団体のしたアマチュアボクシング選手登録の取消しを求めた事案（東京地判平成18年1月30日判タ1239号267頁）などがある。処分が処分対象者の経済活動や社会生活の基盤を覆すようなものである場合には，司法審査の対象となる可能性がある。懲戒処分については，日本スポーツ仲裁機構への不服申立ても可能である。

3——連帯責任

⑴ 連帯責任

① 連帯責任とは

連帯責任とは，典型的には，ある集団に属する人が問題を起こした場合に，その集団の全員にその責任を負わせることである。高校野球の場合には，出場禁止措置がこれにあたり，Ｊリーグにも似たような制度がみられる。

連帯責任は，法律上「自らの行為に対してのみ責任を負い，他者の行為に対しては責任を負わない」とする自己責任の原則に反することになる。例外的に使用者責任（民法715条）や動物占有者の責任（民法718条）などがあるものの，基本的に法律は自己責任の原則を採用している。

ところで，連帯責任は，社会に幅広くみることができる。たとえば，学校などの教育現場では，クラスや班単位での「連帯責任」という名の下で罰が与えられたりすることがあるが，これが往々にして体罰の温床になっている，という指摘もある（朝日新聞2013年2月16日）。連帯責任は国際的にも問題となる場合がある。戦時における文民の保護に関する1949年8月12日のジュネーヴ条約（Geneva Convention relative to the Protection of Civilian Persons in Time of War of August 12, 1949）では，「被保護者は，自己が行わない違反行為のために罰せられることはない。集団に科する罰及びすべての脅迫又は恐かつによる措置は，禁止する」(33条) として，集団罰（連帯責任）を禁止している。さらに，連帯責任の考え方は，なぜ戦争を知らない戦後世代が戦争責任を負うのかという戦後の戦争責任の議論ともつながってくる。ハンナ・アーレントは，法律上の罪と道徳上の責任を峻別すべきであるとする。すなわち，戦争責任による罪は個人に帰属させるべきものであり，集団に帰属させるべきものではないと。戦争責任などは個々人の自責の感情や罪責感といった道徳上の責任として考えるべきであるとする（アーレント 1997）。

② 高校野球における連帯責任

学生野球憲章27条は，日本学生野球憲章違反に対する処分として，「学生野球団体，野球部，部員，指導者，審判員および学生野球団体の役員が本憲章に違反する行為

をし，または前条の注意
または厳重注意にしたが
わない場合には，当該の
者に対して処分をするこ
とができる」と規定して
いる。処分としては，①
謹慎，②対外試合禁止，
③登録抹消・登録資格喪
失，④除名がある。処分
手続については，高野連
ではなく，日本学生野球
協会の審査室が行うとさ

表 08-1　日本学生野球協会による処分件数（2015～2017年）

	2015	2016	2017
対外試合禁止 1 年			1
対外試合禁止 9 ヵ月			1
対外試合禁止 6 ヵ月	5	7	9
対外試合禁止 5 ヵ月	1		5
対外試合禁止 4 ヵ月	1	1	
対外試合禁止 3 ヵ月	18	10	8
対外試合禁止 2 ヵ月	1	1	1
対外試合禁止 1 ヵ月	14	13	3
計	40	32	29
その他処分件数	75	70	74
合　計	115	102	103

出所：朝日新聞データベースを基に筆者作成。

れている（学生野球憲章29条1項）。日本学生野球協会は，日本高等学校野球連盟
と全日本大学野球連盟を傘下に置く組織で，協会の「審査室の設置・運営に関
する規則」によれば，「審査員はこの法人の理事，監事，評議員を兼ねること
はできない」（1条3項）として，独立，公正，中立な組織を維持しようとして
いる。そして，処分対象者には弁明の機会を保障し（学生野球憲章29条2項），審
査室の行った決定の取消しを日本スポーツ仲裁機構に対して申し立てることが
できる（学生野球憲章31条）。

　表08-1は，朝日新聞の記事データ検索をもとに，過去3年間の処分件数を
表にしたものである。処分件数全体は全体的に減少傾向にあるようにみえる
が，2015年と2017年とを比較すると，長期間の対外試合禁止措置が増えている
のがわかる。学生野球協会が処分事案の詳細を公表していないのでなぜ重い処
分が増えているのかは不明である。処分事由としては，部員間の暴力やいじめ
が圧倒的に多く，その他に窃盗，喫煙，飲酒，無免許，ネットトラブル，器物
破損，迷惑行為，盗撮などがある。また，2017年では全体の処分件数としては
103件の処分が行われているが，その多くが部長・監督・コーチらによる部員
への暴力などの不祥事によるものであった。このことからは，部員の問題とい
うよりも指導体制に問題があるということがうかがわれる。

　ところで，全国の野球部で起きた（処分されていない）不祥事そのものはさら

に多くある。2013年で1150件，2016年で899件と報告されている。高野連によれば2016年は過去５年で最も少なかったとのことである（朝日新聞2017年６月23日）が，約10年前には「高校野球不祥事，過去最多の960件」との記事（朝日新聞2006年５月27日）もあり，長期的には不祥事件数は，さほど変化していないようにみえる。ほかのスポーツと比較して高校野球での不祥事が圧倒的に多いのかどうかは不明であるが，加盟校3971件（2018年時点）を前提とすると，相当数の不祥事が発生しているといえる。このような状況下で連帯責任はどのような意味をもっているのであろうか。

③ 連帯責任の根拠　生徒に対して出場停止措置（連帯責任）を課す根拠は，「教育的配慮」や「不祥事の抑止効果」にあるといわれている。教育的効果については，「生徒が問題を起こしたら，学校はすぐに指導する。生徒も気持ちを入れ替え，学校生活を送る。ところが何か月もたってから処分が発表になり，新聞に載る。良くなってきた生徒に，また卑屈な思いをさせる。教育上おかしい」という意見もある（田寺 2009）。また，不祥事を起こした生徒が退部しているような場合には，残ったチームメイトに対する制裁という側面が強くなり，教育的効果を期待することは難しい。むしろ教育的効果を考えるのであれば，出場停止以外の有効な教育プログラムについても考えていく必要がある。たとえば，少年院においてタグラグビーが更生プログラムとして活用されているように（朝日新聞2015年10月22日），不祥事を起こした生徒をチーム内に留め教育指導していくということも重要といえる。

　さらに違反行為をしていない選手も同じように制裁を受けるということは，本来，スポーツ権の侵害であるとともに，自己責任の原則に反することになる。そのため，文部科学省が公表している『スポーツ指導における暴力等に関する処分基準ガイドライン（試案）』でも，「競技者は，一般的に，チームの一員であり，チームの他のメンバーに対する管理責任・安全配慮義務を負っていないと解される。それゆえ，チーム内で他の加害者が違反行為を行ったとしても，他の競技者は連帯して責任を負わされるいわれはないため，他の競技者に対しては処分をしない」ということが基本原則となる。チームに対する制裁は，戒告またはけん責に留まるとされる。連帯責任は，「当該違反行為の結果が重大であることに加えて，将来の違反行為を未然に防ぐ必要性，又は加害者

以外の当該チームに所属する他の競技者についても加害者と同等若しくは加害者に準じた処分を行う必要性が強く認められる等の特段の事情がある場合に限り選択できるものとする。例えば，当該チームの複数の指導者又は競技者が加害者となり違反行為が行われ，当該チームの他の競技者において当該違反行為の存在を把握しながら何らの防止措置や報告等が行われなかったために，重大な結果が発生することを防げなかった場合など」に限定している。

　かつては，野球部員がまったく関与していない不祥事でも選抜大会の品位を重んじるという理由で，厳格な処分も行われてきたようである。なかでも有名なのは，後述する，1971年の「涙のUターン事件」である。最近では，たとえば「野球部8人万引きに対して高野連は厳重注意で甲子園は出場」（朝日新聞2011年8月2日）というように対応に変化がみられるが，問題は，どのような場合に出場可能・出場不可となるのかという基準が明確にされていない点にある。また，同じ学校が不祥事を繰り返している例も報告されており，そもそも出場停止措置が不祥事の抑止効果になっているのかどうかということである。出場停止措置を受けるだけで，具体的な再発防止対策がとられてない可能性も考えられる。野球の名門PL学園は，相次ぐ不祥事によって2014年度から野球部員の募集停止を決めた。不祥事・出場停止を繰り返すことは，野球（スポーツ）の衰退につながっていくことになる。毎年，1000件近くの不祥事が発生している中で，再発防止に向けた具体的な教育プログラムが求められている。

④ Jリーグにみる連帯責任　また，プロスポーツの場合でも，連帯責任を負わせるケースがある。J1浦和のサポーターが「JAPANESE ONLY」という横断幕を掲げた問題で，2014年3月13日にJリーグは浦和に対して本拠地での試合を無観客試合とした。浦和の1試合あたりの入場料収入が約9900万円で，経営的にも大きな損失になるという（朝日新聞2014年3月13日）。

　この場合，サポーターの不適切な行為によってチームが連帯責任を負うことになるが，Jリーグ規約142条〔制裁の種類〕には，**表08-2**のような制裁措置が定められている。

　Jリーグでは，観客に対しては，試合運営管理規程5条において禁止事項の1つとして「人種，肌の色，性別，言語，宗教，政治または出自等に関する差

表 08-2　Jリーグ規約142条〔制裁の種類〕

(1) Jクラブに対する制裁の種類は次のとおりとし，これらの制裁を併科することができる。
① けん責（始末書をとり，将来を戒める）
② 制裁金（1件につき1億円以下の制裁金を科す）
③ 中立地での試合の開催（試合を中立地で開催させる）
④ 一部観客席の閉鎖（一部の観客席を閉鎖し，そこには観客を入場させない）
⑤ 無観客試合の開催（入場者のいない試合を開催させる）
⑥ 試合の没収（得点を0対3の敗戦として，試合を没収する）
⑦ 勝点減（リーグ戦の勝点を1件につき15点を限度として減ずる）
⑧ 出場権剥奪（リーグカップ戦における違反行為に対する制裁として次年度のリーグカップ戦への出場権を剥奪する）
⑨ 下位リーグへの降格（所属するリーグより1つ以上下位のリーグに降格させる）
⑩ 除名（Jリーグから除名する）（ただし，総会において正会員現在数の4分の3以上の多数による議決を要する）

出所：Jリーグウェブサイト。

別的あるいは侮辱的な発言または行為をすること」を挙げており，さらに，J
クラブ規約51条が「観客が試合の前後および試合中において秩序ある適切な態
度を保持する」ことをホームクラブに課している。そのため，観客が禁止行為
をした場合には，クラブ側の責任が問われることになる。

　この場合の制裁は，差別的言動を抑制する教育的側面が強いといえる。ま
た，Jリーグの場合は，高校野球の場合と比べ，どのような行為が制裁の対象
となるのか，明確にされている。これはスポーツ団体の秩序維持の観点から必
要なものといえる。

(2) **出場辞退**

　競技団体側が処分決定をする前に，学校やチームが不祥事を理由に自ら出場
を辞退する場合もある。たとえば，社会人の場合でも「東レ，選手が窃盗容疑
でバレー・全日本選手権に出場辞退」という事例が報告されている（朝日新聞
2014年12月13日）。しかし，このような形での責任のとり方は，適切なものとい
えるのであろうか。

　出場禁止措置は，大会を主催する競技団体側の有する専権事項である。一方
の出場辞退は，学校やチームによる部の活動停止措置の一環として考えられ
る。この場合，生徒や選手への意見聴取などの手続保障のない活動停止措置
は，その正当性が問題となってくる。

08 スポーツにおける連帯責任は問題か？

1971年のいわゆる「涙のUターン事件」では，春の選抜大会の出場を決めた北海高校野球部員たちが甲子園球場に向かう途上，同校サッカー部員による集団暴行事件を受け，事態を重くみた学校側が甲子園出場辞退を決めた。ちょうどそのとき，選手たちは，青函連絡船に乗っており，そのまま船を下りることなく函館港に引き返すことになった。最近では，さすがにこのような事態は起こらないかもしれないが，選手の意思が介在しない点で，出場辞退の問題の構造は同じである。

学校側による出場辞退措置はどのような根拠に基づいているのであろうか。部活動は，学校教育活動の一環として位置づけられており，学校による懲戒処分の根拠となるのは，学校教育法11条および学校教育法施行規則26条である。学校教育法11条は，「校長及び教員は，教育上必要があると認めるときは，文部科学大臣の定めるところにより，児童，生徒及び学生に懲戒を加えることができる」としており，そして，法律上の懲戒処分としては，退学，停学，訓告がある（学校教育法施行規則26条2項）。

これ以外に懲戒処分の根拠となるのは，校則である。校則とは，学校の教育目標を達成するために学校内外における生徒の生活全般に関する規則のことである。裁判所は，国公立であると私立であるとを問わず，その設置目的を達成するために必要な事項を学則等により一方的に制定し，これによって在学する学生を規律する包括的権能を有するものとしている（最判昭和49年7月19日民集28巻5号790頁）。

そして，この場合の生徒・学生に対する懲戒処分は，教育施設としての内部規律を維持し教育目的を達成するために認められる自律的作用にほかならないとされ，懲戒権者に一定の裁量を認めている。そして，懲戒処分のうちいずれの処分を選ぶべきかを決するについては，当該行為の軽重のほか，本人の性格および平素の行状，右行為の他の学生に与える影響，懲戒処分の本人および他の学生に及ぼす訓戒的効果等の諸般の要素を考量する必要があり，決定がまったく事実上の根拠に基づかないと認められる場合であるか，もしくは社会観念上著しく妥当を欠き懲戒権者に任された裁量権の範囲を超えるものと認められる場合には，裁量権の逸脱があったとして，違法性が認められることになる（最判昭和29年7月30日民集8巻7号1463頁）。たとえば，信仰上の理由により剣道実

技の履修を拒否した学生に対する原級留置処分および退学処分が裁量権の範囲を超える違法なものであるとされた事例がある（最判平成8年3月8日民集50巻3号469頁）。

　一方，高校ラグビー部の部員間の暴行事件に関して，同校の校長が公式戦の出場を1年間辞退するとした決定に対し，同校の部員が，校長の裁量権を逸脱した行為であり，公式戦に出場する権利を侵害されたとして，損害賠償を求めた事案で，裁判所は，本件決定等は，学校長の学校教育法に基づく教育課程を編成，執行する権限の行使としてされたものであり，本来，父兄等に事前に説明する必要のない事項であり，校長は，本件決定等をするにあたり，理事長，理事，教頭と協議し，これらの意見を聴取した上で決定したものであり，手続上何ら問題は認められないと判断している（東京地判平成14年1月28日判タ1099号226頁）。裁判所は，部活動の停止や出場辞退等の措置は，学校長による専権事項と考えているようであるが，生徒のスポーツ権は保障されない可能性がある。

　出場辞退の決定は，統一的な基準がない中で，学校ごとの判断で行われるため，過剰な活動自粛や競技会への出場辞退が行われる場合には，違反行為を行っていない選手のスポーツ権の侵害の可能性が出てくることになる。特に，競技団体のように当事者への聴聞や弁明の機会といった手続保障がない中で，選手の権利が適切に保障されているかどうかという問題もある。学校などにおいて，教育，訓練などの目的を達成するために，学生や生徒に対してされる処分や指導については，行政手続法は適用されないとされる（行手法3条1項7号）。しかし，日本が批准した「子どもの権利条約」は，子どもの意見を表明する権利を保障しており（12条），子どもの意見の聴聞の機会の確保については検討する必要があると思われる。

⑶ 子どもの権利とスポーツ

　スポーツ基本法（2条2項）およびスポーツ基本計画でも子どものスポーツ機会の確保は重視されている。子どもの権利条約でも，「児童の人格，才能並びに精神的及び身体的な能力をその可能な最大限度まで発達させること」（子どもの権利条約29条1項a）を条約締結国に対して義務づけている。子どもの権利条約は，国連が子どもの基本的人権を国際的に保障するために1989年の国連総会

において採択され，日本は1994年に批准している。

　松本水泳協会（本部・松本市）が主催した2015年度の水泳大会で，所属する団体を年度途中に変えた選手に対して協会主催の水泳競技会出場を１年間停止するとの決定を行い，複数の子どもたちが大会に参加できなくなったことに対して，松本市子どもの権利擁護委員が同協会に対し，「子どもの権利」に配慮した大会運営を求める意見表明を行ったとされる（信濃毎日新聞2017年９月30日）。スポーツ参加の機会を制限するような対応はスポーツ権・子どもの権利の侵害にあたる可能性もあるといえる（なお，この事件は日本スポーツ仲裁機構による仲裁事案となっている（JSAA-AP-2015-007））。

　アメリカでは学校等を中心にスポーツの権利章典が採用され，子どもには以下の権利が付与されている。①スポーツに参加する権利，②子どもの成長や能力に応じたレベルで参加する権利，③有資格のある大人の指導を受ける権利，④大人ではなく，子どもとしてプレイする権利，⑤スポーツ参加の中でリーダーシップや決定権を子どもがシェアする権利，⑥安全で健全な環境で参加する権利，⑦スポーツ参加のための適切な準備に対する権利，⑧成功に向け努力する平等な機会に対する権利，⑨尊厳をもって扱われる権利，⑩スポーツを楽しむ権利。

　同様に，全米大学体育協会（National Collegiate Athletic Association: NCAA）も大学生向けの権利章典を策定している。このようなスポーツ権の具体化も権利保護に向けて必要と考えられる。

4 ── スポーツ団体のガバナンス

　① スポーツ団体のガバナンス　選手らを処分する競技団体自身も不祥事を起こさないクリーンな存在でなければならないが，過去にはさまざまな問題を起こしてきている。

　日本テコンドー連盟の団体分裂問題，日本クレー射撃協会の不明朗会計・内紛問題，日本スキー連盟の内紛問題，日本アイスホッケー連盟の内紛問題，全日本柔道連盟の助成金不正受給問題，全日本テコンドー協会の不適切経理問題など，多くのスポーツ団体がガバナンスの問題を起こしてきた。また，国際的

にも，FIFAでは，国際試合の放映権をめぐる理事への汚職が発覚し，その後，当時のブラッター会長自身もFIFAから6年の資格停止処分を受ける事態に発展した。また，国際陸連のディアク前会長とその家族による不正行為とロシアの国家ぐるみのドーピングスキャンダルなど国際競技団体の中でもガバナンスが問題となってきている。

　このような中で，スポーツ団体におけるガバナンス強化が求められている。このガバナンスには統治という意味がある。スポーツ団体は自治的な存在であり，自ら自律的に統治する能力が求められるが，そのガバナンス能力の欠如が問題の原因とされている。1980年代に欧米では企業の業績悪化や企業の不祥事を防ぎ，企業の業績向上や健全性を確保するためコーポレイト・ガバナンスが求められるようになった。具体的には，企業には経営の透明性や健全性，コンプライアンス（遵法精神）の確保，ステークホルダーへのアカウンタビリティ（説明責任），迅速かつ適切な情報開示，経営者や経営管理者の責任の明確化，内部統制の確立などが求められている。

　スポーツ界でもコーポレイト・ガバナンスを参考にしながら，ガバナンス強化を行ってきた。IOCは，2008年にスポーツ団体のガバナンス強化を推進するため，「オリンピックおよびスポーツ・ムーブメントの健全なガバナンスに関する基本的普遍原則」を公表した。また，イギリス，カナダ，オーストラリアなどでは，グッドガバナンスに関するガイドラインを策定している。

　日本でも2012（平成24）年に策定されたスポーツ基本計画において「スポーツ界の透明性，公平性・公正性を高めるためには，その主体であるスポーツ団体が，社会的な責任に応える組織運営を行うことが必要」との認識のもと，「ガイドラインの策定等によりスポーツ団体のガバナンスを強化し，組織運営体制の透明度を高める」ことが求められていた。第2期スポーツ基本計画（2017（平成29）年3月24日）においても，「クリーンでフェアなスポーツの推進によるスポーツの価値の向上」の中で，「コンプライアンスの徹底，スポーツ団体のガバナンスの強化」が謳われている。

　② ガバナンス・ガイドライン　　2015年に「中央競技団体のガバナンスの確立，強化に関する調査研究　NF組織運営におけるフェアプレーガイドライン〜NFのガバナンス強化に向けて〜」（平成26年度文部

科学省委託事業)が公表された。これは，スポーツ団体の組織運営体制のあり方に関するガイドラインを示し，競技団体が自らガバナンス強化に取り組む指針として作成された。

この「フェアプレーガイドライン」では，7つの基本原則を掲げている（①（組織内の）権限と責任の明確化，②倫理的な行動，法令遵守，③適正なルール整備，④透明性と説明責任，⑤戦略的計画性，⑥多様なステークホルダー（利害関係者）の尊重，⑦効果的な財務運営）。

具体的には，①運営全般に関する事項，②会議体運営に関する事項，③具体的業務運営に関する事項，④会計処理に関する事項，⑤懲罰，紛争解決，⑥情報公開，⑦インティグリティ（高潔性），⑧危機管理の事項に関する49項目のチェックリストが掲載されている。

懲戒処分との関係では，懲罰規定の整備，懲罰が規定に従って実施されること，処罰基準の明確化，当事者への聴聞や弁明の機会の付与といった手続保障，規程のウェブサイト等での公開が求められている。

③ CSR活動　近年，多くの企業はCSR活動に取り組んでいる。CSRとは，Corporate Social Responsibilityの略で，企業が社会に対して責任を果たし，社会とともに発展していくことを意味し，企業の社会的責任とも呼ばれている。企業は，コンプライアンス（法令遵守），コーポレート・ガバナンス（企業統治），ディスクロージャー（情報開示）だけでなく，人権に配慮した適正な雇用・労働条件，消費者への適切な対応，環境問題への配慮，地域社会への貢献を行うなどの責任があると考えられている。

1997年，ナイキが委託する東南アジアの工場で，低賃金，劣悪な環境，長時間労働，児童労働等の問題が発覚し，ナイキの社会的責任が問われ，世界的な不買運動が起こった。この事件は，企業は自社だけでなく，関連企業や取引先企業の健全経営にも目を光らせる必要があることを伝えている。

会社は誰のものか。これまでの企業経営は収益をあげて株主に利益配当を行うことを重視するものであった。しかし，現在の企業には，多様なステークホルダー（企業の経営活動にかかわる利害関係者）が存在し，彼らに対する責任を果たすことが求められている。たとえば，ブルドックソース事件において，裁判所は「従業員，取引先など多種多様な利害関係人（ステークホルダー）との不可

分な関係を視野に入れた上で企業価値を高めていくべきものであり，企業価値について，専ら株主利益のみを考慮すれば足りるという考え方には限界があり採用することができない」（東京高判平成19年7月9日民集61巻5号2306頁）と判示している。競技団体を取り巻くステークホルダーとしては，オーナー，株主，スポンサー等のサポート企業，ファン，スタジアム等の施設所有者，自治体，メディア，取引企業などが考えられる。

　企業のCSR活動は，IOCやIFといった国際的な競技団体に強い影響を与えてきている。国連グローバル・コンパクト（UNGC）は2014年3月に「企業向けの実践ガイドとして，スポーツのスポンサー契約等に関する腐敗防止」を発表した。これは，スポンサー企業が競技団体を選別する指標を提供しているもので，CSR活動に取り組む企業にとって，人権や環境問題に配慮しない競技団体とのスポンサー契約は社会的に批判される可能性が高いことになる。結果的に，競技団体もスポンサー企業の影響を受け，CSR活動に積極的にかかわっていくことが求められている。さまざまな公的支援を受けている，競技団体は私企業以上に公益性の強い存在といえる。

📖 文献紹介

　スポーツにおけるグッドガバナンス研究会編，2014，『スポーツガバナンス実践ガイドブック――基礎知識から構築のノウハウまで』民事法研究会.
　　これまでのスポーツ界における不祥事を紹介しながら，どのようにスポーツ団体がガバナンスを構築していくかを解説している。

〔参考文献〕

アーレント，ハンナ，1997，大川正彦訳「集団の責任」『現代思想』25（8）：78-87.
上本昌昭，2003，「責任概念の新しい様相――集合的責任論の批判的検討を中心に」『法哲学年報』2002：150-157.
大峰光博，2015，「Jリーグ機構による無観客試合処分の倫理――浦和レッズと清水エスパルスのサポーターの責任に着目して」『体育・スポーツ哲学研究』37（2）：147-154.
大峰光博・友添秀則，2014，「不祥事に対する学生野球協会の対外試合禁止処分の是非に関する研究――野球部員の責任に着目して」『体育学研究』59（1）：149-157.
佐久間毅，2008，『民法の基礎1 総則 第3版』有斐閣.
第一東京弁護士会総合法律研究所スポーツ法研究部会編，2013，『スポーツ権と不祥事処分をめぐる法実務――スポーツ基本法時代の選手に対する適正処分のあり方』清文社.

瀧川裕英, 2001, 「『自己決定』と『自己責任』の間——法哲学的考察」『法学セミナー』46(9):32-35.

瀧川裕英, 2003, 「判例解説 集合行為と集合責任の相剋——群馬司法書士会事件における公共性と強制性(最判平成14・4・25)」『法律時報』75(8):13-19.

瀧川裕英, 2003, 『責任の意味と制度——負担から応答へ』勁草書房.

田寺泰久, 2009, 「不祥事に対する高野連の教育的判断に関する一考察——高体連との比較をとおして」『体育哲学研究』40:25-35.

中島隆信, 2016, 『高校野球の経済学』東洋経済新報社.

浦川道太郎・吉田勝光・石堂典秀・松本泰介・入澤充編, 2017, 『標準テキスト スポーツ法学 第2版』エイデル研究所.

【石堂典秀】

09 スポーツ紛争はどのように 解決されているか？

> この章では，まずスポーツ紛争の具体例についてなるべくイメージがしやすいよう説明する。そして，これらのスポーツ紛争にはどのような特徴があるのかについて，その特徴が紛争解決手続の選択にどのような影響を与えるのかを説明する。次に，スポーツ紛争にはこれまで「部分社会の法理」が妥当するとして，裁判での紛争解決にはなじまないとされているが，この点について再検討する。その上で，スポーツ紛争に適用される規範について説明する。さらに，なぜスポーツ紛争の解決手続としてスポーツ仲裁が利用されるのかを明らかにする。最後に，紛争解決の実際について，スポーツ仲裁を中心に説明を行うとともに，関連するいくつかの論点についても解説をする。

1──スポーツ紛争とは

(1) スポーツ紛争の具体例

　スポーツに関連して，さまざまな紛争が発生する。これらの多くは，一般的に生じる法的紛争と変わらない。たとえば，チームやスポーツ団体とスポンサー企業との間でスポンサー契約が締結されたが，契約をめぐって紛争が生じたとしても，一般的な契約と同様に処理される。また，スポーツの事故が生じた場合，安全配慮義務違反や不法行為を理由として，被害者やその遺族から指導者や監督者に対して，損害賠償請求することがある。このような場合も，法的な処理は一般民事事件の場合と変わらない。しかしながら，一般民事事件と同様に考えれば良いといえども，以下(2)に述べるようなスポーツ紛争の特徴に注意が必要である。

　他方で，スポーツ特有の紛争もある。たとえば，①代表選手選考紛争，②スポーツ団体による競技者・チーム・指導者に対する規律処分に関連する紛争，

③アンチ・ドーピング規則違反に関する紛争（⇒**14**），④上部のスポーツ団体への加盟の可否に関する紛争，⑤上部団体による下部スポーツ団体への処分をめぐる紛争などである。

これらのスポーツ紛争には，一般的な法的紛争かスポーツ特有の紛争かの区別が難しいものもある。たとえば，選手・コーチ等の移籍・解雇に関連して生じる紛争，スポーツ団体の役員の選任・解任をめぐる紛争などである。しかしながら，これらの紛争の場合，一般民事事件とスポーツ特有の紛争との両方の性質を兼ね備えていると考えれば良い。

以下，この章においては，上記に挙げたようなスポーツに関連して生じる紛争を，「スポーツ紛争」と呼ぶ。

⑵ スポーツ紛争の特徴

スポーツ紛争には，次のような特徴がある。第1に，迅速な解決が求められるという点である。代表選手の決定は，競技大会が開催される数週間前ということも多い。もし決定に不服がある場合，その解決は迅速に行う必要がある。スポーツ紛争の解決のための時間は，短い場合には，数十時間しか残されていないこともありうる。

第2は，専門的な知識がスポーツ紛争の解決には必要となるという点である。2⑴で説明するように，競技者・スポーツ団体に適用される規則・規程は重層的に多数存在しており，それらを適切に適用するには高度な知識が必要となる。

⑶ 部分社会の法理とスポーツ紛争

日本において，スポーツ紛争には，いわゆる「部分社会の法理」が妥当するといわれてきた。すなわち，スポーツ紛争の多くは，私的な団体内部の見解の相違にすぎず，法を適用して紛争を解決することはできないとされてきた。そして裁判所が取り扱う紛争は，法律上の争訟に限られることから（裁判所法3条），スポーツ紛争の解決に裁判所を利用できないとの主張もある。裁判例も，スポーツ紛争について，法律上の争訟性がないとして，訴えを却下したものがある（裁判例として，東京地判平成22年12月1日判タ1350号240頁）。

しかしながら，このような状況は国際的には稀であり，スポーツ紛争も法的な紛争として裁判所を利用できるのが一般的である。スポーツ紛争の解決に仲裁が利用される理由の1つに，スポーツ団体が裁判所による解決を望まないことが挙げられるが（詳しくは，4(2)），このことはスポーツ紛争の解決に裁判所が利用されることが当たり前ということを示している。

近年では，日本の状況も変化している。すなわち，スポーツ紛争が裁判所にもち込まれた場合，裁判所が本案判断を行う事例が出ている（裁判例として，東京地判平成27年3月31日LEX/DB25524851）。また学説も，スポーツ紛争の法律上の争訟性を認める見解が増えている（なぜ法律上の争訟性が認められるのかについては，2(3)）。

2 ——スポーツ紛争に適用される規範

(1) 概　説

スポーツ紛争に適用される規範には，①スポーツ団体の制定した規則・規程，②法規範などがある。

スポーツ紛争に法規範が適用されることは，直感的に理解できるだろう。他方で，競技者・コーチ・スポーツ団体役員およびスポーツ団体自身がスポーツ団体の制定した規則・規定に拘束されるのはなぜだろうか。

以下では，スポーツ紛争の適用規範について概観し，その上で，なぜ競技者等がスポーツ団体の制定した規則・規程に拘束され，あるいはスポーツ団体が競技者に対して，規則・規程に従うことを求めることができるのかについて説明する。

(2) スポーツ団体の制定した規則・規程

スポーツ団体は好き勝手に競技者等に対して処分・決定をしているわけではない。各スポーツ団体には，当該団体の設立の根拠となった定款に従って，理事会・評議員会・社員総会などの会議体が設置されている。そして，それらの会議体は，定款で与えられた権限の範囲内かつ当該スポーツ団体を統括する上部スポーツ団体があればそれらの規則・規程に従い，規則・規程を制定してい

る。

　以上のようにして作成された規則・規程に基づいて，スポーツ団体の運営や
スポーツが行われ，代表選手選考に関する決定や規律処分も行われる。

(3) スポーツ団体と競技者との関係の法的位置づけ

　なぜ，競技者とスポーツ団体は，法に従うことを求められる上，スポーツ団
体の制定した規則・規定にも従わなければならないのだろうか。この点を考え
るには，スポーツ団体と競技者との関係が法的にはどのように位置づけられる
のかについて検討する必要がある。

　まず，競技者がスポーツをすることができるのはなぜだろうかという点を検
討しよう。個人競技であったとしても，1人だけでスポーツを行うことはでき
ず，1人だけでスポーツらしき行為をしたとしても，それは単なる運動にすぎ
ない。同一のスポーツをする他者との関係があってようやくスポーツが可能と
なる。この他者との関係をもたらしてくれるのが，スポーツ団体である。

　人があるスポーツを始める場合には，最も身近なスポーツ団体ともいえる居
住地を管轄する市区町村レベルのスポーツ団体に競技者として参加あるいは登
録することになる。もっとも，スポーツ・クラブに参加するという場合や，部
活動に参加することによってスポーツを始める場合もある。このような場合に
は，スポーツ・クラブや部が，競技者に代わってスポーツ団体への手続をして
いることが多く，競技者自身がスポーツ団体への参加自体に気づいていないこ
ともあるが，理論的にはスポーツ団体への参加あるいは登録がなければスポー
ツをすることはできない。

　それでは，スポーツ団体への参加あるいは登録は法的にはどのような意味を
もつのか。スポーツ団体への参加あるいは登録を申込み，スポーツ団体がそれ
を認めることによって人は競技者としての資格を認められる。この際，競技者
になろうとする者は，競技のルールを守ることのほか，スポーツ団体の定めた
ルール，当該スポーツ団体が加盟する上部のスポーツ団体（ときに重層的な傘下
関係がある）のルールなど競技を行うにあたって必要なルールを守ることを約
束する一方，スポーツ団体はこのような約束を条件に競技者としての資格を付
与している。

上記のような競技者とスポーツ団体との関係は，契約関係にあるといえる。日本では，アマチュア・レベルでは，単にルールや規程を示されることもなく登録届の提出が求められる場合や，そもそも登録申込書の提出すら求められない場合も多く，契約関係にあるという意識は希薄である。しかし，国際的には，競技者とスポーツ団体，そしてさらに上部のスポーツ団体との関係は，契約関係の存在を前提にシステムがつくられている（アンチ・ドーピングにおける競技者・スポーツ団体間の契約関係については，⇒**14**）。契約関係という法的関係の存在が前提となっているからこそ，スポーツ紛争は法律上の争訟性をもつことになる。それゆえ，**4(2)**で説明するように，スポーツ団体は裁判を避けるためにスポーツ仲裁を利用しているのである。

3 ── スポーツ紛争の解決

(1) 複数の紛争解決手段

スポーツ紛争を解決する手段は１つに限られない。当事者間での交渉や中立・公正な第三者である調停人の手続主宰のもと調停を行うことによって，最終的に和解で解決することも可能である。また，スポーツ紛争の多くは法律上の争訟性があるため，裁判も利用可能である。

そして，仲裁という紛争解決手続も利用される。仲裁とは，中立・公正な第三者（仲裁人）に紛争を付託し，当該仲裁人の判断（仲裁判断）には従うという合意（仲裁合意）に基づく紛争解決手続である。仲裁は日本においてはあまりなじみのない紛争解決手続かもしれないが，国際的な商取引の標準的な紛争解決手続として盛んに利用されている（仲裁がなぜスポーツ紛争の解決において利用されるのかという点については，**4(2)**）。

スポーツ団体が，競技者などからの相談や関係者による不祥事などに関する相談・通報窓口を設けていることもある。たとえば，JOCや日本障がい者スポーツ協会では，外部の弁護士や法律事務所に委託し，暴力行為，パワー・ハラスメント，セクシュアル・ハラスメント，その他の組織的または個人的な不正行為の通報窓口を設置している。また，アンチ・ドーピング規則違反についても，JSCが通報窓口を設けている。

09　スポーツ紛争はどのように解決されているか？

　これらの相談窓口は，スポーツ紛争を直接に解決するというよりは，不正行為を早期発見し，是正・再発防止することに主眼が置かれている。

　以上のほか，下部スポーツ団体が関連するスポーツ紛争については，当該団体を統括するスポーツ団体に対して，直接相談がもち込まれることも多い。

⑵　スポーツ団体内部の紛争解決機関による解決

　スポーツ団体が代表選手選考・規律違反等に関する処分・決定をした場合に，団体内部における不服申立ての機会を被処分者や被決定者である競技者等に与えることがある。

　たとえば，国際サッカー連盟（FIFA）は，その内部に司法機関として規律委員会および倫理委員会を設置しているが，これら委員会の決定に対する内部不服申立機関として上訴委員会を用意している。上訴委員会の決定に対してはスポーツ仲裁裁判所（CAS）にさらなる不服申立てが可能となっている。

　他方で，日本の状況はどうであろうか。たとえば，日本学生野球協会は不服審査委員会を団体内部に設け，指導者・チーム・競技者などの規律違反に関する処分を下す審査室の決定等の不服申立てを取り扱っている。この不服審査委員会の決定に対しては，日本スポーツ仲裁機構（JSAA。概要については，**4**⑴および⑶）へ上訴することができる。

　また，国際競技連盟が，傘下の国内競技連盟内部に紛争解決機関の設置を義務づけていることから，国内のスポーツ団体の内部に紛争解決機関が設けられることもある。たとえば，FIFAの傘下の国内競技連盟である日本サッカー協会（JFA）は，FIFAと同様の司法機関を設けている。FIFAと同様の構造で司法機関を設けることが義務づけられているため，外部のスポーツ紛争解決機関への上訴の仕組みも用意することとされている。JFAの司法機関の決定に対する不服申立ては，CASに対してのみ行えることになっている。

　スポーツ団体の内部に紛争解決機関を設置する背景には，スポーツ紛争の迅速な解決を高度な専門性をもつ判断権者により行うことが期待できることが挙げられる。

　しかし，スポーツ団体が内部紛争解決機関を設置する理由として，より重要なのは，訴訟リスクを低減できることにある。スポーツ団体内部の紛争解決機

139

関によって，競技者等の不服が適切に処理できる場合には，その後に訴訟が提起されるということがなくなる。

(3) スポーツ団体内部の紛争解決機関の問題点

スポーツ団体内部の紛争解決機関を設置していない団体と比較すれば，競技者等の不服申立ての機会が与えられているという点で，内部の紛争解決機関を設置しているスポーツ団体の運営の透明性は高いともいえよう。

しかしながら，スポーツ団体内部の紛争解決機関には，スポーツ団体と競技者間の力関係・交渉力の差を考慮すると，紛争解決における適正な手続の保障という観点から，以下の2つの問題がある。

第1は，紛争解決手続の独立性・公正性の問題である。すなわち，団体内部の紛争解決機関の利用は，紛争の一方当事者に対して不服申立てをすることになるため，仮にスポーツ団体の紛争解決機関が高度の独立性・公正性をもつものであったとしても，競技者の側からすれば，信頼のできる判断は期待できないと思われても無理はない。

第2の問題は，裁判を受ける権利との関係である。スポーツ団体が競技者との間の紛争の解決について，当該団体内部の紛争解決機関の利用だけを認め，他方で裁判所への提訴をしないことを競技者に約束させる場合やスポーツ仲裁の利用可能性を認めない場合には，競技者の司法的解決を受ける権利を奪ってしまうという問題がある（**4**(**6**)）。

4 ──スポーツ仲裁

(1) スポーツ仲裁の歴史

スポーツ仲裁の歴史は，国際商事仲裁と比較した場合，相当浅いものである。CASがIOCにより設立されたのは1984年である。現在では年間400件を超える仲裁申立てがあるが，設立当初から2000年代初頭までCASの利用は低迷した。

2000年代初頭には，スポーツ先進国でスポーツ仲裁機関が設立された。この背景には，競技者の権利意識の高まりによりスポーツ紛争が裁判にもち込まれ

ることが増えたこともあるが，アンチ・ドーピング規則違反の処分をめぐる紛争の解決を適時に行うために紛争解決機関の必要性があった。イギリスのSport ResolutionsやカナダのSport Dispute Resolution Centre of Canada (SDRCC) のように，スポーツ紛争専門の仲裁機関を設立する国もあれば，アメリカやオーストラリアのようにCASの支部を設置する国，ドイツのように既存の仲裁機関であるドイツ仲裁協会 (DIS) がスポーツ紛争を取り扱うこととした国などがあった。これらの国では，スポーツ紛争一般を取り扱うスポーツ仲裁機関が運用されているが，そのような国はまだ一部の国に限られている。

　日本では，諸外国におけるスポーツ仲裁機関の設立と時期を同じくして，JSAAが，JOC，日本体育協会 (現：日本スポーツ協会)，日本障がい者スポーツ協会が設立母体となり，2003年に設立された。

　なお，スポーツ紛争の一部のみを対象とした紛争解決機関が設置されることもある。たとえば**14**で触れる，日本アンチ・ドーピング規律パネルなどがある。

⑵ **紛争解決手段としてスポーツ仲裁が使われるのはなぜか**

　スポーツ紛争の解決方法は，複数ある。しかしながら，スポーツ紛争の特徴を考慮すると，スポーツ仲裁が最も現実的な選択肢となる。

　すなわち，迅速な解決が必要という特徴からは，時間のかかる裁判は適切ではなく，当事者の合意によって柔軟に手続を構成できるため迅速な手続進行が期待できる仲裁が適切ということになる。また，紛争の解決に高度の専門的な知識が必要とされるという観点からも，仲裁は当事者が仲裁人を選定できるため，専門的知識の豊富な者を仲裁人とすることで，妥当な判断が期待できる。

　スポーツ仲裁を利用する場合，スポーツ団体や競技者からは独立した仲裁機関が手続の管理を行うことになる。また，仲裁手続を主宰し仲裁判断を下す仲裁人も，当事者からの独立性・公正性が求められている (たとえば，日本の仲裁法18条1項2号が仲裁人の公正性または独立性を疑うに足りる相当な理由があるときには，当事者がそのような仲裁人を忌避できるとしている)。そのため，**3(3)** で説明したような，スポーツ団体内部の紛争解決機関を利用した場合に，スポーツ団体と競技者との力関係から生じる内部紛争解決機関の独立性・公正性の問題は，スポーツ仲裁を利用することによって解決される。

さらに，スポーツ仲裁によって，スポーツ団体が訴訟に関連するリスクを回避できるというメリットも存在する。日本のスポーツ団体の中には，訴訟リスクを回避するという意識はきわめて低いが，国際的にスポーツ紛争の解決に仲裁を利用するメリットはまさに訴訟リスクの回避であると考える団体が主流である。

　さて，訴訟リスクを具体的にみてみよう。不服申立ては，世界中に所在する競技者等から行われる。裁判の場合，どこの国の裁判所で裁判を行うのかという国際裁判管轄の問題や，判決の国際的な効力の問題など，国際私法上の問題が多数生じる。さらに，弁護士費用や翻訳費用などの裁判にかかる費用がかさむことも問題となる。

　なぜ，訴訟リスクを，スポーツ仲裁を利用することにより回避できるのだろうか。主に3つの理由がある。

　1つめの理由は，仲裁合意の存在が裁判の利用を制限することである。訴訟が提起されたとしても，有効な仲裁合意がある場合には，本案前の抗弁としてその旨を主張・立証すれば，裁判所は訴えを却下しなければならないためである。このことは，各国の仲裁法でほぼ共通となっている（たとえば，日本の仲裁法14条参照）。このため，有効な仲裁合意がある場合には，どこの国の裁判所も当該紛争を取り扱わず，国際裁判管轄の問題も生じない。

　2つめの理由は，仲裁判断の効力は各国の裁判所の判決とほぼ変わりがないことである。すなわち，各国の仲裁法は，自国の領域内で下された仲裁判断には確定判決と同一の効力を与えている（たとえば，日本の仲裁法45条1項参照）。そして，国際的にも150以上の加盟国を擁する外国仲裁判断の承認および執行に関する条約（ニューヨーク条約）の存在によって，同条約の加盟国に仲裁判断の承認・執行義務が課されている。

　3つめの理由は，仲裁判断に対する不服申立ての機会が限定されている点にある。日本においては，地方裁判所の判決に対しては高等裁判所への控訴，高等裁判所の判決に対しては上告というように，三審制をとる不服申立手続が用意されている。他方で，仲裁判断に対する不服申立ては通常予定されておらず，原則として一審制である（通常の上訴とは異なり，いわゆる再審の制度に該当する仲裁判断取消制度が用意されているが，そこでの審査対象は主に仲裁の手続的な瑕疵

09 スポーツ紛争はどのように解決されているか？

の有無であり，仲裁判断取消は稀である）。そのため，判決の確定までにかかる時間と仲裁判断に至るまでの時間を比較した場合，仲裁のほうがはるかに少ない時間となる。最終的な判断に至るまでの時間が少ないことで，弁護士費用の削減につながる。

(3) スポーツ仲裁の実際

　ここでは，JSAAのスポーツ仲裁手続を簡単に説明する。ほかのスポーツ仲裁機関においても，手続の流れはほぼ同様である。

　JSAAのスポーツ仲裁手続は，スポーツ仲裁規則に従って行われる。競技中になされる審判の判定を除くスポーツ団体が行った処分・決定に対する競技者等からの不服申立てが対象で，スポーツ団体が競技者等を被申立人とする申立てはできない。

　申立要件を満たした仲裁申立てがJSAAに受理されると，仲裁人の選定が行われる。3名の仲裁人により構成されるスポーツ仲裁パネルが手続を主宰し，審問，仲裁判断を行うため（緊急事案の場合には，原則として1名の仲裁人による），各当事者がそれぞれ1名の仲裁人を選定する。そして，計2名となった仲裁人によりスポーツ仲裁パネルの長となる第三仲裁人が選定される。

　スポーツ仲裁パネルが構成された後，その指示のもと当事者間で数回の書面のやりとりが行われる。並行して，審問の日程・場所が決定される。仲裁地（どこの国の仲裁法が仲裁手続に適用されるのかという問題や仲裁判断取消手続の裁判管轄などを決めるための基準となる法的な概念で仲裁手続を実際に行う場所という意味での「地」ではない）は東京であるものの，実際に審問が行われる場所は東京に限らない。

　審問では，スポーツ仲裁パネルの指揮のもと，当事者の陳述が行われ，証拠調べおよび証人尋問なども必要に応じて行われる。

　審問を経て，仲裁判断をできるほどにスポーツ仲裁パネルの心証が形成されると審理は終結する。審理終結後，原則として3週間以内に仲裁判断が下される。仲裁判断は原則としてウェブサイトで公表されることになっている。ほかのスポーツ仲裁機関でも仲裁判断が公開されることが多い。(2)でみたように仲裁判断には確定判決と同一の効力が与えられるものの，スポーツ紛争の特徴を

143

考慮すると裁判所による強制執行では時間的に間に合わない場合もあり，かつ，強制執行にはなじまない場合もある。そのため，少しでも仲裁判断の実効性を高めるために，仲裁判断を公開し周知することで関係当事者が仲裁判断を任意に履行するようプレッシャーをかけている。

スポーツ仲裁手続にかかる費用は，たとえば，JSAAの場合5万円（税別）の申立料金のみである。ほかのスポーツ仲裁機関も，仲裁手続に必要な費用をなるべく安くしている。なお，当事者が自己の主張・立証を充実させるための弁護士費用などは各自が支払う。なるべく当事者の費用負担を軽減するという観点から，JSAAでは手続費用支援の仕組みを用意し，Sport ResolutionsやSDRCCでは，プロボノ弁護士サービスを提供している。

⑷ スポーツ仲裁判断の基準

スポーツ仲裁においては，どのような基準が適用され，仲裁判断が下されるのであろうか。

CASでは，競技団体の決定・処分を争うような場合の手続である上訴仲裁について，仲裁規則R58は本案に適用される法として，適用される規定および補助的に当事者が選択した法の規定またはそのような選択がない場合には不服申立ての対象となっている決定を行った連盟，協会，あるいはスポーツ関連団体の所在地の法，もしくは仲裁廷が適切と考える法の規則を適用するとしている。なお，仲裁廷が適切と考える法の規則を適用する場合には，その理由を仲裁判断で述べなければならない。

JSAAでは，スポーツ仲裁規則43条が「スポーツ仲裁パネルは，競技団体の規則その他のルール及び法の一般原則に従って仲裁判断をなすものとする。ただし，法的紛争については，適用されるべき法に従ってなされるものとする」と規定している。

すなわち，CASもJSAAも各スポーツ仲裁パネル（仲裁廷）は，問題とされる紛争に適用されるスポーツ団体の規則を探求し，それを適用しスポーツ団体の処分・決定の当否を検討し，仲裁判断を下すことになる。

ところが，JSAAの仲裁判断の先例をみると，「日本においてスポーツ競技を統括する国内スポーツ連盟については，その運営について一定の自律性が認

められ，その限度において仲裁機関は国内スポーツ連盟の決定を尊重しなければならない」と述べた上で，スポーツ団体の決定が取り消される場合として，以下の4つの要件が繰り返し仲裁判断で示されている。すなわち，「①国内スポーツ連盟の決定がその制定した規則に違反している場合，②規則には違反していないが著しく合理性を欠く場合，③決定に至る手続に瑕疵がある場合，または④規則自体が法秩序に違反しもしくは著しく合理性を欠く場合」である。

　上記4つの要件のうち，①は2でみたようなスポーツ紛争に適用される規範，すなわちCAS仲裁規則でいえば「適用される規定」であり，JSAAのスポーツ仲裁規則であれば「競技団体の規則その他のルール」と考えられる。

　そうすると，②から④の要件はどのように考えるべきかが問題となるが，これらの要件は，「法の一般原則」についてその示すところを明らかにしたものと考える。スポーツ仲裁における判断基準としては，スポーツ団体の制定した規則・規程が適用され，これに加えて法規範が適用されれば足りるはずである。しかしながら，2003年当時においては，日本のスポーツ団体において，紛争解決の基準として十分に機能するほど，詳細かつ適切な規則・規程や選手選考基準が制定されてはいなかった。そのために，上記①の要件に加えて，②から④の基準を定立する必要があった。2003年当時と比べれば規則・規程・選手選考基準は，ずいぶんと明確化・精緻化されたものの，今日においても上記の要件が仲裁判断で引用されていることからわかるように，スポーツ団体の規則・規程等にはいまだに不十分さ，不明確さがある。

⑸ スポーツ仲裁の法的位置づけ

　スポーツ仲裁は，法的にはどのように位置づけられるのだろうか。

　結論を先に述べれば，スポーツ仲裁もほかの仲裁と同様に，法律上の仲裁として位置づけられる。したがって，JSAAの仲裁には，日本の仲裁法の適用がある。

　実際に日本の裁判所も，JSAAのスポーツ仲裁手続に関連して，仲裁廷が仲裁権限を有するかどうかの判断を裁判所に求める申立てが仲裁手続の一方当事者からなされた事案において，仲裁法23条5項に従い決定をしている（大阪地決平成27年9月7日平成27年（仲）第2号判例集未登載。この決定に関連するJSAAの仲

裁事案として，JSAA-AP-2015-001事案がある）。

仲裁手続に瑕疵がある場合や仲裁判断の内容が日本の公の秩序または善良の風俗に反するような場合などには仲裁判断取消の手続がある（仲裁法44条参照）。

CASのスポーツ仲裁手続は，仲裁地がスイス・ローザンヌとされている（CAS規則R28参照）。そのため，スイスの仲裁法（同国の仲裁法は，スイス国際私法典の中に組み込まれている）がCAS仲裁手続には適用される。また，CASの仲裁判断に対する仲裁判断取消手続は，スイスの仲裁法が適用される結果，同国の連邦最高裁判所に対してのみできる。

スポーツ紛争を取り扱う各国のスポーツ仲裁機関の仲裁手続も，それぞれの仲裁機関の仲裁規則によって定められる仲裁地の仲裁法が適用されることになる。たとえばSDRCCでは，仲裁地とされるカナダ・オンタリオ州の仲裁法が適用される。

(6) スポーツ仲裁と仲裁合意

仲裁である以上，仲裁合意が必要となる。国際商事仲裁の場合，当事者間の契約書の条項の１つとして，仲裁条項が置かれるのが一般的である。スポーツ仲裁では，スポーツ団体に競技者登録する際に紛争解決方法として仲裁を利用することを，合意するようにしている。

日本のスポーツ仲裁では，仲裁合意は自動応諾条項という仕組みでなされている。2(3)でみたように，競技者登録の際に何らかの書面による契約が結ばれることは少ない。しかしながら，スポーツ仲裁も仲裁合意が必要であり，また仲裁法13条２項により，書面性が求められる。これらの条件を満たすため，競技者から仲裁申立書が提出された時点で，仲裁合意が成立する仲裁自動応諾条項をスポーツ団体の規則・規定に挿入するという実務が行われている。

このような実務は，国際的には珍しい。一般的には，競技者とスポーツ団体との間で仲裁合意の含まれた契約書を取り交わしている。契約書によって，それぞれの義務と権利が明確化されることは望ましい。しかしながら，競技者にとっては，スポーツに参加するためにスポーツ団体との契約は必須である一方，契約内容を個別に交渉できない現実がある。

スポーツ紛争は，裁判を利用しても解決できるが，仲裁合意が妨訴抗弁とな

り，訴えは却下される。また，多くの国で，裁判を受ける権利は憲法上の保障
として認められている。そうすると，スポーツ団体に結ばされた契約書の仲裁
合意によって競技者が裁判を受ける権利を放棄したとみなされて良いのかとい
う問題が生じる。この点に関連して，ペヒシュタイン事件がドイツで生じた。

　ペヒシュタインは，オリンピックで合計5つのメダルを獲得したドイツ・ス
ピードスケート連盟（DESG）に所属するアイス・スケートの選手である。ペヒ
シュタインは，世界選手権に出場するために国際スケート連盟（ISU）に対し
て，ISUのアンチ・ドーピング規則に従うこと，およびISUのアンチ・ドーピ
ング規則違反に関する処分に対する不服申立てはCASに対してのみ行うとい
う仲裁合意を含む内容の同意書を提出した（本件仲裁合意）。2009年に血液ドー
ピングが疑われる分析結果が生じ，ペヒシュタインに対する規律手続が行わ
れ，ISUは2年間の資格停止処分を課した。これに対してペヒシュタインは
CASへ上訴したものの，請求は棄却された（本件仲裁判断）。本件仲裁判断に対
して，スイス連邦最高裁判所に対して仲裁判断取消の申立てをしたが，これも
棄却されている。

　ドイツでの訴訟が提起されたのは，2012年になってのことである。ペヒシュ
タインは，DESGおよびISUに対して，資格停止処分の違法確認と損害賠償を
求めてミュンヘン地方裁判所に訴えを提起した。ISUは本案前の答弁として，
本件仲裁合意の存在を主張し，ドイツでの訴訟は却下を求めた。ミュンヘン地
方裁判所は，本件仲裁合意を当事者間の構造的な不均衡のもと結ばれたものと
判断して無効とした。そして，その控訴審であるミュンヘン高等裁判所は，本
件仲裁合意はスポーツ団体が優越的地位を利用し合意をさせたものでありドイ
ツの競争法に反するとして本件仲裁合意を無効とした。

　その後ドイツ連邦最高裁判所へ上訴され，そこでは一転して本件における仲
裁合意は有効であると判断された。すなわち，CASはスポーツ団体の内部紛
争解決機関と異なり中立かつ独立した組織であり真の仲裁手続といえること，
CASによってスポーツに特化した国際的な仲裁手続が提供され統一的な基準
の適用を受けるという利益をスポーツ団体と競技者が享受しているために両者
の間には構造的不均衡は認められないこと，ISUは市場支配的地位にいるもの
の仲裁合意を競技者に要求することは市場支配的地位の乱用にはあたらないこ

と，を主な理由とした。

　最終的にスポーツ仲裁合意の有効性は保持されたものの，ペヒシュタイン事件はスポーツ仲裁制度の根幹でもある仲裁合意の有効性に関する議論のみならず，制度そのものに一石を投じた。

　日本の仲裁法ではその附則3条および4条において，それぞれ消費者仲裁合意，個別労働関係紛争を対象とする仲裁合意について，一定の場合に仲裁合意の解除権を与える措置，あるいは無効とする措置をとっている。また，日本の独占禁止法にも優越的地位の乱用に関する規定が置かれている。これらの規定とスポーツ仲裁合意との関係について，日本での議論はまだ少ない（小川2015）。しかしながら，仲裁合意の有効性は仲裁制度の根幹であるので，今後も各国の動向には注意が必要である。

📖 文献紹介

　　日本語で読める入手しやすい文献は存在していない。参考文献に挙げられているものをぜひ読んでもらいたい。

〔参考文献〕

浦川道太郎・吉田勝光・石堂典秀・松本泰介・入澤充編，2017，『標準テキスト スポーツ法学 第2版』エイデル研究所.

小川和茂，2015，「スポーツ仲裁」『法律時報』87（4）：31-36.

菅原哲朗・森川貞夫・浦川道太郎・望月浩一郎監修，2017，『スポーツの法律相談』青林書院.

谷口安平・鈴木五十三編，2016，『国際商事仲裁の法と実務』丸善雄松堂.

道垣内正人・早川吉尚編，2011，『スポーツ法への招待』ミネルヴァ書房.

James, Mark, 2017, *Sports Law*, 3rd ed., Palgrave Law Masters, Red Globe Press.

Lewis Q.C., Adam, Jonathan Taylor eds., 2014, *Sport: Law and Practice*, 3rd ed., Bloomsbury.

【小川和茂】

10 スポーツを支援する環境はどのようになっているか?

成人のスポーツ実施率は，スポーツ庁（2017b）によれば週1回以上が42.5％，週3回以上が19.7％であった。しかし，1年間で1回も運動・スポーツをせず，今後もするつもりがない人が27.2％存在した。スポーツ活動は，健康増進の機能はもちろん，コミュニケーションツール等の社会性の機能，自己記録の更新や勝利の追求といった自己実現の機能を有しており，行政はライフステージに応じたスポーツ活動を推進するとともに，その環境整備を進めていくことが求められる。この章では，国と地域が支えるスポーツ環境について，民間組織や新たな取り組みにも触れながら概観し，さらに，スポーツに親しむ重要な機会となる学校体育と運動部活動の環境についてみていく。

1——国が支えるスポーツ環境

(1) スポーツ振興法とスポーツ基本法

国がスポーツ環境を整備するためには，法律が重要な役割を担う。日本のスポーツ振興に関する法律はいくつか存在するが，1961（昭和36）年に制定されたスポーツ振興法（以下，振興法）が，基本方策を定めた最初の法律として挙げられる。振興法は，国民の心身の健全な発達と明るく豊かな国民生活の形成に寄与することを目的とし（1条1項），運用にあたってはスポーツをすることを国民に強制することなく（1条2項），国民の自主性を尊重し，各々の適性と健康状態に応じて実践するものであることを強調している（3条1項）。また，営利のためのスポーツの振興，いわゆるプロスポーツを対象としていなかったが（3条2項），スポーツを取り巻く社会環境の変化に伴って，1998（平成10）年，プロスポーツ選手の競技技術の活用に関する規定（第16条の2）が加えられた。

振興法の制定以後，余暇生活の拡大等の影響を受けて，私たちの生活にスポーツは広く浸透するとともにかかわり方も多様化してきた。こうした状況から，2011（平成23）年，振興法を全面改正する形で，スポーツ基本法（以下，基本法）が制定された。大きな変更点として，「スポーツは，世界共通の人類の文化である」（前文）とし，スポーツを通じて幸福で豊かな生活を営むことは，全ての人々の権利（2条）と定義づけた点である。また，スポーツに関する施策に関して，国と地方公共団体の責務に加えて（3条・4条），スポーツ団体の努力（5条）も定め，新たなスポーツ推進の役割を担う主体としてスポーツ団体を位置づけたのも大きな変更点である。そのほか，プロスポーツや障害者スポーツを推進の対象とすることを明確化するとともに，スポーツ関係者の連携と協働の推進および国際競技大会の招致と開催等，時代の変化に対応したさまざまなスポーツ推進施策を規定している。

⑵ その他のスポーツ関係法令

振興法や基本法以外にも，スポーツ振興の基本方策を定める法律としては，独立行政法人日本スポーツ振興センター法（以下，日本スポーツ振興センター法）およびスポーツ振興投票の実施等に関する法律（以下，スポーツ振興投票法）が存在する。日本スポーツ振興センター法は，独立行政法人日本スポーツ振興センターの名称，目的，業務の範囲等に関する事項を定めることを目的として制定されたもので，業務の範囲として国立競技場等のセンターが設置するスポーツ施設の運営業務やスポーツ振興のための助成業務等が定められている（15条）。スポーツ振興投票法は，国際競技力の向上を含むスポーツ環境の整備のための財源を確保する手段として導入されたもので，収益の3分の1を国庫へ納付し（22条），残りの3分の2をスポーツ振興のための助成に充てること（21条）等を定めている。

また，2020年の東京オリンピック・パラリンピックの準備等のために制定された平成32年東京オリンピック競技大会・東京パラリンピック競技大会特別措置法もスポーツ振興に関係する法律であり，省庁の設置規定を定める国家行政組織法および文部科学省設置法も，スポーツ振興の行政組織について定めた法律である。

そのほか，スポーツ施設の整備に関する法令である都市公園法，スポーツ施設を含むリゾート計画の整備等について定めた総合保養地域整備法（リゾート法），公営競技に関する法令，特定の人を対象としたスポーツ活動の条件整備に関する法令である障害者基本法等も，スポーツに関係する法令として数えられる。

(3) スポーツ基本計画

文部科学大臣は，スポーツ基本法の理念を具体化し，スポーツに関する施策の総合的かつ計画的な推進を図るために，スポーツ基本計画を策定する。同計画は，法律に基づいて策定される行政計画であり（スポーツ基本法9条），国，地方公共団体およびスポーツ団体等の関係者が一体となって，スポーツに関する施策を推進していくための重要な指針として位置づけられるものである。

2012（平成24）年3月に策定されたスポーツ基本計画は，10年間を見通したスポーツ推進の7つの基本方針を示している。また，計画の策定から5年間に取り組むべき施策の政策目標を掲げ，複数の具体的な施策の目標等や今後の具体的施策展開を提示している（図10-1）。

2017（平成29）年3月には，第2期のスポーツ基本計画が策定された。2017（平成29年）4月から2021（平成33）年3月までの同計画では，4つの観点からスポーツの価値をとらえて基本方針を示している。また，第1期の基本的な構造を踏まえた上で，第2期では4つの政策目標，19の施策目標および139の具体的施策を示している。特にポイントとして，①スポーツの価値を具現化し発信，さらにスポーツの枠を超えて異分野と積極的に連携・協働すること，②数値を含む成果指標を第1期の8から20へと大幅に増加したこと，③障害者スポーツの振興やスポーツの成長産業化等，スポーツ庁設置後の重点施策を盛り込んだことが挙げられる（図10-2）。

(4) スポーツ庁と日本スポーツ振興センター

日本のスポーツ行政は，健康増進に関する施策は厚生労働省，運動公園の整備等に関する施策は国土交通省等というように，長らく複数の省庁にまたがっていた。このような状況を解消してスポーツ行政を一元化するために，2015

図10-1 スポーツ基本計画の全体像

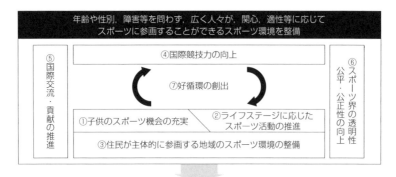

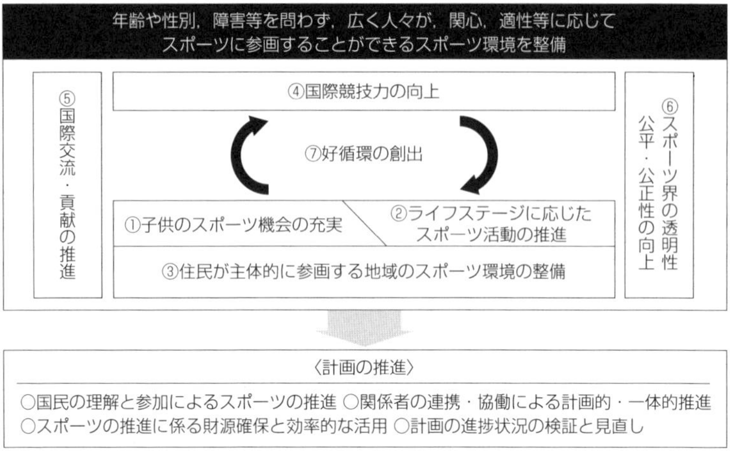

出所：文部科学省『スポーツ基本計画』(2012b)。

図10-2 第2期スポーツ基本計画の骨子

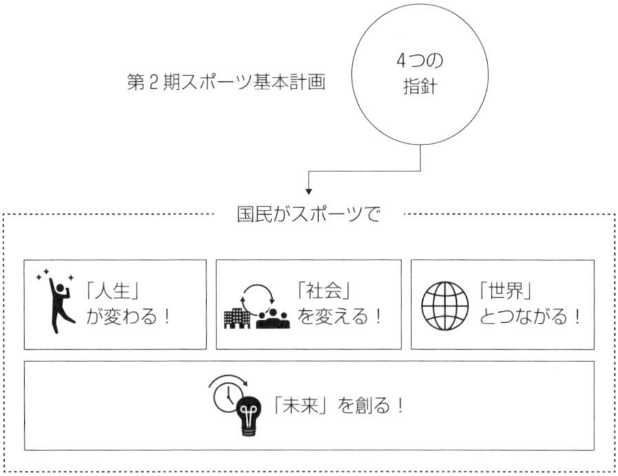

出所：文部科学省『第2期スポーツ基本計画』(2017)。

(平成27) 年10月, スポーツ庁が文部科学省の外局として設置された。同庁は, スポーツの振興その他のスポーツに関する施策の総合的な推進を図ることを任務とし, 組織は文部科学省スポーツ青少年局を基本として政策課, 健康スポー

ツ課，競技スポーツ課，国際課およびオリンピック・パラリンピック課（時限）で構成される。また，日本サッカー協会等から30名程度の職員が派遣されている。海難審判庁を廃止し，観光庁が設置されたように，新省庁の設置には，既存省庁を廃止するスクラップアンドビルドの原則がある。そのような原則の中，廃止官庁がなく新たにスポーツ庁が設置されたことは，近年の省庁再編において異例であった。

スポーツ庁と並んで日本のスポーツ振興において重要な組織として挙げられるのが，文部科学省所管の独立行政法人日本スポーツ振興センター（JSC）である。JSCは，スポーツ医・科学研究の中枢機関である国立スポーツ科学センター（JISS）や国際競技力の向上を図るために設置された味の素ナショナルトレーニングセンター（NTC）の管理・運営業務のほか，スポーツ振興くじやスポーツ振興基金の助成業務も担っている。なお，JSCの前進は，1986年に設立された特殊法人日本体育・学校健康センターであるため，学校事故にかかわる災害共済給付や健康安全普及業務等の学校関連事業も業務内容に含まれている。

そのほか，2018（平成30）年4月に名称変更した公益財団法人日本スポーツ協会（JSPO），公益財団法人日本オリンピック委員会（JOC）および公益財団法人日本障がい者スポーツ協会（JPSA）が，統括団体として日本のスポーツ環境を支えている。

⑸ スポーツ関係予算とスポーツ振興助成

日本のスポーツ振興に関する主な財源は，①国のスポーツ関係予算のほか，JSCの業務である②スポーツ振興投票（スポーツ振興くじ）と③スポーツ振興基金による助成が挙げられる。

国のスポーツ関係予算は，文部科学省（2017）によれば，2017（平成29）年度は334億円で年々増加傾向にある。特に，2020年東京オリンピック・パラリンピック関係の予算が大きく伸びているほか，スポーツ産業の成長促進事業や日本版NCAA創設事業等が新規事項として盛り込まれている。

スポーツ振興くじは，2001（平成13）年3月から全国販売が開始され，2002（平成14）年度からくじの収益を基にして，地方公共団体やスポーツ団体が行う地域スポーツの振興および環境整備等の事業に助成が行われている。売上額は

2006（平成18）年度に135億円まで減少してしまうが，業務の改善や新商品の導入を行うことで，2007（平成19）年度には637億円に回復，その後は増加傾向にあり，2015（平成27）年度は1084億円を売り上げた。助成額も2007（平成19）年度に7900万円と過去最低額となったが，その後は回復傾向にあり，2016（平成28）年度は過去最高額の236億円となった。また，2013（平成25）年10月から，海外の試合に対象を広げ，くじの売上げの一部が国際的な競技会に係る施設整備に充当可能となった。

スポーツ振興基金は，1990（平成2）年度に国からの出資金237.5億円と民間からの寄付金約45億円を原資として設立され，その運用益等をトップアスリートの強化事業等に助成している。年度ごとの助成額は増減があるが，2016（平成28）年度は約14億円であった。

(6) スポーツ推進委員・公認スポーツ指導者制度等

現在，日本において法律に基づくスポーツの資格は，保健体育教員免許を除いて，スポーツ推進委員のみである（スポーツ基本法32条）。スポーツ推進委員の前身は，市町村の教育委員会が任命する非常勤公務員として位置づけられた体育指導委員であった（スポーツ振興法19条）。体育指導委員からスポーツ推進委員への名称変更とともに，新たに連絡調整等の職務が加わり，地域スポーツ振興のコーディネーターとしての役割が期待されている。

また，JSPOが定める公認スポーツ指導者制度が存在する。日本体育協会（当時）が，1964（昭和39）年の東京オリンピックを契機として1965（昭和40）年から指導者の養成を開始し，公認スポーツ指導者の資格認定と指導体制の確立を進めてきた。現在の公認スポーツ指導者制度は，2005（平成17）年4月に改定されたものである。公認スポーツ指導者の資格は，競技別指導者資格やフィットネス資格等の9種類が存在し，2017（平成29）年10月時点で52万6728名が登録しており，各競技団体も公認スポーツ指導者制度に準じながら指導者資格を定めている。たとえば日本サッカー協会（JFA）公認指導者ライセンスが挙げられ，同ライセンスはアジアサッカー連盟（AFC）の指導者ライセンスとも互換性があり，国際的に通用する資格となっている。

さらに，公益財団法人日本体育施設協会は，スポーツ施設の安全管埋や事故

防止に重きを置いた公認水泳指導管理士等の公認指導者制度を定めている。そのほか，指導者資格ではないものの，JOCは，国際競技大会で活躍できる選手を育成，指導するエリートコーチや各種スタッフの養成を目的としてナショナルコーチアカデミーを実施している。

(7) 企業スポーツとこれからのスポーツの成長産業化

　日本のスポーツ環境，特に競技スポーツ分野においては，長らく企業が支えてきた。企業スポーツは，①労使協調や社内の一体感を生み出す等の労務管理，②広報や宣伝等の広告宣伝，③企業の社会的責任 (CSR) といった社会貢献の側面を有しており，現代においても企業がスポーツを支えるという構図は存在するものの，その関係性は大きく変わってきた。特に，バブル経済の崩壊後，休廃部に追い込まれる企業スポーツチームが相次ぎ，企業スポーツは新しい位置づけを模索している。

　国のスポーツ政策は，2010 (平成22) 年のスポーツ立国戦略の策定以降，積極的な動きをみせており，2016 (平成28) 年2月から，スポーツ庁は経済産業省と共同でスポーツ未来開拓会議を開催し，スポーツ産業の活性化における戦略的な取り組みについて議論を行っている。また，2016 (平成28) 年の日本再興戦略2016では，スポーツ市場規模を現状の5.5兆円から2025 (平成37) 年までに15兆円に拡大することを目標として掲げており，現在は官民を挙げてスポーツを支える時代に突入しているといえる。

2 ── 地域が支えるスポーツ環境

(1) 地方公共団体におけるスポーツ振興の組織体制

　地方公共団体のスポーツ行政の主管部局は，教育委員会と首長部局に分けられる。これまで地方教育行政の組織および運営に関する法律 (地教行法) を法的根拠にして，教育委員会がスポーツに関する事務を管理し執行してきた。しかし，地方分権改革の影響を受けて，2007 (平成19) 年，同法が改正され，地方公共団体の長が学校体育を除くスポーツに関する事務を管理し執行することができるようになった。

株式会社政策研究所（2017）によれば，都道府県におけるスポーツ行政の主
管部局は，2012（平成24）年度と2016（平成28）年度を比較すると，首長部局が
34.0％から53.2％へ増加する一方で，教育委員会が66.0％から46.8％へと減少
している。市区町村も，首長部局が9.2％から19.6％へ増加する一方で，教育
委員会が90.8％から80.4％へと減少している。なお，市区町村では人口規模が
小さくなるほど，教育委員会の割合が大きくなっている。

　主管部局が首長部局の場合，担当課の名称は，健康・スポーツ課等のよう
に，スポーツと関連性の高い「健康」や「保健」等を並列していることが多い。
また，昨今スポーツイベントの創出および誘致等の取り組みを支援すること
で，地域におけるスポーツ活性化やスポーツを活用した地域活性化を推進させ
ようとする動きがみられ，スポーツと「観光」や「文化」を結びつけた部局を置
く地方公共団体もみられる。それに関連して，地方公共団体，スポーツ団体，
民間企業等が連携・協働して取り組む地域レベルの連携組織となる地域スポー
ツコミッションを設立する動きも起きている。

⑵ スポーツに関係する行政計画

　地方公共団体は，行政計画に基づいて公共サービスを展開しているが，それ
らの最上位に位置づけられ，行政運営の総合的な指針となるのが総合計画であ
る。スポーツ振興方策を総合計画の一施策として定めている地方公共団体は数
多く存在する。

　総合計画とは別に，スポーツ分野に特化した計画として地方スポーツ推進計
画（スポーツ基本法10条）があり，策定においてはスポーツ推進審議会が調査審
議することとなっている（スポーツ基本法31条）。株式会社政策研究所（2017）に
よると，地方スポーツ推進計画は，43の都道府県で策定済みで，残りの４県は
教育振興計画などの計画の中でスポーツ施策を盛り込んでいる。市区町村では
39％が策定しており，未策定が54％，策定作業中が６％である。特に，市区町
村では，人口規模が大きくなるほど策定している割合が大きくなっている。同
計画に盛り込まれる項目としては，都道府県においては子どもの体力向上，生
涯スポーツの振興，総合型地域スポーツクラブの育成推進および指導者の育成
等が，市区町村においては生涯スポーツの振興，スポーツを通じた健康増進等

が多くなっている。

　行政計画は行政の行動指針であるが，地方公共団体が自治権に基づいて定める条例は法的拘束力を有した地域内での最高規範である。地方公共団体のスポーツ振興においても，スポーツに関する条例は存在し，たとえば出雲市の21世紀出雲スポーツのまちづくり条例は，出雲市におけるスポーツ振興の基本的な目標および方策等について定めており，同市のスポーツ推進計画の法的根拠となっている。また，南魚沼市トレーニングセンター条例（2005年）や会津若松市市民スポーツ施設条例（2005年）等のようにスポーツ施設に関する条例を定める地方公共団体も数多い。

⑶ スポーツ施設の設置数と設置基準

　文部科学省（2015）によれば，日本の体育・スポーツ施設は19万1356か所である。そのうち，学校体育・スポーツ施設が全体の60.6％を占め，公共スポーツ施設が27.6％，民間スポーツ施設が7.8％，大学・高専体育施設が4.0％と続く。調査対象に該当しない厚生労働省認定の健康増進関連施設や障害者スポーツセンター等も存在するため，日本のスポーツ施設は実際にはもっと多い。しかし，少子化による学校の統廃合や施設の老朽化によって，学校と公共の施設数は減少している。その状況に対応するため，スポーツ庁は2018（平成30）年3月，安全なスポーツ施設を持続的に提供してスポーツに親しむことができる環境を整備できるようにスポーツ施設のストック適正化ガイドラインを策定した。

　スポーツ施設の設置基準をみていくと，学校体育・スポーツ施設においては，小学校，中学校および高等学校ではグラウンド（運動場）と体育館（室内運動場）の設置が明示されており，グラウンドについてはその面積も示されている。また，義務教育諸学校等の施設費の国庫負担等に関する法令では体育館の基準面積を，公立学校施設整備費補助金交付要綱では水泳プールの基準面積を定めている。一方，公共と民間のスポーツ施設においては，国が定める設置基準は存在しないものの，民間スポーツ施設で最も多いゴルフ場は，大規模開発指導要綱に基づいて自治体が開発規制を行っている。そのほか，土地の用途方法等を定める都市計画法によって，体育館，多目的運動広場，テニスコート，屋外の水泳プールは，住居専用地域には原則建設できないことになっている。

⑷ スポーツ施設の管理方法と新たな流れ

　公共スポーツ施設の利用者に対する調査では，施設数の増加や利用時間帯の拡大等の要望が挙がる。このような住民のニーズに対して，民間事業者のノウハウを積極的に活用して対応しようとする流れが，国の規制緩和と地方分権の推進もあって，2002（平成14）年以降加速していく。そして，これらの背景を受けて2003（平成15）年に地方自治法が一部改正され，それまで地方公共団体やその外郭団体に限定されていた公共施設の管理委託制度は，民間事業者への委託を可能にする指定管理者制度へ移行した（地方自治法244条の2第3項）。

　現在，公共スポーツ施設の管理運営方法としては，①自治体直営方式，②指定管理者制度，③管理許可方式，④PFI方式の4つがある。①自治体直営方式は，地方公共団体の職員を配置して自ら行う方式で，②指定管理者制度は事業者に運営委託する方式で，地方公共団体が委託費を支払い，利用料は事業者の収入になる。③管理許可方式は経営の自由度が高く，事業者が自治体に使用料を支払う代わりに営業収入は事業者に入る一方，利用者の増減が収入に直結するリスクもある。④PFI方式は，事業者に施設の設計，建設および管理運営までを委ねるため，行政の負担を抑えることができる。いずれの方式にもメリット・デメリットが存在するため，施設の性格等に応じて最も適した方式を適用する必要がある。

　また，公共スポーツ施設が収益を生めるようにするため，2016（平成28）年7月，スポーツ庁は複数省庁と協力して，今後のスタジアム・アリーナのあり方について検討を行うスタジアム・アリーナ推進官民連携協議会を立ち上げた。翌2017（平成29）年には，改革指針およびプロセスガイドに加えて，国内外の先進事例等をまとめたスタジアム・アリーナ改革ガイドブックを公表し，現在，関連する事業が，スポーツ庁，文部科学省および経済産業省で展開されている。

⑸ スポーツ施設の瑕疵，住民訴訟

　スポーツ施設において安全管理は重要事項であるものの，残念ながら瑕疵等によって事故が起きてしまう。スポーツ活動中の事故としては，プールでの飛び込み事故やサッカーゴールの転倒事故等があるが，スポーツ施設の瑕疵に関係する主な事故として，体育館でのスポーツ活動中に床板の一部が剥がれ，身

体に突き刺さる事故が挙げられる。消費者庁消費者安全調査委員会 (2017) によれば，2006 (平成18) 年から2015 (平成27) 年の10年間で，同様の事故が7件報告されている。剝離の要因は，塗膜の損傷・摩耗による木製床の性能の劣化，床板自体の傷，割れ，段差，目隙等の不具合が考えられ，再発防止策として，①床板の不具合を生じさせないこと，②床板の不具合が生じた場合には適切に対処して事故の発生を未然に防ぐことが必要であるとしている。このような公共スポーツ施設での瑕疵が原因で起きる事故は，施設管理者等が責任を負うことになると考えられるが，利用者自身が関心を持ち，日頃のスポーツ活動から注意を払っていくことが求められる。

　また，スポーツ施設にかかわる事例として，公共スポーツ施設に対する住民監査請求と住民訴訟が挙げられる。住民は地方公共団体の公金の支出などに対する住民監査請求が認められており（地方自治法242条），監査結果に不服があるときはその是正を求めて住民訴訟を起こすことができる（地方自治法242条の2）。たとえば，長野県松本市をホームタウンとするJリーグの松本山雅のサッカー場建設等に係る公金の支出の差し止めを求めた事例や京都府亀岡市で計画されているサッカー専用スタジアムの建設に係る公金の支出の差し止めを求めた事例等がある。

3 ── 学校体育と運動部活動

(1) 学習指導要領における体育と運動部活動

　学校での体育の授業では，さまざまな動きを身につけながら多くの運動を経験し，さらに複数のスポーツに触れ合うことができる。文部省（当時）が1964 (昭和39) 年から実施している体力・運動能力調査によれば，走る・投げる・跳ぶといった子どもの基礎的運動能力は，1985 (昭和60) 年頃をピークとして低下傾向にある。昨今は歯止めがかかりつつあるが，中学生世代において運動する子どもとしない子どもの二極化傾向が顕著であり，特に女子の約2割が1週間の総運動時間が60分未満と非常に少ない状況にある。

　文部科学省は，日本のどの地域でも一定の水準の教育を受けられるようにするため，学校教育法等に基づいて学習指導要領を定めている。これは，教育課

程の基準となるもので，学校種別ごとに，各教科等の目標や大まかな教育内容を定めている。また，学校教育法施行規則では，教科ごとの年間の標準授業時数等が定められている。各学校は，これらの基準や規則を踏まえつつ，地域や学校の実態に応じて，実際の教育課程を編成している。現行の学習指導要領は，小学校が2011（平成23）年度，中学校が2012（平成24）年度，高等学校が2013（平成25）年度から実施されている。主な変更点は，中学校1・2年生での武道・ダンスを含むすべての領域が必修になったことや，授業時間数が小学校で57時間，中学校で45時間増加したことである。

　運動部活動は，スポーツの楽しさや喜びを味わうことができ，体力の向上や健康の増進にも効果的な活動であるが，これまでその位置づけは明確にされてこなかった。現行の学習指導要領で初めて部活動の意義と留意点等を明記し，部活動を学校教育の一環であると明確に位置づけられたのである。

(2) 部活動指導員制度の導入と運動部活動改革

　2012（平成24）年12月，大阪市立桜宮高等学校のバスケットボール部に所属する生徒が，指導者（顧問）による体罰によって自殺に追い込まれた。この事件を発端として，文部科学省は運動部活動のあり方に関する調査研究協力者会議を設置し，2013（平成25）年5月には運動部活動での指導のガイドラインを含む報告書を示した。その中では，運動部活動の意義や役割等について述べるとともに，運動部活動での指導の充実のために必要と考えられる7つの事項を挙げている。

　また，運動部活動の問題として，指導する教員の競技経験の有無等が指摘され，指導体制の改善がしばしば議論になってきた。公益財団法人日本体育協会指導者育成専門委員会（2014）によれば，運動部活動の顧問のうち，保健体育以外の教員で担当する部活動の競技経験がない者が，中学校で約46％，高等学校で約41％となっている。中央教育審議会（2015）でも，教員の指導体制について取り上げられ，部活動の指導等を単独で行うことのできる職員の設置等について指摘された。このような経緯から学校教育法施行規則が改正され，2017（平成29）年4月から，中学校と高等学校等において，部活動の指導や大会への引率等を行うことのできる部活動指導員制度が整備された。

10　スポーツを支援する環境はどのようになっているか？

　そのほか，指導する教員の長時間労働についても指摘されており，これまでと同様の運営体制では，運動部活動の維持は難しい現状にある。そこで，スポーツ庁は運動部活動のあり方に関する総合的なガイドライン作成検討会議を開催し，2018（平成30）年3月，運動部活動の在り方に関する総合的なガイドラインを作成した。同ガイドラインでは，生徒にとって望ましいスポーツ環境を構築するという観点から，①運営体制の整備，②指導方法，③休養日の設定，④生徒のニーズとスポーツ環境について示された。

(3) 運動部活動の統括団体と出場大会への制限

　運動部活動を統括する主な団体としては，日本中学校体育連盟（中体連）と全国高等学校体育連盟（高体連）がある。中体連は，1955（昭和30）年に発足，1989（平成元）年に財団法人化し，2011（平成23）年には公益財団法人となった。現在，全国中学校体育大会（全中）を主催し，夏季大会と冬季大会を合わせて計19種目の競技を実施している。2017（平成29）年度の加盟校数は約1万324校，生徒数は335万7435名である。高体連は，1948（昭和23）年に発足，2001（平成13）年に財団法人化し，2012（平成24）年には公益財団法人となった。現在，全国高等学校総合体育大会（インターハイ）を主催するほか，各競技団体と共催する形で選抜大会も開催している。2017（平成29）年度の加盟生徒数は，全日制と定時制を合わせて124万6713名である。また，高体連に加盟していない競技も存在し，たとえば野球の統括団体は日本高等学校野球連盟（高野連）であり，全国高等学校野球選手権大会（夏の甲子園）等のほか，全国高等学校軟式野球選手権大会も主催している。

　現在，中学生や高校生を対象とした全国規模の大会は数多く開催されている。今日ではそれが一般的であるが，第二次世界大戦後の1948（昭和23）年，体育局長通牒「学徒の対外試合について」では，小学校では校内競技に限定し，中学校の対外競技では宿泊を伴わない程度に，高等学校の対外競技は地方的大会に重点を置き全国的大会は年1回程度を適当とすることと示されており，大会参加の制限が設けられていた。その後，文部事務次官通達として，1954（昭和29）年の学徒の対外競技について，1957（昭和32）年の学徒の対外運動競技について，1961（昭和36）年の学徒の対外運動競技について，1979（昭和54）年の児

童・生徒の運動競技について等が出され，徐々に基準が緩和されていった。

⑷ 越境入学と外国人留学生の問題

　学校における運動部活動は，学外的な宣伝やPRとして大きな力を発揮する。運動部活動に力を入れる一部の学校，特に私立高校では学校区域外からの生徒が越境入学していたり，海外から留学生を積極的に受け入れている場合もある。よりレベルの高い学校で取り組みたいという生徒の意思は尊重すべきだが，越境入学の生徒や留学生が活躍するほど，その是非が問題となる。

　2017（平成29）年４月，三重県教育委員会は，野球やサッカーなどのスポーツ強豪県立高校５校が県教委の規則に違反して生徒を受け入れているとして，改善指導したと発表した。背景には，少子化によって公立学校の統廃合が進む中，運動部活動に特色を見出し，学校を維持させようとする地方公共団体の思惑がある。また，越境入学と関係の深い問題として，高校野球の特待生制度が挙げられる。2007（平成19）年，日本学生野球憲章13条で禁止されている授業料免除などの特典を受け取る特待生の存在が問題となった。これを受けて高野連は，条件などを一般公開すること，入学金と授業料に限定した免除であること，各学年５人に限ることを条件に特待生を認めることとした。

　外国人留学生の問題としては，バスケットボール男子の福岡第一高校での年齢詐称がある。2004年のインターハイ優勝時の中心選手であったセネガル人留学生の年齢詐称が発覚し，高体連は同校の優勝を取り消したと同時に，同選手が在籍していた2005年の３位も取り消す事態になった。この件を機に留学生の参加制限が設けられた。そのほか，高校駅伝でも外国人留学生に関する規定が設けられている。

⑸ 学校教育における懲戒と体罰問題

　運動部活動における指導者による暴力問題や部員同士のいじめ等の事件は，「体罰」として教育活動の範ちゅうに収められてしまうことが多い。しかし，これらは単なる暴力行為であり，部活動中に指導者が生徒を殴った場合，刑法における故意犯となり，暴行罪や傷害罪に問われることになる。

　運動部活動を含めて学校教育における体罰について，校長および教員は，教

育上必要があると認めるときは懲戒を加えることができるが体罰を加えることはできないとして禁止されている（学校教育法11条）。また，懲戒権の限界および体罰の禁止について，法務庁法務調査意見長官回答（1948年）では，体罰とは，懲戒の内容が身体的性質のものである場合を意味し，特定の姿勢を長時間にわたって保持させるというような懲戒も体罰の一種と示されている。体罰に関する注意喚起は，初等中等教育局長通知（2007年），初等中等教育局児童生徒課長通知（2010年），初等中等教育局長及びスポーツ・青少年局長通知（2013年）等といったように，事件が起こるたびに繰り返し示されてきた。なお，2013（平成25）年4月，日本体育協会（当時）およびJOC等は，スポーツ界における暴力行為根絶宣言を採択するなどして，スポーツ関係団体も体罰根絶に向けてさまざまな取り組みを行っている。

(6) 体育の授業，運動部活動における事故の現状

学校での教育活動において，安全確保は最重要事項の1つといえる。しかし，体育授業と運動部活動では身体を動かすことが多いため，事故が起きる確率がほかの教育活動より高い。

文部科学省（2012）によれば，小学校，中学校および高等学校における体育活動中の死亡・重度の障害事故は，1998（平成10）年度から2009（平成21）年度の12年間で，死亡470件と障害120件の計590件発生している。件数自体は年々減少傾向にあり，発生頻度も12年間で3分の1に減少している。死亡事故のうち，突然死が70％以上を占めており，競技別でみるとそのうち約3分の1が陸上競技であった。また，重度の障害事故のうちほぼ半数が脊髄損傷であり，ラグビー，水泳および体操がそれぞれ約4分の1を占めていた。学校種別と学年別でみると，小学校が約10％，中学校が約30％，高等学校が約60％であり，学校種別が上がるほど事故も増える傾向にあり，特に高等学校の1年生に多く発生していた。教育活動別でみると，小学校では体育の授業中の事故が60％であり，放課後における水泳指導等のその他課外指導や運動会等の特別活動を含めると全体の90％以上を占め，中学校では運動部活動が58％であり，半数以上を占めていた。

📖 文献紹介

菊幸一・齋藤健司・真山達志・横山勝彦編, 2011, 『スポーツ政策論』成文堂.
日本のスポーツ振興にかかわる基本的な政策や制度について解説している。

〔参考文献〕

会津若松市, 2005, 「会津若松市市民スポーツ施設条例」.

出雲市, 2006, 「21世紀出雲スポーツのまちづくり条例」.

浦川道太郎・吉田勝光・石堂典秀・松本泰介・入澤充編, 2017, 『標準テキスト スポーツ法学 第2版』エイデル研究所.

株式会社政策研究所, 2017, 「平成28年度スポーツ政策調査研究『地方スポーツ行政に関する調査研究』報告書 (平成28年度スポーツ庁委託調査)」.

経済産業省商務情報政策局サービス産業課, 2001, 「『企業スポーツ懇談会』のとりまとめについて (概要)」.

公益財団法人全国高等学校体育連盟, 2018, 「平成29年度 (公財) 全国高等学校体育連盟 加盟・登録状況【全日制＋定通制】」, http://www.zen-koutairen.com/pdf/reg-29nen.pdf

公益財団法人日本体育協会指導者育成専門委員会, 2014, 「学校運動部活動指導者の実態に関する調査報告書」.

公益財団法人日本体育協会, 2015, 「指導者育成50年のあゆみ1965-2015」.

公益財団法人日本中学校体育連盟, 2010-2017, 「全国中学校体育大会競技加盟校の推移」, http://njpa.sakura.ne.jp/pdf/kamei/h29kameisuii.pdf

笹川スポーツ財団, 2015, 「わが国のスポーツ予算の検証——スポーツ予算とスポーツ基本計画」.

笹川スポーツ財団編, 2016, 『企業スポーツの現状と展望』創文企画.

澤野雅彦, 2005, 『企業スポーツの栄光と挫折』青弓社.

消費者庁消費者安全調査委員会, 2017, 「消費者安全法第23条第1項の規定に基づく事故等原因調査報告書 体育館の床板の剥離による負傷事故」.

白井久明ほか, 2017, 『Q＆A 学校部活動・体育活動の法律相談——事故予防・部活動の運営方法・注意義務・監督者責任・損害賠償請求』日本加除出版.

スポーツ庁, 2017a, 「平成28年度体力・運動能力調査の結果について」.

スポーツ庁, 2017b, 「スポーツの実施状況等に関する世論調査 (平成28年11月調査)」.

スポーツ庁, 2017c, 「第2期スポーツ基本計画」, http://www.mext.go.jp/sports/b_menu/sports/mcatetop01/list/detail/__icsFiles/afieldfile/2017/04/14/jsa_kihon02_slide.pdf

スポーツ庁, 2018, 「運動部活動の在り方に関する総合的なガイドライン」.

スポーツ庁・経済産業省, 2017, 「スタジアム・アリーナ改革ガイドブック」.

体育活動中の事故防止に関する調査研究協力者会議, 2012, 「学校における体育活動中の事故防止について (報告書)」.

体育局長通牒, 1948, 「学徒の対外試合について」.

中央教育審議会, 2015, 「チームとしての学校の在り方と今後の改善方策について (答申)」.

日本スポーツ振興センターナショナルトレーニングセンター (NTC) 共用コート事故原因調

査等委員会, 2017, 「ナショナルトレーニングセンター (NTC) 共用コート事故原因調査等委員会報告書」.

日本スポーツ法学会編, 2011, 『詳解 スポーツ基本法』成文堂.

法務庁法務調査意見長官回答, 1948, 「児童懲戒権の限界について」.

南魚沼市, 2005, 「南魚沼市トレーニングセンター条例」.

文部科学省, 2008, 「中学校学習指導要領 (平成20年3月改訂)」.

文部科学省, 2009, 「高等学校学習指導要領 (平成21年3月改訂)」.

文部科学省, 2012a, 「学校における体育活動中の事故防止について (報告書)」.

文部科学省, 2012b, 「スポーツ基本計画」.

文部科学省, 2013, 「運動部活動での指導のガイドライン」.

文部科学省, 2015, 「体育・スポーツ施設現況調査」.

文部科学省, 2016, 「平成28年度文部科学白書」.

文部科学省, 2017, 「第2期スポーツ基本計画」.

文部科学省初等中等教育局児童生徒課長通知, 2010, 「高等学校における生徒への懲戒の適切な運用の徹底について」.

文部科学省初等中等教育局長・スポーツ青少年局長通知, 2013, 「体罰の禁止及び児童生徒理解に基づく指導の徹底について」.

文部科学省初等中等教育局長通知, 2007, 「学校教育法第11条に規定する児童生徒の懲戒・体罰に関する考え方」.

文部科学省スポーツ・青少年局長通知, 2012, 「武道必修化に伴う柔道の安全管理の徹底について」.

文部事務次官通達, 1954, 「学徒の対外競技について」.

文部事務次官通達, 1957, 「学徒の対外運動競技について」.

文部事務次官通達, 1961, 「学徒の対外運動競技について」.

文部事務次官通達, 1975, 「児童・生徒の運動競技について」.

吉田勝光, 2007, 『地方自治体のスポーツ立法政策論』成文堂.

「県立5高で『越境入学』一部保護者, 県内転居せず」朝日新聞 (朝刊) 2017年5月12日.

「スタジアム問題 府を住民側提訴」朝日新聞 (朝刊) 2017年9月1日.

「サッカー J2・山雅の練習場建設費巡り住民訴訟 松本市相手取り」朝日新聞 (朝刊) 2014年5月14日.

「福岡第一 バスケ全国V抹消 04年高校総体 留学生の年齢詐称」朝日新聞 (朝刊) 2009年11月14日.

「スポーツ特待生制度 基準『分かりやすく』プロ側へも注文 高野連表明」朝日新聞 (朝刊) 2007年5月3日.

【武田丈太郎】

11 プロスポーツ選手は労働者か？

　プロ野球選手やプロサッカー選手は労働組合法上の労働者とされているが，労働基準法上の労働者ではない扱いとなっている。2000年以降，新興リーグが数多く発足してきたが，選手らの労働者性は必ずしも明らかではない。世界的にはプロリーグに所属する選手らは労働者であるとして，団体交渉関係を構築し，またケガに際しては，労働災害として一定の補償を受けている。プロ選手は労働者として交渉する法的地位を得て，対等な交渉のもとでスポーツ界のルール設定がなされているのである。競技団体が一方的にルールを設定し，競技者がこれに従うという構図は過去のものとなりつつある。

1──スポーツ選手って労働者⁉

　プロ野球選手やプロサッカー選手は，労働者なのだろうか？　この答えは単純ではない。それは，法律ごとに労働者とされたり，事業者であるとされたりと一様ではないからである。まず，プロ野球選手会は1985年に労働委員会に労働組合の認証を求めた。今から30年以上も前のことである。当時，日本社会においてプロスポーツ選手が労働者であるという認識は薄かった。その中で，東京都地方労働委員会（以下，東京地労委）はプロ野球選手の労働者性を認め，選手会は労働組合であるという判断を下したのであった。労働組合であると認められた選手会は，労働条件の向上に向けて大きな推進力を得ることになった。選手会はリーグに対して団体交渉を求め，かつ，時にはストライキを行使することができるからである。ただし，その後，プロ野球選手会は必ずしも労働組合としての機能を果たしたわけではなかった。大きな転機となったのが2004年のいわゆる球界再編である。近鉄バファローズとオリックス・ブルー

ウェーブの球団合併をめぐり労使が激しく対立し，選手会は史上初めてのストライキを実施したのであった。その後，選手会は労働組合としての機能を高め，日本野球機構（以下，NPB）との団体交渉も定着し，団体交渉関係が構築されてきたといえる。

　Jリーグでは，2011年にプロサッカー選手会が東京地労委より労働組合の認証を受け，労働組合として交渉に従事している。現時点では，NPBとJリーグの選手会のみが労働組合としての機能を有している。

　2000年以降，bjリーグ（2016年にNBLと共にB.LEAGUEに統合），四国アイランドリーグ（現：四国アイランドリーグplus），北信越BCリーグ（現：BCリーグ），日本女子プロ野球機構などの新興リーグが発足した。また，ラグビー界においても1995年の国際ラグビー連盟（現：ワールドラグビー）によるプロオープン化を受けて，プロ選手が出現し，現在トップリーグでは17％の選手がプロ契約を締結している。今後さらにプロアスリートが増加する傾向にあるが，こうしたアスリートの労働者性は必ずしも明らかではないのである。この章ではアスリートと労働法のかかわりについてみていくことにしよう。

2——労働法ってどんな法律!?

(1) 個別的労働法と集団的労働法

　労働法とは労働に関する法の総称であり，労働法という固有の法律があるわけではない。労働組合法，労働基準法，労働関係調整法のいわゆる労働三法のほか，労働契約法，男女雇用機会均等法，最低賃金法などの総称として労働法と呼ばれているのである。なお，この労働法は，労働基準法（以下，労基法）を中心とする個別的労働法と労働組合法（以下，労組法）を中心とする集団的労働法とに大別することができる。労働法を構成するそれぞれの法律は異なる意義をもっているのである。まず，個別的労働法の中心である労基法は，「賃金，就業時間，休息その他の勤労条件に関する基準は，法律でこれを定める」とする憲法27条2項（勤労条件の法定）に基づいて制定されたものであり，労働条件の最低基準を設定している。つまり，労基法の基準に満たない内容（契約）に労働者が合意したとしても，それは無効となり，労基法の基準に引き上げられ

ることになる。このように，労基法は最低限の労働条件を保障することで立場の弱い労働者の保護を目的としている。

　これに対して，労組法は，いわゆる労働三権（団結権，団体交渉権，団体行動権）を保障している憲法28条に基づいて制定されている。企業を相手に労働者が1人で交渉を申し出ても，相手にされないどころか，逆に不利な取扱いを受けるおそれがある。つまり，企業と労働者の交渉力には格差がある。そこで，労組法は労働者が団結し，一丸となって交渉を求めることで，企業に対峙する交渉力を労働者側に確保させようとするものである。こうして対等な交渉地位を得た労働者が使用者との間で，労働条件について交渉し，その結果合意された内容こそ両者を拘束する有効な契約になる。つまり，対等な交渉地位にある労使の団体交渉を通じて締結された合意（契約＝労働協約）については，労使（私的）自治が尊重され，この合意に対する行政や司法の介入は抑制されることになる。

⑵ 労働者の定義

　ここで，労働法の適用を受ける労働者について確認しておこう。まず労組法は，「労働者」について次のように定義している。「職業の種類を問わず，賃金，給料その他これに準ずる収入によって生活する者」（労組法3条）。これに対して労基法では，「職業の種類を問わず，事業又は事務所……に使用される者で，賃金を支払われる者」（労基法9条）とし，「……に使用される」の有無に違いがみられる。労基法9条にいう「使用される者」とは，労務の遂行ないし内容につき自らの裁量の幅が制約されており，他人による具体的な指示のもとに労務提供を行う者とされている。このように労組法上の「労働者」と労基法上の「労働者」は別の定義が用いられていることから，労組法上の「労働者」と労基法上の「労働者」とは必ずしも一致しないと解されている。

　以下にみる通り，NPBに所属するプロ野球選手およびJリーグに所属するプロサッカー選手は労組法上の労働者であると解されているが，他方，労基法上の労働者ではない，取扱いがなされている。

3 ── 個別的労働法とスポーツ選手

⑴ 労働基準法上の労働者とされるのはどのような選手か!?

　労基法上の「労働者」であるか否かは，報酬の額，支払われ方，社会保険や税金における取扱い，時間的，場所的拘束，そのほか，使用者による拘束のあり方などの要素を総合考慮して判断される。なお，労基法上の労働者は，労災保険法，労働契約法，最低賃金法などの個別的労働法上の労働者と同義であると解されている。先に述べた通り，NPBに所属するプロ野球選手，そしてJリーグに所属するプロサッカー選手は，実務上，労基法上の労働者という扱いを受けていない。したがって，最低賃金，労災保険法などの個別的労働法の適用を受けない処理がなされている。それは次のような理由による。そもそも労基法をはじめとする個別的労働法は工場労働者を念頭に制定された法律であり，同法は労働時間による人事管理が中心となる就業形態を想定していた。そのため通常の労働者とは大幅に異なる就業形態にあるプロスポーツ選手への労基法の適用は実情に合わないという側面もあったのである。これに対して，ラグビー，バレーなど企業の社員としてプレイする選手の多くは労基法上の「労働者」とされている。

⑵ 練習中や試合中のケガの補償は!?

　労基法上の労働者とされるアスリートは労災保険法の適用を受け，いわゆる労災補償の対象となる。これに対して，労基法上の「労働者」に該当しない場合は，当該制度の法的保護の対象とならない。

　プロ野球選手は労基法上の労働者ではないと考えられているため，労災補償制度の対象外であるものの，NPBでは，選手の負傷に関して，傷害補償制度が自主的に設置されている。これにより，プロ野球選手は，稼働に直接起因する傷害または病気に対して，治療費はチーム負担とされ，後遺障害に対しては6000万円を限度とする補償金，また死亡に対しては5000万円の補償金が支払われるなど，一定の補償を受ける権利を有している。

　Jリーグでも，所属クラブの指定する医師が治療または療養を必要と認めた

場合には，当該費用をクラブが負担することになっている。NPBのように，後遺障害あるいは死亡に対する補償は存在しないが，障害または疾病により選手活動が不可能となった有望選手を経済的窮状から救済することを目的として「救済試合」の開催が予定されており，原則として総収入から必要経費を控除した純利益が対象選手に支払われることになっている。

　なお，これらの補償制度はリーグにおいて，あくまでも自主的に採用されているものであり，労働法の要請として整備されたものではない。先にみた通り，2000年以降，新たなプロリーグが発足してきたが，選手が負傷した際，きわめて限定的な補償に留まるリーグも少なくない。

　他方，労基法上の「労働者」であるとされる社員選手は労災補償制度の対象となる。いわゆる企業スポーツに従事するアスリートにこの契約類型が多い。もっとも，競技中の負傷について労災補償を受けるためには，当該社員が従事する競技は業務といえるかが別途検討されなければならない。当該競技に業務性があり「労災」であると認められる実益は，療養・休業・障害補償給付などの，各保険給付を受けることにある。しかし，これだけにとどまらない。療養期間中は原則として，「使用者は労働者を解雇することができない」とする解雇制限があることも大きな実益といえる。他方，労災にあたらない「(私)傷病」は，解雇理由になる場合すらある。もっとも企業によって恩情措置がとられることもあるが，法的保護という観点からは大きな差がある。

　なお，社員選手の労災認定については，実務上，以下の点がポイントとされている。①運動競技が労働者の業務行為や，これに伴う行為として行われ，かつ，労働者の被った傷病が運動競技に起因するものである場合には「業務上」と認められる。②運動競技に伴い発生した傷病であっても，それが恣意的な行為や業務を逸脱した行為に起因する場合には「業務上」とは認められない。③「業務行為」の例示として，たとえば，「企業間の対抗競技大会」や，オリンピック等の「対外的な運動競技会」への出場，あるいは社内運動会等の「事業場内の運動競技会」への出場，さらに事業主があらかじめ定めた練習計画に従って行われる「運動競技練習」等が挙げられる。④他方，就業時間外に「同好会的クラブ活動や余暇活動」として行われる「自主的なスポーツ活動」については，「業務行為」とは認められない。⑤運動競技という業務に従事することが必ず

しも明確でない労働者の場合でも，特命に基づき運動競技を行う場合について
は，「業務行為」に該当する。⑥企業スポーツ選手については，「労働者」とは
いえない競技者も見受けられることから，労働者性の判断を慎重に行うべきで
ある。

(3) スポーツ選手の雇用保障

　プロ選手は通常，チームとの間に一定の期間を定めた契約を締結し，その契
約期間について雇用が保障されることになる。他方，その期間，選手は自由に
チームを移籍することができない。この契約期間にチームと選手が拘束される
のである。ただし，「やむを得ない事由」がある場合は，当該契約期間中に契
約を解除することができる。たとえば，選手が重大な犯罪に関与するなどがこ
れにあたる。

　以上は，選手が労働者であると認められる場合の法解釈である。整理をする
と，労基法上の労働者たるプロスポーツ選手は労働法制上，契約期間について
雇用が保障され，よほどのことがない限り，解雇されることはない。他方，労
基法上の労働者とはいえないプロスポーツ選手については，このような労働法
上の雇用保障を受けない。もっとも，労基上の労働者性が否定されるプロス
ポーツ選手であっても，契約において労働者に準じた取扱いがなされる場合が
ある。たとえば，プロ野球では，統一契約書26条が，球団による契約解除を①
選手が契約条項，日本野球協約に違反したと見なされた場合，②選手が球団の
一員たるに充分な技術能力の発揮を故意に怠った場合，に限定しており，一定
の雇用保障を契約上担保している。

　ただし，これらの雇用保障はあくまでも契約期間についてのことであり，契
約期間が満了するタイミングで，使用者側は特段の理由なく契約更新拒否をす
ることができる。他方，ラグビー，バレーボールなど，企業スポーツに従事し
ているいわゆる社員選手については，多くの場合，期間の定めのない労働契約
を締結している。このケースでは，長期雇用が前提とされているため，スポー
ツ競技の引退後も，当該会社との間に雇用関係が継続される。こうした従来型
の雇用慣行は安定的かつ効率的なスポーツ競技力の向上に大きく寄与してき
た。選手にとって現役時代はもちろん，引退後の生活基盤を気にすることな

く，競技に集中することができるという環境が確保されてきたのである。

　ところが，この十数年来，経済環境の悪化に伴い，費用対効果の観点から従来型の企業スポーツのあり方の見直しが図られてきた。こうしたいわばリストラの中で，企業チームの撤退が相次いだほか，継続するチームの中でも，プロ契約選手が増加する傾向にある。もちろん，競技のみに専念したいという選手にとってはメリットがあるほか，企業にとっても，人事管理の面でのコスト削減というメリットがある。他方で，雇用保障を与え，安定した環境で，アスリートの能力を発展させてきた環境が失われつつある。こうした中で，プロ契約選手と社員選手の中間にあたる選手も多く存在しており，こうした選手の法的地位の明確化が急務となる。

(4) 世界的には，個別的労働法上も労働者とされる傾向

　国際的には，集団的労働法のほか，個別的労働法や社会保障法においても，労働者性が肯定され，プロアスリートは雇用関係法および社会保障法の対象とされるのが主流である。これにより，プロ選手は，最低賃金保障，雇用保障，負傷に対する補償，職場の安全環境確保などの実益を得ることができるのである。フランス，イギリス，オランダ，ドイツ，ベルギー，ポルトガル，ノルウェーなど，福祉政策とスポーツが深いかかわりをもつ欧州の国々では，個別的労働法あるいは社会保障法のもとで，「労働者」としての法的地位と権利をプロスポーツ選手に与えている。

　ところで，現在，アメリカではマイナーリーグの選手らが，公正労働基準法のもとで，最低賃金および時間外手当の支払いを求めて訴訟を提起している。マイナーリーグには選手会が存在せず，団体交渉による労働条件改善手段をもたないため，選手らが個別的労働法上の最低基準保障を求めたのである。もっとも，アメリカでは，市場原理を重視した社会政策がとられているため，最低基準設定をめぐる労働者保護の観点が日本や欧州との比較において希薄である。解雇規制もかなり限定的で，選手がプレイ中にケガをしたことを理由にシーズン中に解雇されることも珍しくない。選手会の後ろ楯を得ず，交渉力のないマイナーリーガーは，劣悪な労働環境で，かつ雇用保障のない不安定な地位にある。これらの選手らがファストフードでの生活を余儀なくされているこ

とから，マイナーリーグは「ハンバーガーリーグ」とも呼ばれている。

4──集団的労働法とスポーツ選手

⑴ 労働組合法とスポーツの関係

　労組法によって保護される労働組合とは，労働者が主体となって自主的に労働条件の維持・改善その他経済的地位の向上を図ることを主な目的として組織する団体をいう。したがって使用者の利益代表者が介入している組合や，使用者から経費援助を受けている組合は，その自主性が否定されることになり，保護される労働組合とはいえない。

　労組法は，労働者が組合員であることを理由とする解雇や配置転換など，使用者による不利益取扱い等を，不当労働行為として禁止している。不当労働行為を受けた労働者は，労働委員会による救済が与えられることになっており，使用者が正当な理由なく組合の求める団体交渉を拒否する場合にも不当労働行為が成立する。また，労働者が争議行為としてストライキ権を行使した場合，脅迫罪や強要罪などの刑事責任，さらに損害賠償責任，つまり民事責任が免責される。こうしてみると，スポーツ選手が労組法上の労働者であるか否かは，選手の法的地位に大きく影響することがわかる。

　では，労組法上の「労働者」であるかはどのような観点で判断されるのであろうか。労組法は「労働者が使用者との交渉において対等の立場に立つことを促進することにより労働者の地位を向上させること」を主旨とし，その労使対等の交渉を実現すべく，団体行動権の保障された労働組合の結成を擁護し，労働協約の締結のための団体交渉を助成することを目的としている（1条）。このことからすれば，労組上の労働者は，使用者との間で団体行動権の行使を担保とした団体交渉制による保護が保障されるべき者であるか，という視点で判断される。

　具体的判断としては，①事業組織への組み入れ（労務提供者が相手方の事業遂行に不可欠ないし枢要な労働力として組織内に確保されているか），②契約内容の一方的・定型的決定（契約締結の態様から，労働条件や提供する労務の内容を相手方が一方的・定型的に決定しているか），③報酬の労務対価性（労務提供者の報酬が労務

提供に対する対価またはそれに類するものとしての性格を有するか）が考慮される。そして，補充的判断要素として，④業務の依頼に応ずべき関係，⑤広い意味での指揮監督下の労務提供，一定の時間的拘束の有無が加味される。

　以上の観点からケース・バイ・ケースで判断されることになるが，使用者との交渉上の対等性を確保するための労働組合法の保護を及ぼすことが必要かつ適切であるか，という政策的な観点が考慮される。この点，プロ野球とJリーグでは労使協議が機能し労使自治のもとでの問題解決や制度設計が今後も十分に期待できる。また国際的にもプロスポーツ選手が組織する労働組合とチームやリーグが団体交渉のもとで，労働条件にかかわるさまざまな制度設計をする傾向が趨勢になっている。

⑵　プロスポーツ選手会の役割

　プロ野球選手会は，1985年に組合資格審査の申立てを行ったのであるが，その際，東京地労委は選手会を労組法上の労働組合として認定した。東京地労委は，プロ野球選手の労務提供のあり方等について，通常の労働者とは異なるものの，①試合日程・場所等は球団（使用者）の指示に基づいていること，②参加報酬は労務の対価と認められること，③選手は労働力として球団組織に組み入れられていること，④最低年俸，移籍制度，年金，傷害保障，トレード等の各条件について団体交渉が十分に機能しうることなどから，プロ野球選手を労組法上の労働者と判断したものといえる。

　こうして，プロ野球選手は，選手会の活動を理由とする不利益取扱いから保護され，機構・球団に対して団体交渉を求めることができ，さらに，労働条件の維持・向上を求めてストライキを実施する法的地位を得たのであった。ところが，その後選手会は労働組合としての機能を必ずしも果たしたわけではなかった。しかし20年が経ち，この眠れる獅子が目を覚ましたのである。選手会は機構・球団側の団体交渉に対する姿勢が不誠実であるとして2002年3月，東京地労委に不当労働行為の申立てを行った。それまで選手の労働条件を含めあらゆるプロ野球界の制度が球団間のみの合意によって一方的に策定されてきたのであるが，選手側の実質的な意思の反映を求めた動きであった。

　その申立てから2年後の2004年3月に労使交渉に関する協定書を作成するこ

とで双方が合意し，和解が成立したのであった。この和解では，①団体交渉の
ルールについては別に定める覚書に沿って行うこととし，相互に誠実な交渉を
行うこと，②外国人選手の出場登録枠の見直し，FA資格取得要件等について
双方が誠実に交渉することが確認されたのである。実は，その数か月後に近鉄
バファローズとオリックス・ブルーウェーブとの合併をめぐる球界再編問題が
発覚する。この球団合併を機に，2リーグから1リーグ制への移行が水面下で
検討されたのであった。まさに寝耳に水であった選手会は，即座に団交を申し
入れたのであるが，これに対してNPB側は，球団合併は経営判断であるとし
てこれを拒否した。球団合併，そして1リーグ制への移行をめぐって労使が激
しく対立し，選手会は史上初めてストライキを実施したわけである。

　ところで，一連の紛争の中で，選手会は労組法上の労働組合とはいえないと
の見方を示す球団関係者も少なくなかった。こうした状況の中で選手会は，球
団合併について団体交渉を求める地位確認の仮処分を東京地裁に申し立てたの
であった。これについて，東京地裁と東京高裁がともに，プロ野球選手会は団
体交渉の当事者となる労働組合であるとの立場を明確にした上で，球団合併に
伴う労働条件について団体交渉を求めることができるとした。この判断は，選
手会が労働組合の地位を有することを，球界の内外に改めて印象づけるととも
に，2リーグ制の維持を求める選手会への追い風となった。結果として楽天
イーグルスが新たに加わり，2リーグ制が維持されることとなったのであっ
た。その後，選手会はWBCへの参加条件の見直し，ポスティング制度の改正
など，選手の労働条件にかかわる球界の制度改革に積極的に関与してきた。

　Jリーグでは2011年4月に日本プロサッカー選手会が東京地労委に労働組合
資格審査の申請をし，同年9月に労働組合として認証された。申請の発端は日
本代表選手の待遇改善問題に関して労使が対立したことにあったという。こう
して，サッカー選手会は，プロ野球選手会と同様に労働組合法のもとで，団体
交渉過程において選手の労働条件にかかわる事項については団体交渉を求める
法的地位を得ることになったのである。リーグと所属チームは，選手会の活動
を理由とする不利益取扱いを禁止され，また選手会が求める団体交渉を正当な
理由なく拒否することもできない。さらに選手会には労働条件の維持・向上を
求めてストライキを実施する権利も与えられている。

2012年には団体交渉の実質化を図るために労使協議会が設置されることが合意され，その後，２ステージ制への移行とポストシーズン制導入などについて，同協議会において議論された。

　なお，ラグビー界においては，2017年５月にトップリーグに所属する選手らを会員とする日本ラグビーフットボール選手会が発足した。2019年のワールドカップ日本大会の成功に向け，競技普及や発展を目的とするとともに，選手の待遇改善や引退後のキャリア支援も実施するとしている。ラグビー選手会が今後，労働組合として再編する可能性も大いにあるが，労組法の保護を得ずとも，選手会が今後，選手の意見を集約する窓口となり，日本協会やトップリーグなどとのコミュニケーションを円滑にするという目的において十分な機能を果たすことが期待されている。

⑶ 世界最強の労働組合と呼ばれるMLB選手会

　アメリカでは，野球（MLB），アメリカンフットボール（NFL），バスケットボール（NBA），アイスホッケー（NHL）の４大プロスポーツリーグのほか，サッカー，アリーナフットボール，ラクロスなど，数多くのプロリーグが存在している。これらのプロ選手はアメリカ労働法制において労働者性が肯定されている。特に選手らは労働組合を組織することで，労働条件の向上を実現させてきた。なかでもメジャーリーグの選手会は1970年代以降，世界最強の労働組合とまでいわれるようになった。他方，マイナーリーグの選手は選手会に加入していない。使用者との関係で対等な交渉力をもたない労働者に与えられるバックアップ制度という労働組合の本質からみた場合に，このアメリカの現状は皮肉な状況であるといえる。

　ところで，アメリカ４大リーグでは，これまで多くの労使紛争を経験してきた。1970年から80年にかけて保留制度（契約満了後も球団に拘束され移籍が制限される制度）をめぐって激しく対立し，数多くの訴訟が提起された。選手会は，保留制度は選手を獲得するチーム間での自由競争を抑制するものであり，反トラスト法に違反すると主張してきた。1976年の連邦控訴裁判所がこの主張を認め，移籍自由の拡大に大きなインパクトを与えたのであった。その後，選手会はリーグとの間で団体交渉をする権利を有するのであり，どのような保留制度

が望ましいのかは，労使の自治で決定するべきであるという連邦最高裁判決が1996年に下された。これにより，選手会は団体交渉に特化していくことになったのである。

このようにアメリカでは，プロリーグの労使関係が，1960年代に生成され，そして70年代の成長，80年代の機能化，90年代の対立，2000年以降の発展成熟過程を経て，近年では，海外市場の開拓など共通利益の拡大をめざす協調的労使関係へと変容し，新たな局面を迎えるに至っている。

⑷ 選手会の国際的動向

イギリスにおいても，選手組合が重要な役割を果たしてきた。サッカーでは1907年に選手組合が結成されたのであるが，世界で最も歴史ある選手会（Professional Footballers' Association: PFA）として，選手の権利を擁護してきた。現在は，リーグ，選手，そして英サッカー協会の間で協議を進めるプラットフォームとしてプロサッカー協議・諮問委員会が導入され，イギリスサッカー界に関する重要な決定はこの機関で行われている。最近では，放映権収入をめぐる分配率が1つの大きな争点となっている。労働条件にかかわるあらゆるルールは団体交渉または労使協議を通じて設定されるのである。こうしたプロスポーツにおけるリーグと選手会との労使関係は欧州のほか，オーストラリアやニュージーランドでも構築されている。このように各国で選手会が重要な役割を果たしているほか，国際的な規模で選手会の意義が増している。たとえば，サッカーでは1965年にフランス，スコットランド，イギリス，イタリア，オランダのプロサッカー選手会によって設立された国際サッカー選手会（FIFPro）は，今や58の各国選手会が加盟する組織に発展してきた。2001年にFIFAの国際移籍制度が大きく改正されたが，その際にもFIFProが意思決定に直接関与してきた。また2006年にはFIFAとFIFProは協定を結び，サッカーに関する重要な事項について両者の対話を実施し，連携して決定していくこととした。その後，2012年には欧州において労働条件の最低基準を導入するなど，選手の労働条件の底上げが実現した。さらに近年，FIFProは，人種差別，八百長，女子プロサッカー選手の権利保護など，多岐にわたる問題に取り組んでいる。

5 ──スポーツ競技団体の意思決定

　リーグ，チーム，連盟，協会を問わず，競技団体における意思決定のあり方は今後ますます重要になる。こうした意思決定への競技者の参加について社会的要請が高まることは間違いない。その意味で労使関係における団体交渉は以前にも増して重要になっている。また，一定の競争制限を伴う移籍制限あるいはサラリーキャップなどについて，労使の誠実な交渉に基づく結果であれば，労使自治が尊重され，これに対する行政や司法の介入は抑制されることになる。この観点からも，選手側が意思決定に参加し，労使がそれぞれの立場で誠実に協議・交渉していくことこそが，安定的なリーグ運営をめざす上で不可欠であるといえる。

　このことはプロスポーツの労使関係に限定されない。スポーツ立国戦略のもとで，競技者あるいはスポーツ環境への政府の支援・関与が増加し，スポーツの公共性が高まるにつれ，スポーツ競技団体においては透明性，説明責任，民主的手続に裏づけられた意思決定過程の正統性がますます重要になる。折しも，JOCは2017年5月にJOCアスリート委員の選出選挙を実施している。国内外のあらゆるレベルでアスリートの声が十分に反映されなければならないとのIOCの勧告に基づいて，アスリートが意思決定に関与するプラットフォームが近年，急ピッチで整備されている。スポーツの当事者たるアスリートが競技団体のルールづくりに積極的にかかわることで，日本スポーツ界における意思決定のあり方が，今，大きく変わろうとしているのである。

📖 文献紹介

　川井圭司，2003，『プロスポーツ選手の法的地位』成文堂.
　　プロスポーツ選手の労働者としての権利について深く学びたい人にお勧めの1冊。

〔参考文献〕
　ウォン，グレン・M.／川井圭司，2012，『スポーツビジネスの法と文化──アメリカと日本』
　　成文堂.
　川井圭司，2004，「特別寄稿 日本プロ野球界の望ましい労使関係構築に向けて」『季刊労働

法』207：117-127.
川井圭司, 2013, 「アメリカ 4 大リーグの労使関係——歴史的経緯と近時の動向」『労働法律旬報』1785：6-13.
川井圭司, 2017, 「アスリートの組織化——選手会をめぐる世界的動向と日本の課題」『日本労働研究雑誌』59 (11)：95-103.
新堂幸司・諏訪康雄・長嶋憲一・星野英一・松尾浩也, 1986, 「プロ野球選手の労働組合」『ジュリスト』854：10-27.
土田道夫・川井圭司・根本到・中内哲, 2006, 「プロスポーツと労働法」『日本労働法学会雑誌』108：107-150.
長嶋憲一, 1986, 「プロ野球選手会の労働組合化について」『季刊労働法』139：160-164.
松田保彦, 1986, 「日本プロ野球選手会の労働組合の結成について」『季刊労働法』139：155-159.
松本泰介, 2013, 「日本のプロスポーツ選手会による労使交渉とその意義」『労働法律旬報』1785：19-24.
山口浩一郎, 1986, 「プロ野球選手の労働組合」『法学教室』66：6.
山崎卓也, 2013, 「スポーツ選手の組織化の国際化傾向——FIFProの活動を中心に」『労働法律旬報』1785：14-18.
労使関係法研究会, 2011, 「労使関係法研究会報告書 (労働組合法上の労働者性の判断基準について)」2011年 7 月25日.
Blanpain, Roger, 2003, *The Legal Status of Sportsmen and Sportswomen under International, European and Belgian National and Regional Law*, Kluwer Law International.
Colucci, Michele, 2012, *Sports Law in Italy*, Kluwer Law International, 73-78.
Evald, Jens, Lars Halgreen, 2012, *Sports Law in Denmark*, Kluwer Law International, 71-73.
Foucard, Jean-Yves, 2012, *Sports Law in France*, Kluwer law International, 41-56.
Meltvedt, Bård Racin, 2012, *Sports Law in Norway*, Kluwer Law International, 41-56.
O'leary, Leanne, 2017, *Employment and Labour Relations Law in the Premier League, NBA and International Rugby Union*, Asser Press, 54-66.
Santos, Rui Botica, Alexandre Miguel Mestre, Francisco Raposo de Magalhães, 2012, *Sports Law in Portugal*, Kluwer Law International, 211-227.

【川井圭司】

12 スポーツイベントは「持続可能」か？

　この章では、「スポーツと持続可能性」をテーマに取り上げ、スポーツと環境問題、スポーツと人権・社会問題とのかかわりについて解説する。国際的な環境保全への意識は1970年代以降急速な高まりをみせ、1992年の地球環境サミットにより「アジェンダ21」が採択され、「持続可能な開発（発展）」という共通目標が設定されるに至った。スポーツ界でも、たとえば、スキー競技の施設建設のために山林が切り開かれたり、競技大会の開催期間中の交通量の増加により地球全体の環境に負荷をかけたりするなど環境破壊の事例があるだけでなく、競技大会の開催過程において、少数者の人権が侵害されることや、児童・労働者の権利が犠牲になる例があり、これらを見過ごせば、競技大会、ひいてはスポーツ界全体の持続可能な発展を実現することは到底できない。そこで、スポーツ界も、IOCを中心に、「環境保全」「持続可能性の実現」の観点から諸施策を実施し、一定の効果をあげている。この章では、スポーツが環境に及ぼす影響についての具体例および環境保全に関するオリンピック・ムーブメント等について紹介した上で、持続可能性というテーマとして近年議論されることが多い、スポーツイベントにおけるサプライチェーン・マネージメントと人権尊重に関するテーマまで取り扱う。

1──スポーツと環境とのかかわり

(1) スポーツが環境に及ぼす影響

　スポーツと環境との関係について考えたとき、何を想起するだろうか。そもそも、「環境」という言葉自体が明確ではなく、その対象を自然環境に限定するか、それとも人間の健康や文化遺産の要素を含むものとして理解するかという点で、環境法学の学説上も多様な意見がある。スポーツが環境に及ぼす影響を考えるとき、連想する事象は人によって異なるのではないだろうか。

　まず、ある特定のスポーツが環境に及ぼす影響が考えられる。たとえば、ゴ

ルフやアルペンスキーのように，森林の中に人工的なコースがつくられプレイ
されるスポーツは，そのスポーツ自体を実施することによる自然環境への影響
をイメージしやすい。他方，屋内でプレイされるスポーツはどうであろうか。
体育館やスタジアムで行われるスポーツも環境問題とは無縁ではない。都市部
では体育館やスタジアムは生活妨害の原因となり，廃棄物，排水，エネルギー
等の問題を引き起こす。都市部以外でもこれらの施設を建設するにあたり景観
の消失や生態系の破壊という問題も生じうる。

　しかし，スポーツが環境に及ぼす影響は，このように，特定のスポーツを実
施することに伴う環境への負荷という問題だけに留まらない。20世紀に大きく
発展した近代オリンピックやサッカーのワールドカップといった全世界的に注
目を集めるスポーツイベントを実施すると，施設建設，観客や選手の移動，大
量の廃棄物の発生等，さまざまな環境への負荷が発生する。それは，開催都
市・地域の生活環境・自然環境に対して負荷を与えるだけではない。二酸化炭
素の発生量を増加させたり，過度にエネルギーを消費することで，全世界的に
環境への負荷が生じる。つまり，スポーツイベントの規模が拡大するに伴い，
スポーツイベントを実施することで発生する環境への負荷という問題が認識さ
れるようになってきたのである。

　さらに，スポーツと環境とのかかわりを考えると，地球規模の環境問題に対
してスポーツを通じて解決するという側面もある。スポーツの影響力を通じて
環境問題を世界に啓発していくというようなかかわり方である。

　このように，スポーツと環境のかかわりは，①スポーツ活動自体が環境に及
ぼす影響，②スポーツイベントの開催が環境に及ぼす影響，③スポーツを通じ
た環境保全活動，というように整理できる。

(2) 国際的な環境保全への取り組み

　ここで，環境保全に関する国際的なルール形成と発展の経緯について概観す
る。

　19世紀には，国際環境に関する多数国間または二国間条約が存在していた
が，それは，ヨーロッパの河川等についての水利用や漁業権に関する条約で
あった。20世紀に入り，徐々に越境的な環境紛争が発生するのに伴い，国際的

なルールが形成されていった。そこでは，まだ環境紛争の当事国は国境を挟んで地理的に近接する位置にあり，加害国と被害国の認定も困難ではなかった。

その後，1950年代から1970年代にかけて，平和目的の原子力活動や宇宙活動のように高度に危険な活動がもたらす環境損害および酸性雨のような長距離越境汚染という新しいタイプの環境損害が発生するようになったことから，事後賠償のルールが再整理され，さらに地球規模の環境問題発生を事前に防止することの必要性が認識されるようになった。

1972年6月にストックホルムで開催された国連人間環境会議において採択された人間環境宣言は，以下のように警告している。「我々は歴史の転換点に到達した。いまや我々は世界中で，環境への影響に一層の思慮深い注意を払いながら，行動をしなければならない。無知，無関心であるならば，我々は，我々の生命と福祉が依存する地球上の環境に対し，重大かつ取り返しのつかない害を与えることになる」(宣言6より)。

この年には，環境分野における国連の主要な機関として，UNEP (United Nations Environment Programme, 国連環境計画) が設立され，地球規模の環境課題を設定し，環境保全に指導的役割を果たしていくようになる。

1980年代に入ると，国家領域を越えた場所にある海洋，大気，オゾン層，南極地域等の地球環境の保護を目的として，関連する多数国間条約が締結され，地球環境に与える悪影響を未然に防止すべき義務が明確化された。

そして，1992年には，UNEPにより地球環境サミットが開催された。リオデジャネイロで開催された「環境と開発に関する国際連合会議」(UNCED) では，地球温暖化防止を目的とした「気候変動枠組条約」が締結され，「環境と開発に関するリオ宣言」およびその行動計画である「アジェンダ21」が採択された。ここでは，「持続可能な開発 (発展)」という共通目標が設定され，「環境」と「開発」の両立のために，「途上国の開発の権利」と「先進国の特別な責任」が考慮されなければならないとされた。国連「環境と開発に関する世界委員会」(WCED) が発表した"Our Common Future"という報告書では，「『持続可能な開発 (発展)』とは，将来世代の必要を満たす彼らの能力を害することなく，現在の世代が自らの必要を満たすことである」と説明されている。

その後，2002年には，ヨハネスブルグにて「持続可能な開発に関する世界首

脳会議」(ヨハネスブルグ・サミット) が開催された。ここでは，アジェンダ21の実施状況が検証されるとともに，その実施を促進する「実施計画」が採択され，貧困，飢餓，衛生，エネルギー，食糧安全保障など，「環境と開発」に関する多様な問題が取り上げられた。

そして，2012年には，リオデジャネイロで「国連持続可能な開発会議」(リオ＋20) が開催され，持続可能な発展の目標として，SDGs (Sustainable Development Goals) の作成が合意され，2015年9月の国連総会で，SDGsを含む「持続可能な発展のための2030アジェンダ」が採択された。そこでは，環境を含む17分野での169の目標が示され，発展途上国から先進国まで普遍的な取り組みが求められている。

このように，環境保全に対する国際的なルールは，開発の飛躍的な増大に伴って展開を重ね，現在では，自然環境や地球環境の保全から，貧困や労働問題といった経済的・社会的な問題を取り込み，持続可能な開発 (発展) という目標をめざす内容となっている。

⑶ スポーツの持続可能な発展とは

2000年代後半に入ると，サステナブルなイベントマネジメントの評価においては，環境問題だけではなく，人権・社会問題が含まれるようになった。

2012年，ロンドンで開催された第30回オリンピック競技大会 (以下，「ロンドン2012」) は，「史上最高にサステナブルな大会」と称され，もはや，オリンピックやワールドカップのようなスポーツイベントの開催にあたり，持続可能性 (サステナビリティ) というキーワードを無視することはできなくなっている。ここでは，環境保護に留まらず，社会・人権問題に対する対応も含まれるようになっている。すなわち，スポーツイベントを実施するにあたり，サプライヤー等関連企業のサプライチェーン全体において児童労働等の問題が生じていないか，施設建設にあたって強制退去等の人権問題が生じていないか，そういう問題をも排除することで初めて地球全体の持続可能な発展が実現できると考えられている。こうした取り組みを実施することで，オリンピック・パラリンピックやサッカーワールドカップのような大きなイベントはもちろん，その他のスポーツ大会が，将来の世代に向けてもサステナブルなものになると理解さ

れているのである。

2 ──オリンピック・ムーブメントと環境問題

⑴ オリンピック競技大会と環境問題

　オリンピックでは，特に冬季競技大会において環境問題が発生してきた。大会規模の拡大により，新たな会場を設営するために山林を切り開いたりしてしまっていたからである。

　1972年，札幌で開催された第11回オリンピック冬季競技大会では，後述の通り，スキーの滑降の競技会場に予定されていた恵庭岳ダウンヒルコースについて，地元の環境保護団体からその設置が地域の環境を害する結果になる旨を指摘され，大会組織委員会と協議をし，大会終了後に植林を行い原野に復元させる約束のもと設置され，実際に大会終了後に植林が行われた。

　1976年に，第12回オリンピック冬季競技大会が開催される予定であったデンバーでは，環境保護団体による強力な抗議活動を受けて，大会開催自体をとりやめることになった。

　1992年，アルベールビルで開催された第16回オリンピック冬季競技大会では，57の競技が13の地域に分散されて開催されたために，交通インフラをはじめ，競技施設，ホテル建設が行われ，アルプス地域の森林破壊をもたらし，大会の開会式の最中に競技場建設による環境破壊に対する抗議活動が行われるなど，環境問題がクローズアップされた大会となってしまった。

⑵ IOCの取り組み

　IOC（国際オリンピック委員会）は，1990年，世界最大のスポーツイベントであるオリンピックを単なるスポーツイベントとして終わらせるのではなく，その影響力を良い形で社会に対して還元していこうという考えから，「スポーツ」「文化」に加え，「環境」をオリンピック・ムーブメントの第3の柱とすることを打ち出した。その2年後の1992年，リオデジャネイロで開催された「環境と開発に関する国際連合会議」(UNCED) において採択された「環境と開発に関するリオ宣言」およびその行動計画である「アジェンダ21」は，環境問題を改め

て政治的・社会的なメインストリームに引き上げた。同年，バルセロナで開催された第25回オリンピック競技大会において，IOCおよび加盟するすべてのNOC（各国オリンピック委員会）が，「Earth Pledge（地球への誓い）」に署名し，オリンピックにおける環境対策がスタートした。

1994年には，IOC創立100周年記念としてパリで行われた第12回オリンピックコングレスにおいて，オリンピック憲章に初めて「環境」についての項目が加えられた（オリンピック憲章第1章規則2第13項）。

その翌年の1995年には，ブダペストで開かれた第104次IOC総会にて，スポーツと環境委員会が設置された。

1999年，ソウルで開かれた第109次IOC総会では，1992年のUNCEDによる「アジェンダ21」を，スポーツ界の環境保全の基礎概念と実践活動について規定する形にした「オリンピックムーブメンツ・アジェンダ21」が採択された。

その後，2014年にモナコで開かれた第127次IOC総会では，オリンピック・ムーブメントの未来に向けたヴィジョンを40項目（20+20）に整理した提言である「オリンピック・アジェンダ2020」が採択された。提言4では，「オリンピック競技大会のすべての面においてサステナビリティを導入する」とされ，オリンピック競技大会の開催計画の策定から運営に至るまで，すべての場面で，経済，社会および環境の各領域を包摂するサステナビリティに関する施策を取り入れる旨が謳われている。また，提言5では，「オリンピック・ムーブメントの日常の業務においてサステナビリティを導入する」とされ，IOCの日々の業務活動につき，会議の開催から物品調達まで，すべてにおいてサステナビリティに関する施策を取り入れる旨が謳われている。

そして，このオリンピック・アジェンダ2020の提言4および5を具体化するものとして，"IOC Sustainability Strategy"が策定され，2030年までの取り組みとして，サステナビリティに関する施策を5つの分野に分類して目標を定めている。オリンピック・ムーブメントにかかわる5つの分野とは，①スポーツが行われるインフラ施設や自然環境，②サービスおよび製品の調達ならびに資源管理・リサイクル，③地域間および世界規模での交通移動，④労働問題，⑤気候変動，である。

このように，IOCは，「環境」をオリンピック・ムーブメントの第3の柱と

することから始まり，現在では「サステナビリティ」というキーワードのもと
で，環境問題に留まらず，経済，人権，社会問題を取り込み，さまざまな施策
を講じるに至っている。

⑶ IOCによるガイドライン

　2005年11月にナイロビにおいて，UNEPとIOCにより共同開催された第6回
「スポーツと環境に関する会議」において，IOCがスポーツにおける環境と持続可
能な発展に関するガイドラインを示した。「スポーツ，環境及び持続可能な発展
に関する手引書 (IOC Guide on Sport, Environment and Sustainable Development)」
である。ここでは，さまざまな競技と生態系との間の相互関係がまとめられ，
個別の競技ごとにその特性を踏まえた上で環境への影響が分析されており，各
競技団体や競技者による実践的な解決策が提示されている。

　また，IOCの「スポーツと環境マニュアル (MANUAL ON SPORT AND THE
ENVIRONMENT)」においては，スポーツ活動について，スポーツが行われる
場所の生態系の種類やスポーツ活動が及ぼす環境によって，以下の3つの類型
に分類して問題点と対策が論じられており参考になる。

　① スタジアムや屋内テニスコートなど完全に閉鎖された場所で行われるスポーツ

都市部においては生活妨害の原因となり，廃棄物，排水，エネルギーなどの環
境問題をもたらし，都市部以外でも自然の生態系の損失や人工的なものにとっ
て替わることが大きな問題となる。

　② マウンテンバイク，乗馬，水上スポーツなど自然の生態系に影響の少ないスポーツ

自然の生態系に影響の少ない活動ではあるが，環境に配慮した行動をとらない
人が集中すると悪影響を及ぼす。

　③ アルペンスキー，ボブスレーなど自然の生態系に大きく影響するスポーツ

施設の建設やその利用自体が生態系全体に大きな被害をもたらす。

　このように，IOCは，スポーツによる環境破壊の可能性が，自然の生態系に
明らかに影響を及ぼす上記③のようなスポーツだけに留まらず，上記①のよう

に屋内で行われるスポーツや，上記②のように一見自然環境と調和して行われるスポーツについても無視できず，各スポーツがそれぞれ環境対策を実施していくことの必要性を明らかにしている。

⑷ 各国組織委員会の対応

　環境問題がクローズアップされた大会となったアルベールビルでの第16回オリンピック冬季競技大会の次の冬季競技大会として，1994年にリレハンメルにて開催された第17回オリンピック冬季競技大会は，「環境に優しいオリンピック」をスローガンに掲げた。アルペンコースの会場をふもとの道路からみえなくするなどの景観保護に配慮し，選手村ではジャガイモを原料とした食器を使用し，閉幕後はボランティアが植栽を行うなど，環境保護に対して評価の高い大会となった。

　その後のオリンピック競技大会では各組織委員会が必ず環境保護を重要なテーマの１つに掲げ，それぞれが趣向を凝らした環境保護のための施策を実施するようになった。

　オリンピック憲章に「環境」が加わってから初めて開催地に選ばれた，ソルトレイクシティでは2002年に第19回オリンピック冬季競技大会が開かれたが，多くの環境保護のためのプログラムが実施された。たとえば，排気ガスをゼロにすることを目標として大会期間中の予想排出エネルギーを数量化したり，圧縮天然ガス（CNG）を燃料とするバスを使用したり，その他廃棄物ゼロをめざすキャンペーンや都市の緑化を目的とする植林プログラム等を展開した。

　2010年にバンクーバーで開催された第21回オリンピック冬季競技大会では，「サステナビリティ」というキーワードに基づいた取り組みが計画段階から行われた。選手村やその周辺では廃熱の再利用が促進され，暖房や温水に必要なエネルギーの約90％を排水処理場から出た廃熱の再利用でまかない，地域の電力とガスの消費量を大幅に削減した。そして，バンクーバーの組織委員会は，IOCが学術機関等とともに設立したAISTS（The International Academy of Sports Science and Technology）との共同作業により，SSE Toolkit（Sustainable Sport and Event Toolkit）を作成した。このツールキットは，スポーツイベントを開催する競技団体や都市が，持続可能な大会運営を実現するために必要な情報を整理

したものであり，イベント開催の計画段階から実際のイベント運営の段階まで段階ごとに必要な情報を取得できるように工夫されている。

そして，2012年には，「史上最高にサステナブルな大会」と称されるロンドン2012が開催されるのであるが，この大会の取り組みについては後述する。

3 ──スポーツと環境：国内事例

⑴ 恵庭岳ダウンヒルコースのケース

日本国内でも過去にスポーツにまつわる環境問題が発生してきた。

たとえば，前述した1972年に札幌で開催された第11回オリンピック冬季競技大会の恵庭岳ダウンヒルコースのケースが挙げられる。国際スキー連盟の競技規定が定める標高差を確保するために支笏洞爺国立公園内にある恵庭岳がアルペンスキーの滑降競技の会場となる計画については，開催地決定前から環境保護団体を中心に議論があったが，開催決定後に，環境保護団体のメンバーがIOCに対して反対署名を添えて滑降競技会場の変更を要請した。その後，オリンピック組織委員会と環境保護団体との間で意見交換が重ねられ，最終的に，競技施設を仮設のものとし，オリンピック終了後に施設を撤去した上で伐採された樹木は植林などの方法で可能な限り原状に復することを条件にして，競技施設が建設された。オリンピック終了後，実際に，競技施設は撤去され，跡地には植林が施された。この恵庭岳のケースは，「森林復元の成功例」と評価される一方で，「自然再生」にはまだまだ長い年月がかかるともいわれている。

⑵ 藤井寺球場ナイター設備工事差止事件

裁判例としては，藤井寺球場ナイター公害差止仮処分決定の事件（大阪地決昭和48年10月13日判タ300号197頁）が挙げられる。藤井寺球場は従前，専らアマチュア用の野球場として利用されていたところ，1973年，同球場を所有する近畿日本鉄道株式会社（以下，近鉄）が，同球場付近の地域の宅地化が進み人口が増加し，交通も整備されファンの動員も期待できることから，同球場を近鉄球団のホームグラウンドとしてナイター興行も可能となるように施設の拡張を計画し，その工事に着工した。これに対し，工事に反対する同球場付近の住民

1001名が，増改築工事の差し止めを求めて仮処分の申請をした事件である。もともと同球場の周囲には閑静な住宅地が形成されていたが，ナイター興行が行われることによって，騒音の発生，交通量の増加による排気ガスの発生，交通渋滞の発生が予想され，住民が被害を受けることになることを理由とするものである。

　裁判所は，ナイター興行による騒音等の公害は，試合日程や試合時間上限定的であるとはいえ，住民が享受してきた閑静な住宅地としての静謐を著しく阻害し，徐々に住宅地としての性質を変容していくものである限り，住民の同意を受けるか，ナイター興行により予想される各種被害について必要かつ十分な対策をとり，住民の受忍限度内のものであることを明らかにすることなく本件増改築工事を強行することはできない旨を判断し，増改築工事のうち照明塔工事について差止めを認める決定をした。

　この10年後，近鉄がこの決定について取消しを求めたところ，裁判所は，住民が主張したナイター興行による騒音や自動車公害等の被害が生じるとは考えられないとして，差止決定を取消し（大阪地決昭和58年9月26日判タ506号222頁），その後，ナイター興行用の設備が設置されるに至った。

(3) 日本国内でのスポーツと環境の問題への対応

　上記の事例は国内のスポーツと環境に関する代表的なケースであるが，ほかにも，ゴルフ場の開発における農薬使用の問題，水上スポーツによる水質汚染の問題，競技場周辺の交通渋滞や騒音，振動，照明等の問題，自然環境や競技場周辺での廃棄物の問題などが起きている。

　これら国内の紛争の解決には，環境基本法はもちろん，自然公園法，都市公園法，都市計画法，建築基準法，廃棄物処理法，その他環境に関する国内法および条例に関する正確な知識が必要になる。

　その上で，スポーツにおける環境保護を実現するには，スポーツをする人，みる人，支える人，つまりスポーツにかかわる全員が，スポーツの持続可能な発展のためには何が必要か，何をすべきか，を常に意識することが重要であるといえる。

4──社会・人権問題とスポーツイベントのサステナビリティ

(1) スポーツイベントにおいて開催地住民や労働者の人権が侵害されたケース

2008年，北京で開催された第29回オリンピック競技大会では，スタジアムの建設過程において，多くの住民が強制退去を余儀なくされた。このとき，世界中でこの問題がクローズアップされ，批判の対象となったにもかかわらず，2016年にリオデジャネイロで開催された第31回オリンピック競技大会でも同じことが繰り返されてしまった。スタジアム建設予定地に住んでいた2万2000世帯もの家族が強制退去を余儀なくされ，子どもたちが学校へ通えなくなったり，仕事を失ったり，家族がバラバラになったりするなどの事態が発生した。

また，2014年にソチで開催された第22回オリンピック冬季競技大会では，強制退去の問題のほか，ロシア当局によるLGBTへの人権侵害行為が問題となった。

サッカーのワールドカップに目を向けても，2022年に開かれるFIFAワールドカップの開催予定地であるカタールにおけるスタジアム関連施設の建設現場での移民労働者に対する人権侵害の問題が指摘された。中東では，カファラという労働契約制度があり，移民労働者は採用担当者に金銭を支払った上で，雇用主にパスポートを取り上げられ，過酷な労働を強制させられていたことが問題となった。

(2) スポーツイベント開催過程での人権侵害を防止するための国際的な動き

このような中，ビジネスの分野では2011年6月，国際連合人権理事会において「ビジネスと人権に関する指導原則：国際連合『保護，尊重及び救済』枠組実施のために」(Guiding Principles on Business and Human Rights: Implementing the United Nations "Protect, Respect and Remedy" Framework, 以下，UNGP) が採択され，企業活動における人権尊重の重要性が強く認識される契機となった。ビジネスの分野では，企業が直接の取引相手だけでなく，そのサプライチェーン全体において人権侵害が起こらないような仕組みをつくり，常に人権侵害が発生していないかを意識することが，自社および自社の取引分野における永続的な発展につながるとの認識が共有されている。

このビジネスの分野での動きに呼応し，IOCも，オリンピックを未来にわたって永続的に開催できるようにするには人権保護を確立しなければならない，つまり，オリンピック開催の影で発生する人権侵害をみないふりをしていてはサステナブルな大会運営を実現できないことを強く認識したといえる。

2014年12月のIOC総会において採択されたオリンピック・アジェンダ2020の「提言1」は，オリンピック招致や開催都市のあり方について，将来のヴィジョンを示したものであるところ，その第5項は，「IOCは開催都市契約（Host City Contract）の条項に，オリンピック憲章の根本原則第6項に関するものと，環境と労働に関係する事項を盛り込む」と明記している。

そして，2016年12月には，2024年の夏季オリンピックから，開催都市との契約（Host City Contract）においてUNGPへの遵守を義務づけることが決定された。

IOCが人権保護を開催都市に具体的に義務づける条項をHost City Contractに導入することは初めてのことである。

改定されたHost City Contractでは，UNGPを代表とする国際的に評価されている人権保護基準に従うことを開催都市に明文で義務づけている。すなわち，新しく導入される条項は，「開催都市，開催都市のオリンピック委員会及びオリンピック組織委員会は，オリンピックを組織するにあたり，開催国内で適用される条約等の国際間合意，法律，規則だけではなく，UNGPを含む国際的に評価されている人権基準及び人権原則に遵守して，人権を保護・尊重し，人権侵害が救済されることを保証しなければならない」と定めているのである。

FIFA（国際サッカー連盟）は，2015年12月，UNGPをとりまとめたジョン・ラギー教授に対し，FIFAにおける人権保護の実践を目的とした調査報告を依頼し，2016年4月，ラギー教授は"For the Game, For the World"というタイトルの報告書を提出した。そしてFIFAは，2017年5月，FIFA規程（Statutes）第3項を具体化するものとして，"Human Rights Policy"を公表した。

UEFA（欧州サッカー連盟）においても，2024年に開催される欧州選手権（EURO2024）から，開催国を決める入札手続の過程で，UNGPを代表とする国際的に評価されている人権保護基準が実践されていることが開催国決定の条件の1つとして導入された。立候補のための書類の中で，立候補国は，欧州選手権（EURO2024）において人権侵害を防止するために，どのようにUNGPを導入

していくか，について説明しなければならない。UEFAにとって，人権に関する基準を設けることはこれが初めての試みである。

　また，UEFAは，2016年にフランスで開催された欧州選手権（EURO2016）において，人種差別や環境問題についてモニタリングを実施した。たとえば，人種差別の問題でいえば，モニタリングを行う団体から，本戦51試合のうち問題のある事例として，10件の指摘を受け，9件について制裁が科された。また，障がい者のスタジアムへのアクセスの問題や，衛生設備，ケータリング，禁煙区域の設定などに対する取り組みも実施された。これらの取り組みについては，大会後に総括し，ポジティブな結果だけでなくネガティブな結果についてもそれぞれ公表している（SOCIAL RESPONSIBILITY & SUSTAINABILITY Post-event report 2016）。

　このように，ビジネスの分野における人権尊重のための指針であったUNGPが，オリンピックならびにFIFAおよびUEFA主催の国際大会において開催都市が従うべき指針としても用いられるに至るなど，スポーツイベントを将来にわたって持続的に開催するには，環境問題はもちろん，社会問題や人権問題を解決する仕組みが不可欠であるとの認識が欧米ではスタンダードになりつつある。

⑶ ロンドン2012での取り組み

　ロンドン2012は，前述のとおり，サステナブルな大会として高い評価を得た。環境面では，メイン会場となったロンドン東部地区の土壌汚染を，最新技術を用いて浄化を行い，同地区を再生させたり，自転車競技場の建設ではグローバルな認証基準であるFSC認証の木材が使用され，雨水を溜めてトイレで使用する水の量を削減したり，エネルギー消費を抑えるために自然光を使用するなどの諸施策が講じられた。

　ロンドン2012の開催決定を受けてサステナブルなイベントマネジメントを実現するためのイギリスの国家規格としてBS8901が策定され，この規格に基づき，国際規格であるISO20121が策定され，2012年6月15日に発行された。ロンドン2012では，ISO20121が適用され，持続可能性というコンセプトを基本に据え，経済性だけでなく，環境や社会に配慮した「レガシー」を強く意識し

た大会運営が行われた。

　サステナビリティに関する計画のモニタリング機関として，ロンドンオリンピック組織委員会（以下，LOCOG）とは別の第三者監視機関であるCSL（Commission for Sustainable London 2012）が，大会の5年前に設立された。

　また，LOCOGに寄せられた，サプライヤーやライセンシー企業等のサプライチェーン全体における人権問題や労働問題に関する苦情や紛争処理の仕組み（グリーバンス・メカニズム）として，CDRM（Complaint and Dispute Resolution Mechanism）を設置し，その業務の大部分をErgon Associates Ltdに委託して実施された。

　LOCOGの調達先に対しては，非営利団体であるSEDEX社の情報プラットフォームへの登録を推奨し，各調達先企業の労働基準や環境対策等の情報が共有される仕組みが構築された。

　このように，ロンドン2012では，開催が決まってすぐに，サステナビリティに関する計画が打ち出され，第三者監視機関であるCSLが設置され，計画の進行状況がモニタリングされ，紛争や苦情に関しては，グリーバンス・メカニズムによって解決されるという仕組みが機能していた。

⑷ メガ・スポーツイベントに関するプラットフォーム

　欧米では，スポーツイベントにおける人権尊重を確保する目的で，スポーツにかかわるさまざまなステークホルダーが集まって議論が行われる場（プラットフォーム）が形成されており，The Mega-Sporting Events Platform for Human Rights（MSE Platform）もその1つである。

　メンバーは，スイスや米国という政府，ILO，OHCHR，UNESCO等の国連機関，IOCやコモンウェルスゲームズといった競技団体，スポンサー企業，国際労働組合や人権NGOであり，事務局は，ビジネスと人権に関するシンクタンクであるIHRBが担っている。

　MSE Platformは，メガ・スポーツイベントにおける人権尊重という目的を達成するために，2017年，4つのタスクフォースを立ち上げた。参考までに，タスクフォースの種類は，①競技団体に関するタスクフォース，②開催国や開催都市に関するタスクフォース，③スポンサーおよびメディアに関するタスクフォース，④アスリート等メガ・スポーツイベントに影響を受ける人たちに関

するタスクフォースの4つである。

2018年6月には，MSE Platformから発展する形で，スイス・ジュネーヴを本拠として，Center for Sport and Human Rightsが設立され，さらに活動が活発化している。

このように，欧米では，人権尊重の仕組みを構築するために，政府，国連機関，競技団体，スポンサー企業，サプライヤー企業，メディア，労働組合，選手会，人権NGO等のステークホルダーが集まってプラットフォームを形成し，議論を積み重ね，政策形成に反映されている。

(5) 日本で開催が予定される国際的なスポーツイベントでの人権侵害リスク

労働法制や児童福祉法制といった法整備が比較的整っている日本では，北京，ソチ，リオ，カタールでのような人権侵害事例とは無縁であると考えがちであるが，大きな誤りである。日本では，スポーツイベントにおける人権侵害というと，参加者への差別・ハラスメントの例が想起されるが，人権侵害リスクはそれだけに留まらない。

国際的なメガ・スポーツイベントの開催には，招致過程から，開催決定，開催準備，大会運営に至るまで，IOC，FIFA等のIF（国際競技団体），NOC（オリンピック組織委員会），NF（国内中央競技団体）から，これらの団体のスポンサー企業やサプライヤー企業，もちろんアスリートやコーチに至るまでさまざまなステークホルダーがかかわっている。

しかも，スポンサー企業やサプライヤー企業は，世界各国に活動拠点を有するグローバル企業であることが多く，製造拠点を人件コストの低い発展途上国に置くなど，ボーダーレスに活動している。これらの企業の活動においては，自社の直接の取引相手だけではなく，自社のサプライチェーンの過程で，児童労働や強制労働等の人権侵害が発生する可能性は高い。

実際に，1994年，アテネでの第28回オリンピック競技大会を直前に控えた時期に，国際NGOを中心としたグループが，スポーツメーカーに対し，中国の製造工場での劣悪な労働環境等を調査した報告書をインターネットで公開するという「Play Fairキャンペーン」という動きがあり，日本のスポーツメーカーも対象として挙げられ，対応を余儀なくされている。

日本では，2019年，2020年と立て続けに国際的なメガ・スポーツイベントの開催が予定されているが，大会主催者は，単に自らの団体や取引相手の人権侵害リスクのみに注意すれば良いのではなく，取引企業のサプライチェーン全体においても人権侵害の可能性を排除する体制の整備が求められているといえる。

また，日本国内において欧米からも注目されている人権侵害として，違法な時間外労働の問題や技能実習ビザで入国した外国人労働者の搾取の問題が挙げられる。

後者は，発展途上国の人材が，期限付きで日本において働きながら技術を学ぶ仕組みであるが，安価な単純労働力として低賃金による長時間労働を余儀なくされているケースが多く問題になっている。しかも，多くの技能実習生は，来日するために必要な高額な渡航前費用を借金していることから，帰国もできないという状況に陥っている。この問題は，外国人労働者に対する法整備が不十分である日本特有の問題であり，今後，東京で開催予定の第32回オリンピック競技大会（以下，東京2020）に向けて世界の注目が日本に集まる中，必ず改善が求められる人権侵害行為といわざるをえない。

⑹ 東京オリンピック・パラリンピック競技大会組織委員会の取り組み

東京オリンピック・パラリンピック競技大会組織委員会（以下，東京2020組織委員会）は，まず，持続可能性に配慮したより適切な大会運営を実現するために，イベントの持続可能性をサポートするために策定されたマネジメントシステムの国際規格であるISO20121の枠組みを導入することを打ち出している。

そして，2016年1月に，「持続可能性に配慮した運営計画 フレームワーク」および「持続可能性に配慮した調達コード 基本原則」を発表し，その後パブリックコメントの募集および結果の集約を経た後，2017年1月に「持続可能性に配慮した運営計画 第1版」を，同年3月には，「持続可能性に配慮した調達コード（第1版）」を発表している。

また，木材，農産物，畜産物，水産物についてはそれぞれ特別な調達基準が策定されている。さらに，昨今，パーム油の製造過程において，強制労働や児童労働の問題，森林減少，それに伴う生物多様性喪失の問題，森林火災や気候変動の問題，地域住民との土地紛争の問題等，さまざまな社会・環境問題が発

生していることから，パーム油についても調達基準が策定されているのが特徴的である。

5 ——スポーツ界の持続可能な発展のために

　以上の通り，地球環境はもちろんのこと，スポーツそれ自体や，オリンピック・パラリンピック，ワールドカップというスポーツイベントの開催も，当然のごとく将来にわたって永続していくものではない。これらを未来の子どもたちに引き継いでいくためには，これらがもともと持続可能な性質のものではない，ということを常に認識し，関連して発生するあらゆる人権侵害や環境破壊を排除するように一人ひとりが意識を高め，努力しなければならない。

　その上で，どのようにしたら，法的に環境破壊や人権侵害を排除することができるのか，そのための仕組みをそれぞれのステークホルダーが知恵を絞って考え，それぞれが対話により，より良い仕組みを構築し，実現していくことが求められているといえる。

📖 文献紹介

六車明，2017，『環境法の考えかたⅠ——「人」という視点から』慶應義塾大学出版会；六車明，2017，『環境法の考えかたⅡ——企業と人のあいだから』慶應義塾大学出版会.

　本書では，「環境」という言葉を，人のまわりにあるものという意味で広くとらえ，豊島事件や国立マンション事件といった事例はもとより，ユニバーサルデザイン，認知症，ハンセン病に至るまで，環境法という切り口で論じられており，「環境」について改めて考えさせる書籍である。

〔参考文献〕

石塚創也，2015，「オリンピック・ムーブメントにおける環境保護対策に関する歴史的研究——1972年第11回オリンピック冬季競技大会の招致・開催準備期に着目して」『笹川スポーツ研究助成研究成果報告書』85-92.

大塚直，2016，『環境法BASIC 第2版』有斐閣.

西井正弘・臼杵知史編，2011，『テキスト 国際環境法』有信堂高文社.

浦川道太郎・吉田勝光・石堂典秀・松本泰介・入澤充編，2017，『標準テキスト スポーツ法学 第2版』エイデル研究所.

FIFA, 2017, "FIFA's Human Rights Policy," https://resources.fifa.com/mm/document/affederation/footballgovernance/02/89/33/12/fifashumanrightspolicy_neutral.pdf
IOC, 2005, "NEW Guide on Sport, Environment and Sustainable Development".
IOC, 2012, "SUSTAINABILITY THROUGH SPORT," https://stillmed.olympic.org/Documents/Commissions_PDFfiles/SportAndEnvironment/Sustainability_Through_Sport.pdf
IOC, 2016, 2017, "Sustainability Strategy (Executive Summary)," https://stillmed.olympic.org/media/Document%20Library/OlympicOrg/Factsheets-Reference-Documents/Sustainability/IOC-Sustainability-Strategy-Exec-Summary.pdf
Ruggie, John G., 2016, "FOR THE GAME. FOR THE WORLD," https://www.hks.harvard.edu/sites/default/files/centers/mrcbg/programs/cri/files/Ruggie_humanrightsFIFA_reportApril2016.pdf

【高松政裕】

13 スポーツ映像は誰のものか？

　人気の高いスポーツの試合を放送する権利は，放送事業体に高値で譲渡される。このようなスポーツの試合を放送する権利のことを放送権と呼ぶが，近年，その高騰が問題となっている。有料放送事業体が人気の高いスポーツの放送権を独占契約し，視聴料を支払った者しかスポーツをみることができなくなっているからである。一方，このような事態を打開するために，誰もが自由にスポーツ放送サービスにアクセスする権利を保障しようとするユニバーサルアクセス権という考えが広がっている。この章では，以上のような問題について理解を深めるために，スポーツの試合の放送権，スポーツの試合映像に発生する著作権と著作隣接権，ユニバーサルアクセス権について検討する。

1──メディアとスポーツの放送権

⑴ メディアとスポーツ

　広辞苑によると，メディアはミディアム（medium）の複数形（media）であり，「媒体。手段。特に，マス−コミュニケーションの媒体」である。次に「マス−コミュニケーション」をみると，「新聞・雑誌・ラジオ・テレビジョン・映画などの媒体を通じて行われる大衆への大量的な情報伝達。大衆伝達。大衆通報。マスコミ」とされている。さらに「マス−メディア」をみると，「マス−コミュニケーションの媒体。新聞・出版・放送・映画など。大衆媒体。大量伝達手段」とされている。これらの定義から，大衆に大量な情報を伝達する手段として具体的に新聞・雑誌・ラジオ・テレビ・映画等の媒体を指す用語がメディアだといえる。

　一方，スポーツといえば，メディアが伝達する情報つまりメディアコンテンツとして取り上げられ，メディアとともに発展してきたといえる。たとえば，

メディアによって生じているスポーツルールをはじめ，大会日程，試合開始時間，ユニフォーム・コードのデザイン等の変更は，スポーツの商業化，エンタテインメント化あるいはバラエティ化という問題としてとらえられるものの，スポーツ愛好者のすそ野を広げるスポーツの普及につながっているともいえる。また，スポーツイベントの放送権料の高騰は，オリンピック大会等人気スポーツイベントの有料視聴の流れを強めるのではないかとの懸念はあるものの，スポーツ団体の収益を上げ，チーム・選手の強化育成ひいてはスポーツの発展に貢献しているともいえる。

　また，近年のニューメディアの登場は，新たなスポーツの展開を予感させる。ニューメディアとは，先に挙げた新聞・ラジオ・テレビといった既存のメディアとは異なり，高度情報社会に向けて1980年頃から提唱された，通信・情報・電子技術が生んだ新しい情報媒体や情報伝達システムの総称である。1983年に産業構造審議会情報産業部会がまとめた中間答申では，ニューメディアは「情報の収集・作成，情報の処理・加工，情報の利用のうち1つあるいは複数の部門に革新的な変化をもたらしたメディア」と定義されている（日本大百科全書）。ニューメディアには，すでに私たちの生活の一部となっているインターネットや携帯電話などが含まれる。メディアの進歩とともにスポーツの発展があるならば，私たちはスポーツの発展過程の新しい局面を迎えているといえよう。

⑵ 放送権とは

　スポーツとメディアの関係について考察するにあたり，放送権は枢要な検討事項である。スポーツビジネス研究を専門とする平田（2017）は，スポーツビジネスとメディアの関係の中で放送権は欠かせない存在であるとし，また，スポーツ団体等のマネジメントのサポート事業に携わる大塚と得田（2016）は，放送権収入がスポーツ大会の「黒字化のカギ」であり，スポーツ団体の収益源としても「大きな影響」を与えているという。さらに，スポーツ法の研究者である齋藤（2007）や多数のスポーツ紛争事例を扱ってきた弁護士である堀田（2017）は，スポーツ団体あるいはプロスポーツにとって放送権料は貴重な収入源であることを指摘している。これらを勘案して，メディアとスポーツの関係

を検討する上で，放送権は重要なキーワードといえよう。

　では，改めて放送権とは何かをみてみよう。スポーツビジネス研究に造詣の深い原田 (2007) は，「放送権料」の用語説明の中で，放送権を「あるスポーツを独占的に放送できる権利」であるとし，また，メディア倫理法制研究を専門とする大石 (2005) は，放送権を「スポーツ大会の放送を排他的に行う権利」と定義する。さらに，21世紀スポーツ大事典 (2015) では，放送権を「スポーツ試合などの映像のテレビ放送に関する権利」とし，「一般に放映権と呼ばれているものは，正確には放送権である」と放映権についても述べている。

　ここで「放映権」を「放送権」の同義語として用いても良いのか，スポーツに関する法的問題に詳しい弁護士の見解をみてみると，水戸 (2000) は，スポーツのテレビ放送権はしばしば「放映権」と称されると言及しつつも，自身の論文では「法律用語である『放送権』」を採用するとしている。また，堀田 (2017) は，「法律上は著作権法に『放送権』という用語があるのみ」と述べているが，自身の論文では「一般的用法に従い『放映権』と記載」するとしている。さらに，大橋 (2012) は，「放送権」はかつての著作権法に「著作物を放送する権利」として規定されていたが，1998 (平成10) 年1月1日に施行された著作権法改正によって，現在は「公衆送信権 (著作権法23条) の一態様」として形を変えて規定され，現行の著作権法 (92条) には，実演家の著作権隣接権に「実演を放送する権利」として規定されているという。以上の見解を集約すると，スポーツの放送権 (放映権) について論じる際に，放映権と放送権のどちらの用語を採用するか，その判断基準は明確ではないが，「放送権」がかつては「著作物を放送する権利」として，そして現行法では「実演を放送する権利」として規定されている点が，「放映権」とは異なると理解できる。このように「放送権」について調べてみると，「放送権は著作権法上の放送権とは異なり，主催者に基づいてスポーツイベントを主催する団体が放送事業者等に対して試合の中継を許可する権利」(大橋 2017) と理解されよう。

(3) スポーツの放送権の高騰

　放送事業体にとってスポーツの放送権を獲得することは重要である。なぜなら，スポーツはメディアコンテンツとして高視聴率を望めるからである。放送

13　スポーツ映像は誰のものか？

事業体は，視聴率が取れるスポーツの放送権を獲得すれば，そこにCMの放送枠を求めるスポンサーからの収入を見込める。たとえ，不況のあおりを受け，スポンサー収入が減額し，多額のスポーツの放送権料を捻出していくことが困難になったとしても，多チャンネル化，有料チャンネル化が進む中で，放送事業体は，スポーツを視聴者から放送権料を回収できるいわゆるキラーコンテンツとしてみているのである。一方，スポーツ団体にとっても放送権料は重要な収入源である。このように双方にとって重要である放送権が，高騰する傾向にあるといわれている。

　図13-1および表13-1は，国際オリンピック委員会（以下，IOC）の放送権収入の推移を示している。公的資金の投入がなかった初の大会である1984年のロサンゼルス大会以降，放送権料が高騰していることがわかる。また，表13-1は日本の放送事業体の放送権購入額についても示している。NHKは，1972年のミュンヘン大会まで民間放送事業体各社と共同中継をしていた。しかし，1980年のモスクワ大会では，テレビ朝日がその放送権を単独で獲得し，波紋を呼んだ。放送権の独占契約を認めてしまえば，今後，放送事業体各社が競合し，放送権を高騰させてしまうことが危惧されたからである。そこで，NHKと民間放送事業体各社は，競合による放送権の高騰を抑制するためだけでなく，放送権を互助負担し，共同取材をすることを目的として「ジャパンプール（Japan Pool）」（以下，JP）を1976年に組織した。JPは，1984年のロサンゼルス大会から放送権の契約交渉を担当することになった。さらに，NHKと民間放送事業体各社は，JPに代わる海外スポーツ中継を専門とする「ジャパンコンソーシアム（Japan Consortium）」（以下，JC）という共同取材機構を結成し，契約交渉を担当させている。JCは，1992年のバルセロナ大会からIOCとの放送権契約の交渉を行っている。

　高額な放送権料の負担の抑制を目的の1つとして組織されたJPおよびJCであったが，日本が購入するオリンピック大会の放送権料は高騰している。表13-1は，IOCの放送権収入と日本の放送事業体がIOCに支払う放送権料の推移を示している。NHKが1964年の東京大会に購入した50万ドル（約1億8000万円）の放送権は，テレビ朝日が独占契約をした1980年のモスクワ大会には850万ドル（約18億7000万円）まで上がっている。その後，JPが購入した1984年のロ

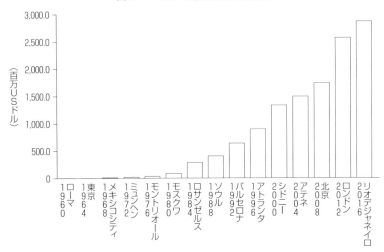

図13-1 IOCの放送権収入の推移

出所：Olympic Marketing Fact File 2017 Editionを基に筆者作成。

表13-1 オリンピック大会の放送権料の推移

開催地	IOCの放送権収入 放送権料（USドル）	日本の放送局の放送権購入 放送権料（USドル）	購入者
ローマ1960	120万	5万	NHK
東京1964	160万	50万	
メキシコシティ1968	980万	60万	
ミュンヘン1972	1780万	105万	ジャパンプール（JP）
モントリオール1976	3490万	130万	
モスクワ1980	8800万	850万	テレビ朝日
ロサンゼルス1984	2億8690万	1850万	ジャパンプール（JP）
ソウル1988	4億260万	5000万	
バルセロナ1992	6億3610万	5750万	
アトランタ1996	8億9830万	9950万	
シドニー2000	13億3160万	1億3500万	
アテネ2004	14億9400万	1億5500万	
北京2008	17億3900万	1億8000万	
バンクーバー2010（冬季）	12億7950万	円建て（325億円）	ジャパンコンソーシアム（JC）
ロンドン2012	25億6900万		
ソチ2014（冬季）	12億8900万	円建て（360億円）	
リオデジャネイロ2016	28億6800万		
平昌2018（冬季）		円建て（660億円）	
東京2020			
北京2022（冬季）		円建て（440億円）	
パリ2024			

出所：平田竹男，2017,『スポーツビジネス 最強の教科書 第2版』東洋経済新報社およびOlympic Marketing Fact File 2017 Editionを基に筆者作成。

サンゼルス大会の放送権は，1850万ドル（約46億3000万円）から，1988年のソウル大会には5000万ドル（約77億5000万円）まで上昇し，さらにこの上昇はJCが放送権の契約交渉を担当しても止まらない。その放送権料は，1992年のバルセロナ大会では5750万ドル（約88億円），1996年のアトランタ大会では9950万ドル（約104億5000万円），2000年のシドニー大会では1億3500万ドル（約142億7000万円），2004年のアテネ大会では1億5500万ドル（約170億5000万円），2008年の北京大会では1億8000万ドル（約198億円）と1964年の東京大会でのNHKの購入額の実に360倍に上昇している。

2 ── 誰がスポーツの放送権を有しているのか

(1) スポーツ団体の放送権収入

　オリンピック大会の放送権が高騰する一方で，スポーツ団体にとって放送権の収入はどの程度のものなのか。図13-2は，2013～2016年におけるIOCの収入内訳を示したものである。IOCの収入は，放送権料，TOPプログラム（国際的スポンサー料），開催都市スポンサー料，入場料，ライセンス料の5つから構成されており，放送権料はIOCの収入の半分以上（53％）を占めている。また，ここには示していないが2013年までのIOCの放送権料が収入を占める割合をみると，48％（1993～1996年），49％（1997～2000年），53％（2001～2004年），48％（2009～2012年）と推移しており，ここ四半世紀にわたって放送権料がIOCの主要な収入源になっていることがわかる。では，そのような巨額のスポーツの放送権は誰のものなのか，次に検討してみよう。

(2) スポーツ団体の放送権に関する規定

　スポーツの試合や大会といったスポーツイベントの放送権は誰がもっているのだろうか。スポーツ団体の規約をみてみると，プロ野球の場合は，日本プロフェッショナル野球協約44条（放送許可権）が「球団は，それぞれ年度連盟選手権試合のホーム・ゲームにつき，ラジオ放送及びテレビジョン放送（再生放送及び放送網使用の放送を含む），有線放送並びにインターネット及び携帯電話等を利用した自動公衆送信（いずれも，海外への，及び，海外での放送及び送信を含む）

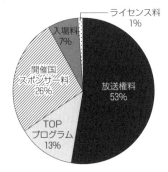

図13-2 2013〜2016年IOCの収入内訳

出所:Olympic Marketing Fact File 2017 Edition を基に筆者作成。

を自由に許可する権利を有する」と規定していることから,ホーム・ゲームのホーム・チームに放送権があるといえる。

また,Jリーグの場合は,Jリーグ規約119条(公衆送信権)が「公式試合の公衆送信権(テレビ・ラジオ放送権,インターネット権その他一切の公衆送信を行う権利を含む。以下「公衆送信権」という)は,すべてJリーグに帰属する」(1項)と規定していることから,リーグが公式試合の放送権を管理しているといえる。

さらに,代表的な国際大会であるオリンピック大会の場合は,オリンピック憲章1章7の2が「オリンピック競技大会はIOCの独占的な資産であり,IOCはオリンピック競技大会に関するすべての権利を所有する」と規定している。また,オリンピック憲章1章7の4が「(中略)IOC,NOCおよび/または,OCOGによりオリンピック競技大会に関連して公認されたその他の音楽作品,音声・映像作品,またはその他の創作品や人工物は,集合的にあるいは単独で便宜上,『オリンピック資産』と呼ぶことができる。オリンピック資産に関するすべての権利,また,その使用についてのすべての権利は収益確保の目的であれ,商業的な目的であれ,広告の目的であれ,独占的にIOCに帰属する」と規定している。さらに,オリンピック憲章2章24の1が「IOCはテレビ放送権,スポンサー権,ライセンス権,およびオリンピック資産などの権利を活用することにより,またオリンピック競技大会を開催することにより収入を得る」と規定している。これらの規定から,オリンピック大会の場合は,IOCがオリンピック大会の放送権を有しているといえる。

しかし,このようなスポーツ団体の規約を根拠とする放送権を団体外の者つまりテレビ局等の放送事業者に主張することはできない(大橋 2012)。スポーツ団体の規約は,その団体に所属する会員やその関係者を拘束するものであって,法律のように万人を拘束するものではない。スポーツ団体の会員や関係者は,その団体の規約に合意してその団体の会員になっていることから,先にみ

た各スポーツ団体の放送権の根拠は，会員やその関係者の合意にあるといえる。このようなスポーツ団体内の合意に基づく権利の主張は，債権にすぎない。債権とは，簡潔にいうと「契約当事者の一方が相手方に対して，契約で決めた行為を要求する権利」（大橋 2012）である。よって，先のスポーツ団体の規約に規定された放送権は，会員やその関係者の合意を根拠とする権利であって，団体外の者に主張することはできないということである。

(3) 施設管理権を根拠とするスポーツの放送権

　では，法的に誰がスポーツの放送権を有しているのか。大橋（2017）は，先に示した放送権の定義のもと，「放送権は実定法上の規定を欠」いているという。また，國安（2014）は，日本では「スポーツの試合の映像を放送またはネット配信すること自体に関する権利，すなわち『放送権』という権利は，成文法で直接保護されているわけではない」という。つまり，日本ではスポーツの試合の放送権の根拠が求められる成文法は存在しないということになるが，一般的にスポーツの試合の放送権については，競技場施設の施設管理権に求める見解が多数説のようである（大橋 2012, 2017；小倉 2014）。

　スポーツの試合を撮影あるいは中継するためには，競技場施設にカメラ等の機材を持ち込む必要があるだろう。その可否を決定する根拠となるのが施設管理権である。競技場施設内へのカメラ等の機材の持ち込みの可否を決めるのは，原則として競技場施設の所有権をもつ所有者である。競技場施設の所有者は，その所有権に基づき競技場施設をどのように管理するのかを決める施設管理権だけでなく，誰にどの範囲で競技場施設の利用を許諾するのかを決める利用許諾権も有している。競技場施設内へのカメラ等の機材の持ち込みを認めるか否かは，利用許諾契約において決定される。競技場施設を有していないスポーツイベント主催者は，競技場施設の所有者との利用許諾契約において施設利用権を認められ，施設利用権者として第三者へのカメラ等の機材の持ち込みを認める権限が与えられるのである。

　たとえば，施設所有者が，施設を所有しないスポーツイベント主催者にその競技場施設の利用を許諾する。その利用許諾契約において，施設の利用の範囲やカメラ機材の持ち込みの可否等を決める。利用許諾契約において施設利用権

を得たスポーツイベント主催者は，施設利用権者として放送事業体にカメラ機材の持ち込みを認めることができる。

　近年，観客が自ら競技場施設内にカメラ機材や高性能な携帯カメラ等を持ち込み，スポーツの試合を撮影し，その映像をネット配信することが容易になった。この場合，観客の行為を禁じることができるのだろうか。これについて國安 (2014) は，競技場施設の所有者が，観客によるスポーツ試合の影像の放送あるいはネット配信を許容しないと考えるのは一般的であるから，これに従えば，競技場施設の所有者は観客のその行為を禁止することができるという。また，スポーツイベント主催者も，施設利用権者として観客の競技場施設内へのカメラ等の持ち込みを禁じる権限を認められていることになるという。

　しかし，放送権の根拠を施設管理権に求めた場合，競技場施設外からのスポーツの試合の撮影・放送あるいは中継は，競技場施設の施設管理権を侵害しないことになるのではないかという疑問が生まれる。これについては意見が分かれている。大橋 (2012) は，競技場施設外からの撮影等は，放送権を得た放送事業体の放送等を直接妨げるものではないものの，その撮影者が，その放送権契約について知りながら，それを侵害しようとする意思をもち，その侵害の程度が高い場合には，不法行為が成立する可能性が出てくるという。一方，小倉 (2014) は，「特定の氏名債権に由来する債権者の経済的利益 (とりわけ間接的な利益) に第三者が配慮して自らの自由を制約すべき法的理由はないので，『放送権』を施設管理権に由来するものと捉える以上，試合コンテンツを配信するような行為を債権侵害とすることは無理がある」と主張している。

3 ──スポーツ映像と著作権および著作隣接権

(1) スポーツの試合と著作権および著作隣接権

　スポーツの試合そのものは，「著作物」にあたるのだろうか。スポーツの試合が「著作物」であるならば，「著作物」の創造によって著作権が生じ，スポーツの試合は，著作権上，保護されることになる。著作権法 2 条 1 項 1 号は，著作物を「思想又は感情を創作的に表現したものであつて，文芸，学術，美術又は音楽の範囲に属するものいう」と定めている。スポーツの試合自体は，「思

想又は感情を創作的に表現したもの」にあたらないので，「著作物」として保護されないといえる。

　次に，スポーツの試合に出る選手は，「実演家」であるのかについてみてみよう。スポーツの試合に出る選手が「実演家」であるならば，その選手は著作隣接権者として，録音権・録画権（91条），放送権及び有線放送権（92条），送信可能化権（92条の２），譲渡権（95条の２），貸与権（95条の３）を有することになる。著作権法２条１項４号は，「実演家」を「俳優，舞踊家，演奏家，歌手その他実演を行う者及び実演を指揮し，または演出する者をいう」と定めている。また，「実演」とは，「著作物を，演劇的に演じ，演奏し，謡，口演し，朗詠し，又はその他の方法により演ずること（これらに類する行為で，著作物を演じない芸能的な性質を有するものを含む。）をいう」（２条１項３号）と定めている。スポーツの試合に出る選手は，「俳優，舞踊家，歌手」ではないし，「著作物」ではないスポーツの試合に出ているので「実演家」にはあたらないといえる。

　しかし，フィギュアスケートやシンクロナイズドスイミングの選手が「実演家」にあたるのか，その判断は容易ではない。水戸（2000）は，「フィギュア・スケートのフリー演技やアイスダンス競技は，舞踊の面があるので，創作性が認められる余地があります」とする。また，大橋（2017）は，振付や芸術点も加味されるフィギュアスケートやシンクロナイズドスイミングは，ショーになるとより芸術的性質を帯びるが，オリンピック大会のような競技大会では競技であり，芸術的性質をもっていないという。両者の主張から，競技としてのフィギュアスケートやシンクロナイズドスイミングに出ている選手は，「実演家」にはあたらず，よって著作隣接権を付与されないといえるだろう。

⑵ スポーツの試合映像と著作権および著作隣接権

　先にみたようにスポーツの試合自体は著作物にあたらないが，スポーツの試合映像は著作物にあたるのかをみてみよう。著作権法10条１項は，著作物を例示しているが，その中の「放送の著作物」（著作権法10条１項７号）は，「映画の効果に類似する視覚的又は視聴覚的効果を生じさせる方法で表現され，かつ物に固定されている著作物を含むものとする」としている。ビデオテープやデジタルデータ等に収められたスポーツの試合映像について考えると，映像が，撮影

という「視覚的又は視聴覚的効果を生じさせる方法で表現され」，ビデオテープ等に「固定され」，さらにカメラワークやカットの手法，フィルム編集等の知的な活動に独自性や創造性が表現されていれば，「映画の著作物」として保護されるといえる。裁判においても，総合格闘技の大会に撮影された試合映像が「映画の著作物」にあたると判断されている（東京地判平成25年5月17日判タ1395号319頁）。

　上述のようにスポーツの試合映像は「映画の著作物」にあたるが，スポーツの試合の生放送（中継）は著作物にあたるのだろうか。生放送（中継）は，「映画の著作物」の「物に固定されている」要件を満たすのか，その判断に迷うからである。これについて，裁判所は，生放送の場合でも，その影像が送信と同時に録画されている場合には，「映画の著作物」の「固定性」の要件を満たすと判断している（東京高裁平成9年9月25日判時1631号118頁）。

　スポーツの試合映像が「映画の著作物」にあたるということは，その著作物の著作者が存在すると考えられる。著作物を創作した者，つまり著作者に著作権が付与されると考えると，「映画の著作物」の著作者が誰なのかは気になるところである。著作権法16条は，映画の著作物の著作者について「その映画の著作物において翻案され，又は複製された小説，脚本，音楽その他の著作物の著作者を除き，制作，監督，演出，撮影，美術等を担当してその映画の著作物の全体的形成に創作的に寄与した者とする」と定めており，これには，監督やプロデューサー，ディレクターがあたると考えられる。

　ところが，著作権法29条は，映画の著作物の著作権の帰属について「その著作者が映画製作者に対し当該映画の著作物の製作に参加することを約束しているときは，当該映画製作者に帰属する」と映画製作者に著作権が帰属する場合について規定している。また，同法29条2および3は，映画製作者として放送事業者は，映画の著作物を放送する権利，有線放送，自動公衆送信を行いあるいは受信装置を用いて公に伝達する権利および著作物の複製・頒布する権利を専有し，有線放送事業者は有線放送する権利，受信装置を用いて公に伝達する権利および著作物の複製・頒布する権利を専有するとしている。これらの規定から，映画製作者として放送・有線放送事業者が，放送のために製作した映画の著作物の放送および有線放送に関する権利を専有していると解することができる。

⑶ 視聴者は自由にスポーツの試合映像を放送あるいは再放送できるのか

　以上の検討を踏まえて，個々のケースを考えてみよう。たとえば，スポーツの試合映像が，「映画の著作物」として保護されていない場合には，視聴者はその映像を自由に再放送等できるのだろか。先に，生中継と同時に録画されている場合は，その影像は「映画の著作物」の一要件である「固定性」を満たし，著作物にあたると述べたが，生中継の影像が同時に録画されず，「映画の著作物」として著作権の保護を受けない場合，その影像を視聴者が録画して再放送等しても良いのかということである。これについては，視聴者は放送事業者の許諾なしに再放送することを許されないと考えられる。なぜなら，放送事業者には，著作権とは別に著作隣接権が付与されているからである。放送を業とする放送事業者（著作権法２条１項９号）は，著作隣接権として複製権（著作権法98条），再放送権及び有線放送権（著作権法99条），送信可能化権（著作権法99条の２），テレビジョン放送の伝達権（著作権法100条）を専有している。これらの規定から，スポーツの試合の生中継の影像が同時に録画されず「映画の著作物」として著作権の保護を受けない場合でも，視聴者はそれを録画し，放送事業者の許諾なしに再放送すれば，その行為は著作隣接権の侵害にあたるのである。

　では，視聴者は，スポーツの試合映像を録画して，自由にネット配信することができるのだろうか。先にみたように，放送事業者は，「映画の著作物」の放送に関する著作権を専有している。「映画の著作物」であるスポーツの試合映像の著作権は，放送事業者に帰属する。よって，視聴者は，そのスポーツの試合映像を自由にネットで配信できず，著作権者である放送事業者の許諾を受けなければならない。また，先にみたように，スポーツの試合映像は，放送される場合は放送事業者に付与された著作隣接権の保護を受けることから，視聴者は著作隣接権者としての放送事業者からの許諾も受けなければならないといえる。

4──ユニバーサルアクセス権

　先にみたように放送権料の高騰が続けば，私たちは人気のスポーツイベントを無料視聴できなくなることが予想される。無料放送の民間放送事業体は，NHKのように視聴者からの受信料ではなくスポンサー収入等で成り立ってい

る。このような民間放送事業体は，たとえば，経済活動が停滞すると，企業からのスポンサー収入が減り，放送権料を捻出することだけでなく，無料放送を継続することも難しくなる。そのような事態になると，無料放送の民間放送事業体は，有料放送への切り替えを迫られることになる。有料放送の民間放送事業体が，人気のスポーツイベントの放送権を独占契約したり，高額で取得し続ければ，放送権は高騰し，視聴料を支払える者しか人気のスポーツイベントを視聴できなくなる。このような事態を避け，誰もが自由にスポーツイベントを視聴できるようにしようとする考えが「ユニバーサルアクセス権」を認めるようになった。

⑴ イギリス

　ユニバーサルアクセス権を初めて法律で認めたのはイギリスである。1954年のテレビジョン法 (Television Act 1954) は，国民が視聴を願うスポーツイベント（以下，特別指定行事）の独占放送を認めず，そのような特別指定行事を無料視聴できるよう郵政長官が国民的行事として指定できることを定めた。それまでイギリスでは，公共放送局であるBBCのみが放送事業を担っていたが，民間放送事業体の参入が決まると放送権の独占契約が危惧された。民間放送事業体に放送権が独占契約されれば，放送権の高騰を招くおそれがあるからである。

　同法のもと，郵政長官は国民的行事を特別指定行事として指定した。その特別指定行事とは，サッカーのFAカップ決勝戦をはじめ，競馬のダービーおよびグランドナショナル，ウィンブルドン，クリケットのイギリス代表戦，オリンピック大会，オックスフォード・ケンブリッジ両大学対抗競漕大会等であった。これらはイギリスの人気スポーツイベントであり，無料視聴が可能となった。

　ところが，1990年代に入ると放送権が独占される事態が現実となった。1990年にオーストラリア出身の「メディア王」と呼ばれるルパート・マードックが，BスカイB (British Sky Broadcasting) という衛星放送会社を設立し，スポーツ等の有料放送を始めた。BスカイBは，1992年のサッカープレミアリーグのテレビ独占放送権を3550ポンド（約72億円）で獲得すると，その放送権を継続するだけでなく，新たにゴルフ，テニス，クリケットといったイギリス国民の間で圧

倒的な人気を誇るスポーツの独占放送権を獲得していった。BスカイBに国民的人気の高いスポーツの独占放送権が次々にわたると，有料放送独占の規制を求める声が高まった。

　そのような中，1996年の放送法 (Broadcasting Act 1996) は，独立委員会の同意を得られない限り，特別指定行事を生中継することができないことを規定した。同法のもと，放送担当大臣は，スポーツ団体および放送事業者との協議によって特別指定行事を決定し，国民の誰もが特別指定行事を無料視聴できるユニバーサルアクセス権を認めた。一方，より高額な放送権料の獲得をめざすスポーツ団体は，放送担当大臣および放送事業者との協議において，地上波ではなくBスカイBによる国外中継を希望することもあった。このようにユニバーサルアクセス権の保障は，スポーツ団体にとっては必ずしも望ましいとはいえない場合もある。

⑵　日本はユニバーサルアクセス権から何を学ぶのか：まとめにかえて

　ユニバーサルアクセス権は，イギリス国民がどこでも誰でもスポーツ放送サービスを享受する権利としてテレビジョン法や放送法等によって保護されてきた。万人を拘束するテレビジョン法や放送法等によってユニバーサルアクセス権を尊重すると，放送権者であるスポーツ団体や放送事業体の自由競争が制限されてしまう。一方，スポーツ団体と放送事業体との契約の自由を尊重すると，国民のスポーツ放送サービスにアクセスする権利の不平等が惹起される。

　日本ではイギリスのようなユニバーサルアクセス権を保障する法律は存在しないが，今後そのような法的保障は必要とされるのだろうか。これについて脇田 (2012) は，日本では放送事業体が何としても独占放送したいと願うスポーツコンテンツが育っていないことから，ユニバーサルアクセス権の論議が巻き起こることもなく，その法的保障を要求する域にも達していないと説明する。また，中村 (2006) は，イギリスにおいてユニバーサルアクセス権の法的保護をめぐる議論は「スポーツが国民の共有財産」という考えを前提に展開されたという。放送事業体が大枚をはたいてでも独占放送を望むスポーツコンテンツが登場し，それを「共有財産だ」と国民が主張できるほど成熟したイギリス社会だからこそ，ユニバーサルアクセス権は必要とされたといえる。

2011年に日本で制定されたスポーツ基本法は，その前文で，「スポーツを通じて幸福で豊かな生活を営むことは，全ての人々の権利であり，全ての国民がその自発性の下に，各々の関心，適性等に応じて，安全かつ公正な環境の下で日常的にスポーツに親しみ，スポーツを楽しみ，又はスポーツを支える活動に参画することのできる機会が確保されなければならない」ことを定めている。この規定から，スポーツ放送にアクセスする機会の平等の実現が望まれていると解される。しかし，そのために放送権の収入で成り立っているスポーツ団体と放送事業体の契約の自由を制限し，その結果，スポーツ団体によるスポーツの普及活動が委縮することは，スポーツ基本法の意図するところではない。

メディアとスポーツがボーダレスのときを迎え，日本においても，スポーツ団体と放送事業体との契約の自由と，国民のスポーツ放送サービスにアクセスする機会の平等とのバランスについて考えていく必要があるだろう。

📖 文献紹介

浦川道太郎・吉田勝光・石堂典秀・松本泰介・入澤充編，2017，『標準テキスト スポーツ法学 第2版』エイデル研究所.
　スポーツビジネスにおける放送権，著作権および著作隣接権の法的問題について調査したいと考えている人が最初に手にとるべき最新テキストである。

〔参考文献〕

一般社団法人日本バレーボールリーグ機構，2018，「Ⅴリーグ機構規約」，https://corp.vleague.or.jp/files/pdf/02_constitution.pdf

大石泰彦，2005，『メディアの法と倫理』嵯峨野書院.

大塚敏弘・得田進介，2016，「スポーツの発展と放映権料の関連」『KPMG Insight』20：1-3，https://assets.kpmg.com/content/dam/kpmg/jp/pdf/jp-sports-advisory-20160915.pdf

大橋卓生，2012，「スポーツの放送と権利」『Sportsmedicine』142：38-40，http://sports-law-seisaku.jp/cgi/upload/thesis/41/file.pdf

大橋卓生，2017，「知的財産法，不正競争防止法」浦川道太郎・吉田勝光・石堂典秀・松本泰介・入澤充編『標準テキスト スポーツ法学 第2版』エイデル研究所，233-264.

小倉秀夫，2014，「スポーツと知的財産」『パテント』67（5）：66-76，https://system.jpaa.or.jp/patents_files_old/201404/jpaapatent201404_066-076.pdf

國安耕太，2014，「スポーツ中継映像にまつわる著作権法の規律と放送権」『パテント』67（5）：77-88，https://system.jpaa.or.jp/patents_files_old/201404/jpaapatent201404_077-088.pdf

公益財団法人日本オリンピック委員会，2017，「オリンピック憲章2017年版」，https://www.

joc.or.jp/olympism/charter/pdf/olympiccharter2017.pdf

公益社団法人著作権情報センター, 2018, 「著作権法」, http://www.cric.or.jp/db/domestic/a1_index.html

齋藤健司, 2007, 「スポーツと放送」小笠原正監修『導入対話によるスポーツ法学 第2版』信山社, 171-187.

齋藤健司, 2015, 「スポーツ放送（契約）をめぐる法的問題」中村敏雄・高橋健夫・寒川恒夫・友添秀則編『21世紀スポーツ大事典』大修館書店, 102-103.

産経ニュース, 2018, 「五輪放送権料 4大会1100億円で合意 東京＋平昌は計660億円」2014年6月19日, https://www.sankei.com/entertainments/news/140619/ent1406190001-n1.html

産経ニュース, 2018, 「民放の五輪放送は赤字 放映権料高騰で」2016年9月15日, https://www.sankei.com/entertainments/news/160915/ent1609150006-n1.html

中村美子, 2006, 「ヨーロッパにおけるスポーツ放送とユニバーサル・アクセス」メディア総合研究所編『新スポーツ放送権ビジネス最前線』花伝社, 58-78.

日本プロ野球選手会, 2017, 「日本プロフェッショナル野球協約2017」, http://jpbpa.net/up_pdf/1523253145-022870.pdf

原田宗彦, 2007, 「放送権料」コトバンク, https://kotobank.jp/word/放送権料-187625

平田竹男, 2017, 『スポーツビジネス 最強の教科書 第2版』東洋経済新報社.

堀田裕二, 2017, 「放映権の法的根拠, 放映権契約の留意点」菅原哲朗・森川貞夫・浦川道太郎・望月浩一郎監修『スポーツの法律相談』青林書院, 258-261.

水戸重之, 2000, 「スポーツの試合の放送権」伊藤堯・濱野吉生・浦川道太郎・菅原哲朗編『スポーツの法律相談』青林書院, 64-68.

水戸重之, 2017, 「独占禁止法」浦川道太郎・吉田勝光・石堂典秀・松本泰介・入澤充編『標準テキスト スポーツ法学 第2版』エイデル研究所, 277-313.

森寿浩, 2015, 「スポーツビジネスをめぐる法的問題」中村敏雄・高橋健夫・寒川恒夫・友添秀則編『21世紀スポーツ大事典』大修館書店, 99-102.

文部科学省, 2011, 「スポーツ基本法」, http://www.mext.go.jp/a_menu/sports/kihonhou/attach/1307658.htm

脇田泰子, 2012, 「スポーツ放送の発展とユニバーサル・アクセス権」『メディアと社会』4：15-44, https://www.lang.nagoya-u.ac.jp/media/public/mediasociety/vol4/pdf/wakita.pdf

IOC, 2018, "OLYMPIC MARKETING FACT FILE 2018 EDITION," https://stillmed.olympic.org/media/Document%20Library/OlympicOrg/Documents/IOC-Marketing-and-Broadcasting-General-Files/Olympic-Marketing-Fact-File-2018.pdf

IOC, 2018, "Olympic Marketing Fact File 2017 Edition," https://library.olympic.org/Default/doc/SYRACUSE/66728/olympic-marketing-fact-file-international-olympic-committee-marketing-department?_lg=en-GB

【新井喜代加】

14 ドーピングは禁止されるべきか？

　この章では，スポーツにおけるドーピングについて説明した上で，なぜドーピングが禁止されるのかについて説明する。さらに，現在におけるアンチ・ドーピング活動の体制について解説を行う。現在のアンチ・ドーピング活動はWADAを中心として，WADAが策定したWADCのもとで行われているが，これについてその歴史的背景とともに解説する。さらに，具体的な説例を利用して，アンチ・ドーピング規則違反が生じた場合にどのような制裁が課されるのかについて解説を行う。

1 ── ドーピングとは

(1) ドーピングとは

　一般的に「ドーピング」とは，競技者の競技能力を向上させることを目的として薬物等を使用することと理解されている。たとえば，薬物を利用したドーピングとして，筋肉を増強するためにテストステロンなどのステロイドを利用することや，持久力を高めるために血液中の赤血球数を増加させる薬物であるエリスロポエチン (EPO) を利用することなどが良く知られている。また，薬物を利用しないドーピングとしては，血液ドーピングや遺伝子ドーピングなども近年では一般に知られるようになってきた。

　以上が一般的な「ドーピング」という概念だと思われるが，この章で対象とする「ドーピング」とは，世界アンチ・ドーピング規程 (World Anti-Doping Code: WADC)，WADCを国内規程化した日本アンチ・ドーピング規程 (Japan Anti-Doping Code: JADC)，およびWADCを国際競技連盟 (IF) の規程として制定した各IFのアンチ・ドーピング規程における「アンチ・ドーピング規則違反 (Anti-Doping Rule Violation: ADRV)」を念頭に置くこととする。なお，後述する

が，WADCでもJADCでもIFのアンチ・ドーピング規則でもADRVとされる類型は共通である。

(2) なぜドーピングは禁止されるのか

ドーピングが禁止される理由はいくつかある。

第1の理由は，競技者の健康を害する可能性である。ドーピングとして利用される薬物の中には，競技能力の向上には資するものの人体には有害なものがある。もっとも，この理由に対しては，健康を害して死ぬことになったとしても競技能力を向上させたいと思う競技者には好きにやらせれば良いのではないか，という反論もありうるだろう。

第2の理由はドーピングを行うことが不公平 (unfair) あるいはズルい行為 (cheating) だということである。ドーピングをしていない競技者からみれば，ドーピングをして競技能力を向上させた競技者は，不公平な存在であり，ズルい行為をした競技者とみなされる。

そして，第3の理由は，ドーピングはスポーツ固有の価値を損ねるというものである。人々はスポーツをするとき，あるいは観るときに何を期待しているのだろうか。おそらく，スポーツ固有の価値を享受することを期待しているのだろう。スポーツ固有の価値を定義づけることは困難な作業ではあるが，WADCの一般原則に規定するところによれば，①倫理観，フェアプレーと誠意，②健康，③卓越した競技能力，④人格と教育，⑤楽しみと喜び，⑥チームワーク，⑦献身と真摯な取り組み，⑧規則・法を尊重する姿勢，⑨自分自身とその他の参加者を尊重する姿勢，⑩勇気，および⑪共同体意識と連帯意識，であるとされる。ドーピングが行われることによってこれらの価値が損なわれることになる。

(3) アンチ・ドーピング活動の基本的枠組み

① アンチ・ドーピング活動とその歴史　アンチ・ドーピング活動とは，禁止物質の指定，ドーピング検査の立案，ドーピング検査の実施，検体の分析，ADRVの事実の認定，ADRVに対する制裁の決定および当該決定に対する不服申立て，ならびにアンチ・ドーピング

教育等などの活動をいう。

アンチ・ドーピング活動は，かつてそれぞれのスポーツ種目を統括するIF
が独自にルールを定め，またIOC自身もオリンピックにおけるドーピング規
則を作成し，個々の競技者に適用してきた。

しかしながら，スポーツ種目ごとに適用されるルールが異なるために，ドー
ピングをしたものに対する制裁や，どのような物質を摂取した場合にドーピン
グとされるのか，という点に違いが生じてしまうこととなった。また，オリン
ピックをはじめとしたスポーツイベントの商業化が進むと，競技者をはじめと
した利害関係者が増えるとともに，利害も先鋭化することとなった。ときに選
手生命を左右してしまう結果をもたらすドーピング検査は，IFやIOCなどの
スポーツイベントの主催者が行っていたが，次第に検査主体の公正性や独立性
が問題視されるようにもなってきた。

そのため，すべてのスポーツ種目において同一の禁止物質・制裁となる統一
ルールのもとで，公正かつIFやIOCから独立した機関によるドーピング検査
と違反が生じた場合の規律処分が行える体制が求められるようになった。

② WADAの設立とWADCの制定　以上のようなニーズを満たす仕組みが，現
在の世界アンチ・ドーピング機構（World
Anti-Doping Agency: WADA）を中心とし，WADAが策定したWADCに準拠し
て行われるアンチ・ドーピング活動である。

WADAは1999年に設立され，これを受けて，日本では2001年にJADAが設
立された。WADAは，IOC，IF，国内オリンピック委員会（NOC），競技者を
はじめとしたスポーツ界関係者，各国政府などと協力しアンチ・ドーピング活
動を行っている。

2003年にWADCがWADAによって制定され，2004年のアテネ・オリンピッ
ク・パラリンピック競技大会までに，IOC，IF，NOC，NADO，および各国
政府などの関係当事者がWADCを受諾することが求められた。

WADAは，具体的には，WADCの策定，WADCの施行に不可欠な国際基
準の策定，JADAのような国内アンチ・ドーピング機関（National Anti-Doping
Organization: NADO）が各国のアンチ・ドーピング規則を策定する際のモデル・
ルールの提供，IFや各国のNADOなどのWADC署名当事者がWADCを順守

しているかのモニタリング，アンチ・ドーピング活動に関する教育啓発，ADRVに対する処理がきちんと行われているかのモニタリングと不適切なADRVの処理に対するCASへの上訴などの活動を行っている。

JADAのようなNADOは，原則として各国に1つ設置され，当該国政府あるいはNOCをはじめとした国内スポーツ団体と協力し，またWADAとも連携し，WADCに準拠し制定される国内アンチ・ドーピング規程（日本の場合は，JADCがそれにあたる）に基づき国内レベルにおけるアンチ・ドーピング活動を行っている。JADAは日本国内でのアンチ・ドーピング活動について管轄権を有する一般財団法人である。主に国内レベルのアスリートを対象としているが，IFや国際的なスポーツイベントの主催者から，依頼を受け国際レベルのアスリートに対してもドーピング検査を行うことがある。

(4) スポーツにおけるアンチ・ドーピングに関する国際規約

WADCは法的にいえば，WADAという民間組織が中心となって作成した文書にすぎない。したがって，WADCを受諾することで，署名当事者は契約上の義務を負う。しかし，全世界レベルでのアンチ・ドーピング活動を推進・強化するためには，各国政府のコミットメントは必須である。そこで，ユネスコ（国連教育科学文化機関）が，スポーツにおけるドーピング防止に関する国際規約（International Convention against Doping in Sport）を作成した。同国際規約の受諾で各加盟国は，WADCを確約することになり，WADCの実効性が高められる。なお，各国政府が同国際規約の締約国とならない場合には，WADC22.8項により，オリンピック・パラリンピック競技大会などのような競技大会開催の立候補資格が剥奪される可能性がある。

同国際規約は，2005年10月に開催された第33回ユネスコ総会で条約が採択され，日本は2006年12月に締約国となり，2007年2月から発効している。2017年12月現在187か国が締約国となっている。

同国際規約は，スポーツにおけるドーピングの撲滅のため，ならびに，ドーピングの防止およびドーピングとの戦いを促進するという規約の目的を達成するため，締約国に①国内的および国際的な規模においてWADCの原則に適合する適当な措置をとること，②競技者の保護およびスポーツにおける倫理の保

持ならびに研究成果の共有を目的とするあらゆる形態の国際協力を奨励すること，③スポーツにおけるアンチ・ドーピングに取り組んでいる主要な機関，特に世界アンチ・ドーピング機構と締約国との間における国際協力をすることなど，を求めている。

　なお，ユネスコ規約のほかにも，アンチ・ドーピングに関する条約がある。EU構成国をはじめとして，ロシア，トルコなど47か国が加盟国となっている欧州評議会 (Council of Europe) は，ユネスコ規約が採択されるよりも前の1989年にアンチ・ドーピング条約を採択した。2018年7月現在52か国について発効している。同条約が特徴的なのは，加盟国に必要に応じて，禁止物質，禁止方法，および特にアナボリック・ステロイドの使用とそれらの入手可能性 (移動，所有，輸入，配布，および販売を制限する規定を含む) を同時に制限する法律および規則の制定，または行政的措置をとることを義務づけている点である (同条約4条1項)。同条約は，ユネスコ規約を作成する際にも大いに参考にされた。

(5) 各国の国内立法・日本のアンチ・ドーピング法

　アンチ・ドーピング活動の実効性確保のため，あるいは促進のため，アンチ・ドーピング法を立法する国々もある。アンチ・ドーピング法によって禁止物質の保有や取引などを刑罰の対象とする国 (ドイツ，オーストリアなど)，競技者による禁止物質の使用についても刑罰の対象とする国 (イタリア，スペイン，ギリシア，トルコなど) もある。また，オーストラリアなどのように行政機関等にドーピングに対する幅広い調査権限を与えるのみの立法をする国もある。他方で，イギリスのように，ドーピングに対する特別な立法をせずに，薬事法や薬物不正使用禁止法などの既存の法律を活用したり，了解事項覚書 (Memorandum of Understandings) を締結した行政機関との間でドーピングに関する情報 (競技者の出入国情報，禁止物質の輸出入に関する情報など) の共有をしたりして，アンチ・ドーピング活動を実施している国もある。

　日本では，オリンピック・パラリンピック大会の招致活動と並行して，アンチ・ドーピング立法の可能性について諸外国の法制度なども含めた研究・検討が2012年度まで進められていた。その後，立法の動きはほぼなく，2020年東京オリンピック・パラリンピック競技大会が決定した後の，2015年末になってア

ンチ・ドーピング体制の構築・強化に向けたタスクフォースがスポーツ庁内に
設置された。翌2016年11月に最終報告書がまとめられ，それを受け2017年には
立法化の作業が行われた。2018年5月31日に衆議院で可決，同年6月13日に参
議院で可決され，同月20日に「スポーツにおけるドーピング防止活動の推進に
関する法律」(以下，アンチ・ドーピング法)として公布された。同法律は2018年
10月1日施行とされた。

　アンチ・ドーピング法では，競技者による禁止物質の使用，禁止物質の所有
や取引，禁止物質の競技者への投与などをはじめとしたドーピングを禁止し，
競技者の支援者に対しても当該競技者のためにドーピングを行い，あるいは，
助けることを禁止している(4条)。他方で，イタリアやスペインでの立法とは
異なり，競技者によるドーピングや支援者によるドーピングを処罰する規定を
置くことは見送られた。もっとも，ドーピングで使用される禁止物質の一部
は，薬事法や覚せい剤取締法などの法律により使用・保有などが刑罰化されて
おり，そのような法に抵触する場合にはドーピングも刑罰の対象となっている。

　アンチ・ドーピング法のもう1つの目玉は，情報の共有等について定める15
条である。同条は国の行政機関，独立行政法人日本スポーツ振興センター (JSC)，
JADA，WADAなどのアンチ・ドーピング機関 (Anti-Doping Organization:
ADO) 等の組織間におけるドーピングに関する情報交換を可能とする根拠とな
る。すなわち，イギリスやオーストラリアのように，調査権や捜査権をもつ行
政機関などから競技者の出入国情報や禁止物質の輸入に関する情報をADOが
共有できるようにし，アンチ・ドーピング活動に役立てることが可能となるの
である。

　近年のドーピングは悪質化・巧妙化の一途をたどっており，このようなこと
ができないと有効なアンチ・ドーピング活動は行えず，クリーンな競技者を
守っていけない状況になっており，オリンピック・パラリンピック競技大会の
ホスト国として対応が求められている事項でもあった。

2 ──WADCおよび国際基準と国内規程

(1) 世界アンチ・ドーピング規程（WADC）

先にも説明したとおり，WADCはWADAによって策定され，IOC・IPCを
はじめとした国際競技大会の主催者，IF，NOC，NADOなどが署名当事者と
なっている。また各国政府はスポーツにおけるドーピング防止に関する国際規
約を通じて，WADCの内容の遵守が義務づけられる。

WADCは，どのような行為がADRVとされるのか，ADRVを摘発するため
にどのような手続（検査手法など）が行われるのか，ADRVの疑いが生じた場合
にどのような手続で違反の有無が判断されるのか，ADRVがあったと認定さ
れた場合にどのような制裁を受けることになるのか，WADA・JADAといっ
たADOの責務や，スポーツ団体・各国政府の責務など，アンチ・ドーピング
活動に関する重要な事項について定めている全世界レベルの統一ルールである。

既述のようにWADCは2004年より施行された。2009年1月1日から2004年
版の改訂版が施行され，現在はそれをさらに改訂したものが2015年1月1日か
ら施行されている。したがって現在の最新版は2015年版WADCとなってい
る。以下では2015年版WADCに沿って記述を進めるが，すでに現在改訂作業
が進行中であり，利害関係者からのパブリック・コメントなどをも参考としつ
つ議論が行われ，2021年1月1日からは2021年版WADCが施行される予定で
ある。

(2) 国際基準

WADCに基づいてアンチ・ドーピング活動を行うために，WADCのほかに
国際基準が用意されている。現在，禁止表国際基準 (Prohibited List)，検査及び
ドーピング調査に関する国際基準 (International Standard for Testing and
Investigations: ISTI)，治療使用特例に関する国際基準 (International Standard for
Therapeutic Exemptions: ISTUE)，プライバシー及び個人情報の保護に関する国
際基準 (International Standard for Protection of Privacy and Personal Information:
ISPPPI)，分析機関に関する国際基準 (International Standard for Laboratories:

ISL），および署名当事者の規程遵守に関する国際基準（International Standard for Code Compliance by Signatories: ISCCS）の6つの国際基準が策定されている。これらの国際基準は，全世界で統一的に適用され，各国独自に変更することは許容されていない。

　これらの国際基準のうち最も重要なのが禁止表国際基準である。禁止表国際基準は，どのような物質・方法がADRVを構成する禁止物質あるいは禁止方法とされるのかを定めている。禁止表国際基準の中で重要な点の1つは，禁止物質が「特定物質」と「特定物質ではない禁止物質（非特定物質）」に分類されており，これらの分類に応じて，資格停止期間の長短や規律手続における証明責任が変わるという点であり，留意されたい。

　WADC本体と異なり禁止表国際基準の改訂のペースは少なくとも年1回である。このようなペースで禁止表国際基準が改定される背景は，ドーピングで使用される物質・方法の開発のペースは速くADOとのいたちごっこがあり迅速に対応をせざるをえないこと，他方詳細な研究の結果，一度は禁止表国際基準に掲載されたもののもはやドーピング目的として使用しても意味がない物質となったり，検査分析技術の進歩によって類似するドーピングの効果のある物質と区別ができるようになったドーピングとは関係のない物質が現れたりするためである。

　次に重要性が高いのは，ISTIである。ISTIはADRVを摘発するために必要となるドーピング検査やドーピングに関する情報収集活動をどのように行うのかについての詳細な規定を置いている。そして，ISTUEもISTIと同様に重要性の高い国際基準である。ISTUEは，治療のために禁止物質を使用しなければならない競技者に，例外的に当該禁止物質の使用を認める治療目的使用例外（Therapeutic Use Exemption: TUE）を与えるための基準および手続の詳細を定めるものである。

　上記の国際基準のほかの3つ，すなわち，ISPPPI，ISL，ISCCSも，それぞれWADCに準拠したアンチ・ドーピング活動をする際のプライバシーおよび個人データの保護，競技者から採取された検体等の分析を行う分析機関，ならびに，スポーツ団体などがWADCを遵守しているかの精査の手続について詳細な規定を定めている。

これらすべての国際基準は，WADCを受諾することによって，IOC，NOC，各国政府，IF，NF，競技者などの関係当事者を拘束することになる。

⑶ 日本アンチ・ドーピング規程（JADC）

　JADCは，WADCに準拠してWADAによって作成されたモデル規程に基づいて，日本のスポーツ界の現状に沿うような形で，JOC，日本スポーツ協会，日本障がい者スポーツ協会，日本スポーツ仲裁機構，国内スポーツ団体，競技者およびその他関係する利害関係者の意見などをも考慮して，JADAが作成している。

　もっとも，全世界において統一されたルールのもとアンチ・ドーピング活動を行うという観点から，WADCやモデル規程から変更ができる箇所は限られており，違反が疑われる分析結果が生じた場合の規律手続に関する規定，規律手続の結果に対する不服申立ての規定，および，国内競技連盟等の責務に関する規定を除けば，その内容はほぼWADCと同一である。

⑷ 競技者・スポーツ団体はなぜアンチ・ドーピング規則に従う必要があるのか

　先にも説明した通り，IOC・IPC・IF・NOC・NADOなどはWADCの署名当事者とされ，WADCや各国際基準に拘束されることになる。また各国政府もドーピング防止に関する国際規約を通じて，WADCおよび各国際基準に拘束される。

　それではWADCの署名当事者にはなっていない競技者や国内レベルのスポーツ団体はなぜWADCに従うことになるのだろうか？　国内レベルのスポーツ団体についてみていこう。NADOはその管轄する国内において，WADCに準拠した国内規程（日本の場合にはJADC）を作成し，それを国内スポーツ団体に受諾させている。またNOCも加盟団体規程などで，NADOが策定したアンチ・ドーピング規程の遵守を義務化している（たとえば，JOC加盟団体規程9条(9)）。国内規程を受諾することによって同時にWADCや各国際基準を遵守することになる。さらに，当該スポーツを管轄するIFもWADCに準拠したアンチ・ドーピング規程を策定しており，この規程の受諾を国内スポーツ団体に対してIF加盟の条件としている。IFのアンチ・ドーピング規程を受諾する

ことによってもWADCや各国際基準を遵守することが求められる。これらの方法を利用することによって，国内レベルのスポーツ団体によるWADCの遵守を確実なものにしている。

　他方で，通常競技者は，当該競技者が行っているスポーツを管轄するスポーツ団体と競技者との間で選手登録や競技者登録をしている。その際にスポーツ団体は，NADOおよびIFが策定したアンチ・ドーピング規程とWADCの遵守を選手登録の条件として競技者に課している。こうすることによって，競技者とスポーツ団体の間の契約の条項として，WADCやNADOの策定したアンチ・ドーピング規程が組み込まれ，競技者はWADCに拘束されることになる。

3──アンチ・ドーピング規則違反（ADRV）の10の類型

　どのような行為がADRVとされるのかについて，WADCもJADCも2.1項から2.10項に以下の10の類型を規定している。①禁止物質またはその代謝物もしくはマーカーの検体の中における存在（2.1項），②禁止物質若しくは禁止方法の使用または使用の企て（2.2項），③検体の採取回避・拒否・不履行（2.3項），④居場所情報関連義務違反（2.4項），⑤ドーピング・コントロールの不当な改変またはその企て（2.5項），⑥禁止物質・禁止方法の保有（2.6項），⑦禁止物質・禁止方法の不正取引またはその企て（2.7項），⑧競技者に対する禁止物質・禁止方法の投与またはその企て（2.8項），⑨違反関与（2.9項），⑩特定の対象者とのかかわりの禁止（2.10項）。

　上記のうち，①および②の違反類型は，競技者の検体採取によって証明することができる。他方で，それ以外のADRVの類型は，競技者からの検体採取では対応ができない違反類型である。これらの場合，関係者による証言・情報提供，国家機関の家宅捜索による禁止薬物やドーピング関連器具の押収，税関による禁止薬物・ドーピング関連器具の輸出入に関する情報，検体採取回避・拒否および居場所情報関連義務違反の事実などを証拠として，ADOが後述の規律パネルなどへ案件を持ち込み，審問が開催され，違反の認定および制裁の決定が行われる。

　上記の類型のうち，タイトルだけではわかりづらい違反類型について簡単に

説明をしておこう。④居場所情報関連義務違反とは，ある一定のレベル以上の競技者には，いつでも競技会外検査に対応できるよう四半期ごとに毎日の練習場所や練習時間などの居場所情報の提供義務が課されているところ，当該義務についてきちんと履行していない場合に違反となる。⑨違反関与とは，競技者以外の者がADRVまたはADRVの企てなどに，支援等その他あらゆる違反への意図的な関与をすることをいう。⑩特定の対象者とのかかわりの禁止とは，ADRVを理由として資格停止の対象となっているか，ドーピングに関連して刑事上有罪あるいは職務上懲戒処分を受けている指導者や医師その他の支援要員とともに活動をすることである。

4──ドーピング検査手続・分析機関による分析

ADRVを摘発するために従来から行われているものが，競技者から検体を採取し，検体中の禁止物質の分析を行う手法である。現在では尿検体を採取する方法のほか，血液ドーピングや遺伝子ドーピングというような巧妙かつ高度なドーピングをも摘発するため血液検体を採取することも行われている。

今日でも一般的なドーピング検査手続である競技会時における尿検体の採取について以下簡単に説明する。ドーピング検査の対象となる競技者は，競技会において上位の成績を獲得した者のほか，それ以外の競技者もランダムに対象となる。これに加えて，ISTIに基づいて行われたドーピング調査や第三者からの情報提供によりドーピングが疑われる競技者に対しては，ADOが集中して検査の対象とすることがある。

尿検体の採取は，ISTIに従って行われる。ドーピング・コントロール・オフィサー（DCO）の指示・監督のもと，競技者は自らの手で採取された検体を，A検体とB検体のボトルへ厳封する。もし，検体の採取を拒否したり回避したり，あるいは検体を改変するなど，ドーピング・コントロールの不当な改変またはその企てを行えば，それはADRVとなる。

競技者から採取したA検体とB検体のボトルはWADA認証の分析機関に厳重な管理のもと送付される。そこで，A検体についてまず禁止物質が含まれていないかについて分析が行われることになる。この際分析機関は，上述のISL

に従って分析を行うことが義務づけられている。

5 ── アンチ・ドーピング規則違反事例の処理

⑴ 制　裁

① 概説　　ある競技者に対して，競技会外検査あるいは競技会検査でドーピング検査が行われ，分析機関での分析の結果，ADOに対して，競技者から採取した検体の分析結果が送付される。仮にA検体から禁止物質が検出された場合，それは，「違反が疑われる分析結果（Adversarial Analytical Finding: AAF）」となる。

当該AAFについて，ADOは，当該AAFに対応する有効なTUEがあるかを検討する。もし有効なTUEがない場合，ADOは，当該競技者に対して検出された禁止物質が特定物質であるか非特定物質であるのかに応じて暫定的資格停止を課すか課さないかを決める。そしてADOは，自らを検察官役，競技者を相手方として，事案をADOから独立した判断機関（日本において国内レベルのアスリートであれば日本アンチ・ドーピング規律パネル（規律パネル））に送付し，規律手続を開始することになる。

なお，A検体の分析結果がAAFであった場合，競技者はB検体の分析を求めることができる。もしB検体の分析結果がA検体の分析結果を追認しない場合は，陰性であったとして処理される。

② 制裁の種類　　WADCおよびJADCで用意されている競技者個人に対する制裁は，成績の失効，競技者としての資格停止，金銭的制裁措置，制裁措置の自動公開の4つである。

まずADRVが生じた場合，それが個人スポーツに関連する場合，原則として違反を行った競技者個人の成績が自動的に失効する（WADC9条）。

上記に加えて，WADC10条に従って成績の自動的失効以外の制裁が規律手続によって決定されることになる。以下では，競技者としての資格停止に限って説明を行う。

③ 資格停止期間の決定　　1回目のADRVを競技者が行った場合，資格停止期間については，規律パネルなどのADOとは独立し

225

た判断体（日本においては日本アンチ・ドーピング規律パネル）によって概要以下のように決定される。すなわち，まず，WADC10.2項，10.3項において，ADRVの類型ごとに最終的な資格停止期間決定のための基本となる資格停止期間が規定されることになる。制裁措置が一定の幅をもって規定されている場合には，その範囲内で制裁措置を決定する。

　基本となる資格停止期間が決定された後，資格停止期間の取消しまたは短縮可能性を検討することになる。この際，２種の取消理由または短縮理由が存在している。

　１つは，競技者の過誤または過失の程度に基づく資格停止期間の取消しまたは短縮である（WADC10.4項，10.5項）。

　２つ目は，ADRVの（速やかな）自認の有無（WADC10.6.2項，10.6.3項）による資格停止期間の短縮である。制裁措置が一定の幅をもっているため，その範囲内で制裁措置を決定する。

　これら２種の短縮理由はどちらか一方のみだけではなく，双方が同時に適用される場合もある。これらの２種の理由に基づく資格停止期間の短縮が行われる場合，前者の（過誤または過失の程度による）資格停止期間の短縮の有無を検討し，資格停止期間を定めた後に，後者の資格停止期間短縮理由の検討が行われることになる（WADC10.6.4項）。

　資格停止期間が決定された後に，資格停止期間の開始時期がWADC10.11項に基づき決定される。

　なお，資格停止期間の短縮に加えて，アンチ・ドーピング規則違反を発見または証明する際の実質的な支援があった場合には，資格停止期間の猶予が行われることがある（WADC10.6.1項）。

　次の例ではどのような制裁が課されるだろうか——「競技者の尿検体からステロイドや成長ホルモンなどの非特定物質である禁止物質が検出されAAFが生じ，当該AAFに対応するTUEもなく，B検体の分析結果がA検体の分析結果を追認するものであり（2.1項違反がこの時点でほぼ認定されている），暫定的資格停止がADOから課され，規律手続も開始されている。規律パネルは競技者のADRVは意図的ではないと認定しているが，競技者に過誤または過失がなかったとはいえないとしている」。

WADC10.2項によれば，競技者のADRVが意図的なものであった場合には
4年間，そうでなかった場合には2年間の資格停止期間となる。非特定物質に
関するADRVの場合意図的ではなかった旨の証明責任は競技者側に課されて
いる。この例の場合，競技者は意図的でないことを証明できているので，2年
間の資格停止期間が制裁のベースとなる。

次に，競技者がADRVは意図的でなかったことが立証できると，さらなる
資格停止期間の縮減の可能性が開かれる。すなわち，WADC10.4項では競技
者がADRVについて「過誤又は過失がなかったこと」，すなわち，「競技者又は
その他の人が禁止物質若しくは禁止方法の使用若しくは投与を受けたこと，又
はその他のアンチ・ドーピング規則に違反したことについて，自己が知らず又
は推測もせず，かつ最高度の注意をもってしても合理的には知り得ず，推測も
できなかったであろう旨」を立証できた場合に資格停止期間をゼロにする途を
残している。もっとも，例のように「過誤又は過失がなかった」ことが認めら
れることはあまりない。

また，WADC10.5項は，競技者がADRVについて「重大な過誤又は過失が
なかったこと」を証明できた場合に資格停止期間の縮減の可能性を認めてい
る。したがって，上記の例ではADRVに関して競技者に重大な過誤または過
失がなかったことが認められれば，WADC10.5.2項が適用され最大でベース
となる制裁の半分である1年間の資格停止期間となる可能性がある。

2.1項違反の場合，上述の段階でADRVがほぼ認定されるのは次のような理
由による。すなわち，WADC2.1.1項は，競技者に禁止物質が体内に入らない
ようにすることおよび禁止方法を使用しないようにすることを義務づけてい
る。その反射として，2.1項違反が証明されるために，競技者側の使用に関し
ての意図，過誤，過失などが考慮されないためである。このような考え方は，
「厳格責任の原則（Strict Liability Rule）」と呼ばれ，競技者にとっては厳しいルー
ルであるとの意見はあるものの，旧来からアンチ・ドーピング活動の世界にお
いて妥当している原則の1つである。

⑵ 不服申立て

以上のようにADRVに対する資格停止期間を決定する過程をみてくると，

制裁を課すにあたってWADCには一定の裁量があることがわかる。そうする
と競技者側もADO側も，規律パネルの決定に対して不服をもつ可能性があ
る。このような場合に，不服申立ての機会がアンチ・ドーピング規則には用意
されている。国内レベルのアスリートに関連する事件の場合は，日本アンチ・
ドーピング規律パネルの決定に対して，日本スポーツ仲裁機構への上訴が認め
られている。他方国際レベルのアスリートに関連する事件については，IFの
処分に対してスポーツ仲裁裁判所（CAS）に対して不服申立ての途がある。い
ずれも，不服申立てが可能な期間は限られている（たとえば，規律パネルの判断
に対する不服申立ては被処分者が通知を受け取ってから21日以内にしなければならな
い）。

　なお，国内レベルの競技者が対象となる不服申立てに関する日本スポーツ仲
裁機構の仲裁判断に対しては，さらにWADAがCASへ上訴する途が残されて
いる。WADCの全世界的な統一的適用のためにWADAは常にADRVに対す
る制裁を監視しており，ADRVに対して極端に軽い制裁を課したり，誤った
規程の適用をしたりしている場合に，統一的な適用の観点から必要であれば，
CASへ上訴している。

📖 文献紹介

　　アンチ・ドーピングと法に関する日本語で読める入手しやすい文献はない。アンチ・
　ドーピング一般については，公益財団法人日本アンチ・ドーピング機構が解説している競
　技者向けウェブサイト（https://www.realchampion.jp/）を参照するとさまざまな情報が
　得られる。

〔参考文献〕

公益財団法人日本スポーツ仲裁機構編，2013，『ドーピングに対する法的制裁制度に関する
　　調査研究』．

公益財団法人日本スポーツ仲裁機構編，2015，『解説』．

道垣内正人・早川吉尚編，2011，『スポーツ法への招待』ミネルヴァ書房．

David, Paul, 2017, *A Guide to the World Anti-Doping Code*, 3rd ed., Cambridge University
　　Press.

Lewis QC, Adam, Jonathan Taylor eds., 2014, *Sport: Law and Practice*, 3rd ed., Bloomsbury
　　Professional.

【小川和茂】

15 健康ブームは健康をもたらすか？

　誰もがいつまでも健康でいたいと思うものである。だからこそ，健康に良いとされる食品がブームとなり，健康の維持・増進につながる商品がヒットする。しかし，それらは効果がないばかりか，逆に健康を害する商品で重大事故や死亡事故につながるケースもある。また，私たちは，テレビ番組での特集やインターネットサイトで発信されるさまざまな情報をついつい信頼してしまうが，実際には科学的な根拠が伴わない信憑性の低い情報や誤った情報であったりする。このような現状において，私たちは正しい知識を習得し，社会に溢れかえる情報を判断し，健康の維持・増進を図っていくことが求められる。この章では，健康に必要不可欠な運動，栄養，休養の3要素について法的・制度的側面から触れ，次に，国際的な動きも踏まえながら健康増進の取り組みについて概観する。最後に，私たちの日常生活における健康づくりについて，フィットネスクラブ業界を中心にみていく。

1 ── 私たちの生活と健康

(1) 健康に対する考え方

　日常生活において，私たちは「健康」という言葉を使うが，健康について説明できますか？　と聞かれると，明快に説明することは難しい。それは健康のとらえ方や基準が個人によって異なるためだが，世界保健機関（WHO）憲章では，「健康とは，完全な肉体的，精神的及び社会的福祉の状態であり，単に疾病又は病弱の存在しないことではない」と定義しており，精神的および社会的な側面を含めて広くとらえている。

　この定義によれば，より良い状態，つまり健康の質を求めていくことが重要になり，そのためには自らにかかわる主体要因をコントロールしていくことはもちろん，それを取り巻く環境要因にも注意を払っていく必要がある。主体要

因には，年齢，性別および遺伝等の生物的な側面と，本人の適切な意思決定と行動選択がポイントとなる運動，食事（栄養）および休養等の生活習慣が含まれる。環境要因には自然環境と社会環境が含まれ，前者は大気，水，土壌，紫外線および気温等の生活する上での自然の諸条件であり，国および世界レベルで条件整備に取り組む必要があり，後者は私たちの日常生活に直接的もしくは間接的に影響を与える，組織，制度および慣習等の社会の諸条件であり，具体的には学校，職場，家庭等での環境を指す。

　現実社会に目を向けると，私たちの生活は情報通信技術（ICT）の発達等によって便利で快適になる一方，人間関係がより複雑化し，心身に大きな影響を与えている。また，労働形態の変化によって働き方や生活スタイル等が多様化し，社会の都市化によって私たちの生活する地域社会も変容してきた。このように，私たちが抱えるストレスは社会のさまざまな変化によって増幅しており，それらに対応しながら生活していくことが重要になる。

⑵ 運動と健康：ライフステージと運動・スポーツ

　運動・スポーツの実践は，体力の増進や運動能力の向上のみならず，身体を動かすことによる気分転換やストレス発散等の心の健康や精神的充足にも役立つ。また，スポーツは，記録や勝利の追及といった自己実現の機能も有する。たとえば，自己記録の更新や大会での優勝をめざすことは，個人の生きがいとなる。さらに，スポーツはルールに基づいて行うため，他者との協同や仲間との交流が必要不可欠であり，コミュニケーションの機会を増大させるといった社会性の機能も有している。たとえば，地域での運動会が挙げられ，住民の交流を深めて地域社会の活性化を促すことができ，人間関係の希薄化の解消や地域社会の再生の可能性を秘めている。

　このような運動・スポーツの多様な機能を生かすために，私たちは自らの体調や志向性等を踏まえながら，主体的な態度や継続可能な習慣を形成していかなければならない。その際には，一生のうちにみられる重要な出来事や加齢に伴う生活行動上の特徴の段階，つまりライフステージに合わせて，医学的な発達課題や社会的役割なども考慮しながら，運動・スポーツへのかかわり方を実践していく必要がある（表15-1）。

表15-1 各ライフステージにおける運動・スポーツへのかかわり方

ライフステージ	運動・スポーツへのかかわり方
乳幼児期	屋外の遊び場や自然環境での多様な遊びから，基本的な動きを学習する。
児童期	学校，地域および家庭における運動・スポーツの実践から，基礎的な体力や運動能力を習得するとともに，社会性や人間性を養う。
青年期前期	自らの興味・関心に応じてさまざまな運動・スポーツを体験し，体力の向上と運動・スポーツに対する習慣の形成を図る。
青年期後期	自らに適した運動・スポーツを積極的に実践し，体力の向上とスポーツに関する総合的な教養の獲得をめざす。
壮年期	自由な時間を活用して運動・スポーツを実践し，運動・スポーツ，栄養や休養等について理解するとともに，仲間や友人との交流を図る。
中年期	自らの実状に応じて規則的に運動・スポーツを実践し，運動不足の解消と体力の保持に努める。
老年期前期	適度な運動・スポーツと栄養のバランスがとれた食事を心がけるとともに，スポーツ活動やボランティア活動等を通じて積極的に社会参加をする。
老年期後期	日常生活での軽度の身体活動を心がけるとともに，主体的な行動による自立したライフスタイルを追求する。

出所：保健体育審議会 (1997) を参考に筆者作成。

(3) 栄養と健康

　健康の保持・増進には，エネルギーとなる炭水化物や脂質，筋肉や骨格をつくるたんぱく質，さらには体の各機能を調整するビタミンやミネラル等，さまざまな栄養素を摂取する必要がある。それらの必要量は，性別や年齢等によって異なるが，摂りすぎや不足が起きると肥満や貧血といった症状を起こす可能性があり，骨粗しょう症等のように長期間を経てあらわれるものもある。私たちは，常日頃から食事や栄養に関心をもち，2000（平成12）年に文部省（当時）等が策定した食生活指針（2016（平成28）年に改定）等を参考にしながら，健全な食生活を心がけていきたい。

　近年，健康に対する意識の高まりから，不足しがちな栄養素を補うための栄養補助食品やサプリメント，健康に良いとされる食品，いわゆる健康食品を利用する人が増えている。その背景として，テレビや雑誌等のメディア，インターネットのサイトを通して簡単に健康に関連する情報を得ることでき，オンラインショッピングの普及によって，商品の購入が以前より容易になってきたことが挙げられる。しかし，厚生労働省ほか（2013）によれば，いわゆる健康食品の問題点として，①違法な製品の流通，②多様な品質の製品，③医薬品的な効果を期待した利用，④食品だから安全といった誤解が指摘されている。特

に①については，医薬品，医療機器等の品質，有効性及び安全性の確保等に関する法律（医薬品医療機器等法）によって医薬品と紛らわしい効能等の表示や広告を行うことが禁止されており，留意する必要がある。

国立研究開発法人医薬基盤・健康・栄養研究所が運営する「健康食品」の安全性・有効性情報（https://hfnet.nibiohn.go.jp/）では，話題となっている食品や成分について紹介や解説がされているので，こういったサイトを活用して正しい情報や知識を得たり，自分で判断できない場合は医師や薬剤師へ相談して，被害に合わないように気をつけることが大切である。

(4) 保健機能食品とは？

前述のように，健康の保持・増進のために健康食品等を利用する人がいる一方，さまざまな問題が表出している。この状況を改善するために，2015（平成27）年4月から機能性表示食品制度がスタートし，特定保健用食品（トクホ）および栄養機能食品のほかに，新たに機能性表示食品が設けられた。この3種類の食品は保健機能食品とされ，個々で表示の仕方や認可の方法が異なるが，食品の効能を商品のパッケージ等に表示できる（表15-2）。

特定保健用食品は，個別に国の審査を受け，申請および承認された保健の機能についてのみが表示対象となる。医薬品のような効果や効能を期待せず，あくまでも科学的な根拠に基づいた情報が表示されている食品ととらえる必要がある。栄養機能食品は，ビタミン等の栄養素の成分機能について，あらかじめ規定された表記を記載することができ，審査等の手続は不要である。機能性表示食品は，両者の中間に位置するもので，事業者が自らの責任において科学的な根拠をもとにして保健の機能を表示することができる。また，事業者にとっては，個別審査が不要で自己認証となるため，販売までの時間および費用を短縮することができるメリットがある。

(5) 休養と健康：労働，心の健康について

健康な生活を送るためには，運動・スポーツと栄養だけでは不十分であり，肉体的および精神的な疲労を回復するための休養や睡眠が必要になる。

日本の祝日は年間16日と諸外国と比較しても多いが，年次有給休暇の取得状

15 健康ブームは健康をもたらすか？

表 15-2　機能性表示食品を含む各食品の違い

	医薬品・医薬部外品	特定保健用食品（トクホ）	栄養機能食品	機能性表示食品	一般食品（いわゆる健康食品を含む）
機能性の表示	―	○	○	○	×
認可方法	個別承認	個別許可	自己認証	事前届出	―
内　容	―	保健の機能	栄養成分の機能	保健の機能	―
表示例	―	おなかの調子を整えます。	カルシウムは骨や歯の形成に必要な栄養素です。	おなかの調子を整えます。	―
マーク	―	（消費者庁許可 特定保健用食品）	―	―	―

（表の上部）◄― 医薬品 ―►　◄―――― 食品 ――――►　◄―― 保健機能食品 ――►

出所：消費者庁（2015a, 2015b）を参考に筆者作成。

況は厚生労働省（2017b）によれば49.4％であり，実際の休養日（休日）は多いとはいえない状況にある。睡眠時間はOECD（2009）によれば，対象とした18か国中，韓国と並んで最低水準であった。また，厚生労働省（2017b）では，睡眠による休養を十分にとれていない人が増加傾向にあると指摘している。

　休養や睡眠と深く関連してくるのが労働である。一般的に長時間労働は疲労を蓄積し，健康状態に悪影響を与えるとされ，しばしば社会問題として取り上げられる。

　労働基準法は，労働時間および休日に関して規定しており，使用者は①原則として1日に8時間，1週間に40時間を超えて労働させてはいけない，②労働時間が6時間を超える場合は45分以上，8時間を超える場合は1時間以上の休憩を与えなければいけない，③少なくとも毎週1日の休日か，4週間を通じて4日以上の休日を与えなければいけない，としている。しかし，日本人の平均労働時間は厚生労働省（2017a）によれば，1980年代の2000時間から2016（平成28）年には1700時間ほどに減少しているものの，パートタイム労働者を除いた一般労働者の年間総実労働時間をみると，2000時間前後で高止まりしており，依然として長時間労働が常態化している。また，職場でのいじめや嫌がらせに関する相談受付件数は，厚生労働省（2017g）によれば2016（平成28）年度に過去

233

最多の7万917件となり，仕事や職場環境に関して悩みやストレスを感じている人が増加傾向にある。今後，私たち（労働者）は使用者（事業者）と協力して，労働時間の短縮やメンタルヘルスケア（精神衛生面の改善）に取り組み，休養や睡眠を確保しながらワークライフバランス（仕事と生活の調和）を図っていくことが大切になる。

2──健康増進の取り組み

(1) 日本人の平均寿命と健康寿命

　ある集団の健康状態を測る尺度，つまり健康指標にはさまざまなものがあるが，代表的なものとして平均寿命が挙げられる。日本の平均寿命は，厚生労働省（2017c）によれば，男性が80.98歳，女性が87.14歳であり，世界的にみても長寿国に位置づけられる。その要因には，医療の進歩はもちろん，食生活を含む生活環境の改善等がある。また，WHOが2000（平成12）年に提唱した「健康上の問題で日常生活が制限されることなく生活できる期間」とする健康寿命は，橋本（2018）によれば男性が72.14歳，女性が74.79歳であり，平均寿命より男性が約8歳，女性が約12歳短い。

　平均寿命と健康寿命には，前述の主体要因と環境要因がかかわってくる。たとえば，運動・スポーツの実践をみると，厚生労働省（2017d）によれば1回30分以上の運動を週2回以上実施し，1年以上継続している（運動習慣のある）20歳以上の人の割合は，男性で35.1%，女性で27.4%であった。年齢階級別にみると男女ともに，時間的に余裕が少ないこと等から30歳代が最も低く，時間的および金銭的に余裕のある70歳以上の世代が最も高くなっている。平均寿命との間の期間は，介護等を必要とする可能性があるため，適度な運動・スポーツの実践や適切な栄養の摂取等，自らの生活習慣に気をつけながら身体および生活の機能を維持し，健康寿命を延ばしていくことが大切である。

(2) 健康に関する法：憲法，法律，国際条約

　日本では，憲法13条ならびに25条1項および2項で，すべての国民に健康についての権利を保障し，国の義務を定めている。また，健康にかかわる主な法

15　健康ブームは健康をもたらすか？

律としては，健康増進法，食育基本法およびがん対策基本法等がある。2002（平成14）年に成立した健康増進法は，国民は生涯にわたって自らの健康状態を自覚するとともに，健康増進に努めなければならないとし（2条），国，地方公共団体および関係者は，国民の責務に対して連携を図りながら協力するよう努めなければならないとしている（5条）。また，受動喫煙の防止に関する規定が盛り込まれ，公共施設の管理者の責務を定めている。2005（平成17）年に成立した食育基本法は，食に関する教育（食育）を知育，徳育および体育の基礎として位置づけ，施策の基本事項を定めた法律である。成立の背景には，生活習慣病の増加等，国民の食生活をめぐる課題があり，施行に伴って内閣府に食育推進会議が置かれ，2006（平成18）年3月には食育推進基本計画が策定された。2007（平成19）年に成立したがん対策基本法は，日本人の最大の死因であるがんの対策を総合的かつ計画的に推進するために制定された。

　健康についての権利は憲法によって保障され，それにかかわる法律が制定されているものの，健康権については憲法の中で直接的に謳われておらず，日本の法体系の中での位置づけも定まっていない状況にある。一方，国際的には健康権は，WHO憲章前文および1条，1948（昭和23）年に国連総会で採択された世界人権宣言22条，さらに，1979（昭和54）年に世界人権宣言を条約化した国際人権規約A規約12条によって保障されている。なお，日本も国際人権規約を批准しているため，A規約12条の規定は国内においても法的拘束力をもつ。

(3) 健康増進にかかわる国際的な動き

　健康増進にかかわる国際的な動きは，1946（昭和21）年のWHO憲章の健康増進を出発点として進んできた。1978（昭和53）年のアルマ・アタ宣言では，地域における疫学的優先度に基づいた活動を重視するために，健康増進の基本的概念の1つであるプライマリ・ヘルス・ケアを提唱した。その中では，2000（平成12）年までに世界中の人々が，社会的にも経済的にも生産的な生活を送ることのできるような健康水準へ到達することを目標として掲げられた。1986（昭和61）年にオタワで開催された第1回健康づくり国際会議（GCHP）では，人々が自らの健康とその決定要因をコントロールし，改善できるようにするプロセスを指すヘルスプロモーションという考え方が発表された。その中では，健康

は豊かな人生を送るための資源ととらえられ，生活改善等の個人の努力に限るのではなく，そのために必要な社会環境を整備すること，さらにそれらの環境に対して地域や住民が積極的にかかわることが重視された。その後，会議は数年に一度開催され，ヘルスプロモーションを取り巻く環境や時代背景に合わせて，グローバル化社会におけるヘルスプロモーションのためのバンコク憲章 (The Bangkok Charter for Health Promotion in a Globalized World) 等の憲章や宣言が示されてきた。

そのほか，国や地域の主な動きをみると，アメリカのHealthy people (目標指向型健康増進施策) やイギリスのOur Healthier Nationのような包括的な健康増進にかかわる対策 (施策や運動) 等があり，WHOヨーロッパ事務局は，1987 (昭和62) 年からHealthy City Project (健康都市プロジェクト) を進めてきた。

(4) 健康増進にかかわる国内の動き

日本での健康増進の中心施策として挙げられるのが，国民健康づくり対策である。1978 (昭和53) 年の第1次国民健康づくり対策に始まり，現在は2013 (平成25) 年からスタートした第4次国民健康づくり対策「21世紀の国民健康づくり運動 (健康日本21 (第2次))」が，健康増進法を法的根拠として実施されている (表15-3)。同対策の所管庁は厚生労働省であるが，施策に係る各種事業の実施については，公益財団法人健康・体力づくり事業財団と連携および協力しながら推進している。同財団は，国民健康づくり対策を普及・啓発するために設立された財団法人健康づくり振興財団 (1978 (昭和53) 年) と，体力つくり国民運動を実行するために設立された社団法人国民健康・体力つくり運動協会 (1965 (昭和40) 年) が合併して，1981 (昭和56) 年に財団法人として設立された (2012 (平成24) 年に公益法人化)。そのほか，厚生労働省の主な施策として，健康増進のための運動を安全かつ適切に行える施設の認定等を行った身体活動・運動の社会環境対策 (1988 (昭和63) 年) や，生活習慣病という新たな呼称を用いて1次予防対策の推進を図った生活習慣病対策 (1996 (平成8) 年) が挙げられるが，健康寿命を2年延ばすことを目標として2004 (平成16) 年に策定された健康フロンティア戦略 (2007 (平成19) 年から新健康フロンティア戦略) 等の政府主導の施策も存在する。

15 健康ブームは健康をもたらすか？

表 15-3　国民健康づくり対策の概要

時　期	年	基本的な考え方
第 1 次国民健康づくり対策	1978 (昭和53) 年〜	・生涯を通じる健康づくりの推進 (成人病予防のための一次予防の推進) ・健康づくりの 3 要素の健康増進事業の推進 (栄養に重点)
第 2 次国民健康づくり対策 「アクティブ80ヘルスプラン」	1988 (昭和63) 年〜	・生涯を通じる健康づくりの推進 ・運動習慣の普及に重点を置いた健康増進事業の推進
第 3 次国民健康づくり対策 「21世紀の国民健康づくり 運動 (健康日本21)」	2000 (平成12) 年〜	・生涯を通じる健康づくりの推進 (一次予防の重視と健康寿命の延伸，生活の質の向上) ・国民の保健医療水準の指標となる具体的目標の設定および評価に基づく健康増進事業の推進 ・個人の健康づくりを支援する社会環境づくり
第 4 次国民健康づくり対策 「21世紀の国民健康づくり 運動 (健康日本21 (第 2 次))」	2013 (平成25) 年〜	・健康寿命の延伸や健康格差の縮小 ・社会生活を営むために必要な機能の維持および向上 ・健康を支え，守るための社会環境の整備

出所：厚生科学審議会地域保健健康増進栄養部会次期国民健康づくり運動プラン策定専門委員会 (2012) を参考に筆者作成。

　また，1964 (昭和39) 年に開催された東京オリンピックを契機として始まった体力つくり国民運動も健康増進の一施策として数えられる。具体的には，優秀組織の表彰や指導者に対する講習会の開催のほか，毎年10月を体力つくり強化月間として健康および体力つくりの啓蒙活動等を実施している。なお，同運動を展開していくために，文部科学省や厚生労働省等の関係府省庁と，健康・体力づくり事業財団や公益財団法人日本スポーツ協会 (JSPO) 等の関係団体によって体力つくり国民会議が組織され，スポーツ庁に事務局が置かれている。

⑸ 日本が抱える健康問題

　日本の平均寿命は，感染症等の急性期疾患の減少によって延びてきたが，糖尿病等の生活習慣病の増加によって疾病構造が変化している。死因別死亡率は厚生労働省 (2018) によれば，1 位が悪性新生物 (がん)，2 位が心疾患，3 位が脳血管疾患で，生活習慣病が疾病全体の約 6 割を占めており，国民の健康に対する大きな脅威となっている。

　2008 (平成20) 年から，生活習慣病の対策として特定健診と特定保健指導が開始された。特定健診では，内臓脂肪の蓄積により，高血糖や高血圧等の動脈硬化の危険因子を抱える状態であるメタボリックシンドローム (内臓脂肪症候群)

を診査し，生活習慣病の発症リスクが高い人に対しては，保健師や管理栄養士等の専門スタッフが，特定保健指導として生活習慣を見直すサポートを実施する。このような健診を受けることは大切だが，やはり重要になってくるのは個人が運動，栄養および休養等の生活習慣を意識し，日常生活の中から健康増進を図っていくことであろう。

3──日常生活における健康づくり

(1) フィットネスクラブ業界

　日常生活において，積極的な運動・スポーツ活動が健康増進につながる。そして，その活動の場の1つとして，フィットネスクラブ（フィットネスジム，アスレチッククラブ等の呼称あり）が挙げられる。さまざまな業態のクラブが存在するが，総務省の日本標準産業分類ではフィットネスクラブを，「室内プール，トレーニングジム，スタジオなどの運動施設を有し，会員に提供する事業所」と定義している。室内プール，トレーニングジムおよびスタジオはフィットネスクラブの3種の神器と呼ばれ，これまではそれらを備える大規模業態がほとんどであったが，近年は顧客の志向やニーズの多様化に伴い，女性専用やヨガ専門といった目的に特化したクラブのほか，24時間利用可能といった特徴的なクラブも増加している。フィットネスクラブ業界の動向をみると，経済産業省（2018）によれば，2007（平成19）年から2017（平成29）年の11年間で，売上高は約2880億円から約3330億円に伸ばし，会員数も277万人から336万人に増やしており，健康志向の高まり等から今後も上昇することが予想される（図15-1）。

　そのほか，近年の流れとして，ICTを活用したフィットネスクラブ等も登場している。たとえば，会員となる顧客が運動や食事の履歴をスマートフォン等で提出し，それに対して個別にアドバイスを送るといったサービスである。

(2) 総合型地域スポーツクラブとスポーツイベント

　フィットネスクラブ以外の場として期待されるのが，1995（平成7）年より文部科学省のスポーツ振興施策の1つとして推進されている総合型地域スポーツクラブである。子どもから高齢者まで（多世代）を対象として，さまざまなス

図15-1 フィットネスクラブ業界の売上高と会員数の推移

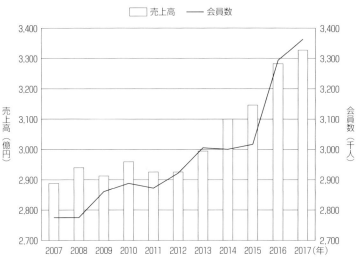

出所：経済産業省(2018)より筆者作成。

ポーツを愛好する人々が(多種目)，初心者からトップレベルまで各々の志向やレベルに合わせて参加できる(多志向)という特徴をもち，地域住民が自主的・主体的に運営する新しいタイプのスポーツクラブである。ただ単に地域のスポーツの推進を目的とするだけではなく，地域コミュニティの核としての役割も期待されている。スポーツ庁(2018)によれば，全国1409市区町村にあるクラブ数は，2017(平成29)年7月時点で創設準備中を含め3580クラブであり，そのうち特定非営利活動法人等の法人格を有しているクラブは842クラブである。

そのほか，定期的な活動の場ではないものの，健康増進にかかわりの深いものがスポーツイベントで，その中でもここ最近ブームとなっているのがマラソン大会であろう。現在，公益財団法人日本陸上競技連盟が公認するフルマラソンの大会は約70あり，特に東京マラソンは定員約3万人の枠に30万人ほどの応募がある日本を代表する人気大会となっている。また，フルマラソンの非公認の大会やハーフマラソンの大会，その他ランニングイベント等を含めると年間で2000以上の大会が全国各地で開催されている。

⑶ **インストラクターにかかわる資格**

　フィットネスクラブのインストラクターや総合型地域スポーツクラブの指導者にかかわる国家資格は，現在の日本においては存在しない。なお，ここでいう存在しないとは，インストラクターや指導者の資格が法令で定められていないという意味である。一方，民間資格をみるとさまざまなものが存在しており，たとえば健康・体力づくり事業財団が養成および認定する健康運動指導士や健康運動実践指導者が挙げられる。

　健康運動指導士とは，個人に必要な安全で効果的な運動プログラムを提案および指導する人材で，病院や介護施設等でも求められる。また，厚生労働省が認定する健康増進施設には，有資格者の配置が義務づけられており，特定健診と特定保健指導における個別の指導や健康への支援等を担っている。健康運動実践指導者とは，見本を示せる実技能力と集団に対する運動指導技術に長けた人材で，昨今は学校教育等，運動指導に携わる多種多様な場面でも求められる資格となっている。なお，どちらの資格も取得後，5年ごとの登録更新の手続が義務づけられており，2017（平成29）年12月時点で，指導士が1万8071人程度，指導者が2万475人登録している。

　また，JSPO認定のフィットネストレーナー（そのほかにも複数あり）や特定非営利活動法人日本トレーニング指導者協会（JATI）認定のトレーニング指導者（JATI-ATI）のほか，アメリカに本部があるNational Strength and Conditioning Association（NSCA）の日本支部である特定非営利活動法人NSCAジャパン（日本ストレングス＆コンディショニング協会）認定の認定ストレングス＆コンディショニングスペシャリスト（Certified Strength & Conditioning Specialist: CSCS）やNSCA認定パーソナルトレーナー（NSCA Certified Personal Trainer: NSCA-CPT）も関係する資格として挙げられる。

⑷ **フィットネスクラブの会員契約：会員会則の是非**

　フィットネスクラブにかかわる主な法的な問題としては，会員契約の会則がある。一般的にクラブを利用する際は，使用するたびに利用料を支払うのではなく，月ごとや半年ごと等に会費を支払い，会員契約を結ぶことが多い。クラブ側は，売上が季節や天候に左右されず安定的に収入を得られるメリットがあ

る。一方，会員は会費を月額や年額で支払うため，利用すればするほどお得になる。ただし，利用する回数が少なかったり，クラブが提供するプログラム等に不満がある場合に，すぐに退会できないというデメリットも生じるため，しばしば法的な問題が起きる。

　たとえば，2013 (平成25) 年，公益社団法人全国消費者生活相談員協会が某フィットネスクラブの会員会則の条項に，消費者契約法9条1号および10条の不当条項に該当する条項があるとして，使用停止を求めて申入れ (裁判外差止請求) を行った事案があった。該当する条項は，「一旦納入した会費等は，これを返還しない」とする条項および「会員が同伴したビジターが，自己の責に帰する事由により会社または第三者に損害を与えた場合，その会員及びビジターが連帯して賠償の責を負うものとする」とする条項等で，クラブ側は申入れを受け入れ，削除や是正を行った。

⑸ フィットネスクラブでの事故責任

　フィットネスクラブでの事故責任は，さまざまな場面で問われるだろう。たとえば，施設の瑕疵によって発生する事故である。この場合，施設の占有者または所有者であるクラブ側に責任があり，土地工作物責任 (民法717条) に基づいて損害賠償責任を負うことになる。実際，フィットネスクラブのプールの瑕疵が争われた事案では，会社側に重過失のある場合を除いて一切の損害賠償請求の責任を負わないとする免責特約が定められていたものの，クラブ側に責任があるとして損害賠償請求が一部認容された (東京地判平成9年2月13日判時1627号129頁)。

　また，インストラクターの指導によって事故が起きた場合，利用者はインストラクターに対して，不法行為責任 (民法709条) もしくは債務不履行責任 (安全配慮義務違反)(民法415条) によって損害賠償を請求することになる。不法行為責任を追及する際には，インストラクターの使用者，つまりフィットネスクラブに対しても損害賠償を請求することができる (民法715条1項・2項)。債務不履行責任を追及する際には，債務者 (＝フィットネスクラブ) が債権者 (＝利用者) に対して「指導する」という民法上の契約関係が存在し，インストラクターは，上記契約の債務者の履行補助者という位置づけになり，損害賠償責任を負う主

体はフィットネスクラブとなる。なお，不法行為責任と債務不履行責任の大きな違いは，消滅時効期間と要件である。消滅時効期間は，不法行為責任では損害および加害者を知ってから3年であるが，債務不履行責任では原則として損害発生時から10年である。要件は，不法行為責任では被害者（＝利用者）が故意および過失等の立証をしなければならないが，債務不履行責任では加害者（＝フィットネスクラブとインストラクター）側が，自らの行動等に問題がなかったことを立証しなければならない。

⑹ スポーツイベントでの事故責任

　マラソン大会等のスポーツイベントにおける主な法的な問題として，イベント中の事故責任や免責同意書の有効性が挙げられる。

　参加者がマラソン大会のレース中に心筋梗塞等の心疾患で倒れる事故が起きた場合，インストラクターの指導による事故と同様に，参加者は大会主催者側に対して，不法行為責任（民法709条）もしくは債務不履行責任（安全配慮義務違反）（民法415条）を法律上の根拠として損害賠償を請求することになる。また，地方公共団体が主催者である場合は，営造物責任（国家賠償法2条1項）を負うことになる。2014（平成26）年に焼津市で開催されたマラソン大会において，参加者の女性がレース中に体調を崩して休んでいた際，岸壁から海中転落してしまい，それが原因で3年後に死亡するという事故が起きた。女性の遺族は，マラソン主催者が警護を怠ったため等として，焼津市と市体育協会を相手取り，約1億円の損害賠償を求める訴訟を静岡地裁に起こした。

　免責同意書の有効性に関連して，「レース中の事故の責任は参加者個人にあって主催者は責任を負わない」といった内容は，2001（平成13）年に消費者契約法が施行されて以降，みられなくなった。しかし，主催者側の責任を免除する内容，たとえば「保険給付額以上の損害は請求しない」といった場合，実際に事故が起きて訴訟となった際，どのように判断されるのか注意する必要がある。

📖 文献紹介

医療情報科学研究所編, 2018,『公衆衛生がみえる 2018-2019』メディックメディア.
　医療・行政関係者向けのテキストであり，健康にかかわる法制度や統計資料が掲載されている。

〔参考文献〕

井上英夫, 2010,「健康権の発展と課題——21世紀を健康権の世紀に」『民医連医療』459：6-12.

海老塚修, 2016,「ランニングの参加，継続意識に関する考察——スポーツツーリズムの観点から」『余暇ツーリズム学会誌』3：41-46.

OECD, 2009,『Society at a Glance』.

経済産業省, 2018,「特定サービス産業動態統計調査（長期データ）」, http://www.meti.go.jp/statistics/tyo/tokusabido/result/result_1.html

公益財団法人日本生産性本部メンタル・ヘルス研究所, 2014,「第7回『メンタルヘルスの取り組み』に関する企業アンケート調査結果」.

厚生科学審議会地域保健健康増進栄養部会次期国民健康づくり運動プラン策定専門委員会, 2012,「健康日本21（第2次）の推進に関する参考資料」.

厚生労働省, 2015,「労働安全衛生調査」.

厚生労働省, 2006,「労働者の心の健康の保持増進のための指針」.

厚生労働省, 2016,「平成28年版厚生労働白書」.

厚生労働省, 2017a,「平成29年版過労死等防止対策白書」.

厚生労働省, 2017b,「平成29年就労条件総合調査の概況」.

厚生労働省, 2017c,「平成28年簡易生命表の概況」.

厚生労働省, 2017d,「平成28年国民健康・栄養調査報告」.

厚生労働省, 2017e,「平成29年版厚生労働白書」.

厚生労働省, 2017f,「厚生統計要覧（平成29年度）」, http://www.mhlw.go.jp/toukei/youran/index-kousei.html

厚生労働省, 2017g,「平成28年度個別労働紛争解決制度の施行状況」.

厚生労働省, 2018,「平成29年（2017）人口動態統計月報年計（概数）の概況」.

厚生労働省・日本医師会・国立研究開発法人医薬基盤・健康・栄養研究所, 2013,「健康食品による健康被害の未然防止と拡大防止に向けて」.

厚生労働省運動所要量・運動指針の策定検討会, 2006,「健康づくりのための運動基準2006——身体活動・運動・体力 報告書」.

厚生労働省政策統括官（統計・情報政策担当）, 2017,「厚生労働統計のあらまし」.

厚生労働省・独立行政法人労働者健康安全機構, 2017,「職場における心の健康づくり——労働者の心の健康の保持増進のための指針」.

財団法人健康・体力づくり事業財団, 2010,「運動・スポーツ活動のプロモーションガイドラインに関する政策情報レビューと事業実態調査2010【報告書】（平成22年度独立行政法人福祉医療機構社会福祉振興助成事業 アクティブエイジングを促進する啓発情報パッ

ケージとモニタリング開発のための実践モデル事業）」.

消費者庁, 2015a, 「『機能性表示食品』制度がはじまります！」.

消費者庁, 2015b, 「『機能性表示食品』って何？」.

消費者庁, 2017, 「機能性表示食品の届出等に関するガイドライン」.

杉浦静子, 2001, 「健康指標に関する研究」『三重県立看護大学紀要』5（5）：1-30.

スポーツ庁, 2018, 「平成29年度総合型地域スポーツクラブに関する実態調査結果（育成状況調査，活動状況調査）」.

世界保健機関, 1948, 「世界保健機関憲章」, https://www.mofa.go.jp/mofaj/files/000026609.pdf

高田清恵, 2002, 「健康権と平等原則――WHOにおける健康権の動向を中心に（一）」『琉大法學』67：77-116.

高田清恵, 2003, 「健康権と平等原則――WHOにおける健康権の動向を中心に（二・完）」『琉大法學』70：57-108.

高松政裕, 2009, 「マラソン大会における事故と民事責任――損害賠償請求についての基本的知識」『Sportsmedicine』21（4）：34-37.

特許庁, 2015, 「平成26年度特許出願技術動向調査報告書（概要）トレーニングマシン」.

内閣府, 2016, 「平成28年版高齢社会白書」.

内閣府, 2017, 「平成29年版高齢社会白書」.

内閣府, 2018, 「平成30年版高齢社会白書」.

橋本修二, 2013, 「健康寿命における将来予測と生活習慣病対策の費用対効果に関する研究」厚生労働科学研究費補助金（循環器疾患・糖尿病等生活習慣病対策総合研究事業）平成23年度～24年度総合研究報告書.

橋本修二, 2018, 「健康寿命の全国推移の算定・評価に関する研究――全国と都道府県の推移」厚生労働科学研究費補助金（循環器疾患・糖尿病等生活習慣病対策総合研究事業）平成29年度総括・分担研究報告書.

保健体育審議会, 1997, 「生涯にわたる心身の健康の保持増進のための今後の健康に関する教育及びスポーツの振興の在り方について（保健体育審議会 答申）」, http://www.mext.go.jp/b_menu/shingi/old_chukyo/old_hoken_index/toushin/1314691.htm

桝本妙子, 2000, 「『健康』概念に関する一考察」『立命館産業社会論集』36（1）：123-139.

棟居（椎野）德子, 2005,「『健康権（the right to health）』の国際社会における現代的意義――国際人権規約委員会の『一般的意見第14』を参照に」『社会環境研究』10：61-75.

棟居德子, 2012a, 「日本における健康権の遵守状況（その1）」『国民医療』298：1-33.

棟居德子, 2012b, 「日本における健康権の遵守状況（その2）」『国民医療』300：2-65.

文部科学省・厚生労働省・農林水産省, 2016, 「食生活指針の解説要領」.

文部省・厚生省・農林水産省, 2000,「食生活指針の推進について」, http://www.mext.go.jp/b_menu/shingi/chousa/sports/004/toushin/030201i.htm

文部省・厚生省・農林水産省, 2000,「食生活指針（リーフレット）」, https://www.mhlw.go.jp/www1/houdou/1203/h0323-1_a_11.html

「遺族, 焼津市と体協を提訴 マラソン中休憩, 海転落後死亡」静岡新聞2018年4月6日, http://

www.at-s.com/news/article/social/shizuoka/475863.html

【武田丈太郎】

判例索引

〔最高裁判所の判例〕

大判明治40年6月19日民録13輯685頁 ···································· 72
大判大正6年10月20日民録23輯1821頁 ································· 81
最大判昭和25年11月22日刑集4巻11号2380頁 ························ 56
最判昭和29年7月30日民集8巻7号1463頁 ························· 127
最判昭和39年10月15日民集18巻8号1671頁 ····················· 117
最判昭和48年12月12日民集27巻11号1536頁 ····················· 13
最判昭和49年7月19日民集28巻5号790頁 ························· 127
最判昭和52年3月15日民集31巻2号234頁 ························· 121
最判昭和58年2月18日民集37巻1号101頁 ························· 76
最判昭和58年7月8日判時1089号44頁 ····························· 77
最判平成7年3月10日集民174号785頁 ····························· 75
最判平成8年3月8日民集50巻3号469頁 ························· 128
最判平成24年2月2日民集66巻2号89頁 ··························· 97
最判平成27年4月9日民集69巻3号455頁 ························· 79

〔高等裁判所の判例〕

東京高判昭和51年3月25日判タ335号344頁 ······················ 84
札幌高判昭和61年9月30日判タ633号174頁 ······················ 75
福岡高判平成元年2月27日判時1320号104頁 ····················· 77
大阪高判平成3年10月16日判時1419号69頁 ······················ 82
大阪高判平成7年4月19日判例地方自治143号33頁 ··············· 77
東京高判平成9年9月25日判時1631号118頁 ····················· 208
東京高判平成19年7月9日民集61巻5号2306頁 ··················· 132
高松高判平成20年9月17日判時2029号42頁 ······················ 77
仙台高判平成23年10月14日判例集未登載 ························· 81
高松高判平成27年5月29日判時2267号38頁 ······················ 77
札幌高判平成28年5月20日判時2314号40頁 ······················ 81
大阪高判平成28年12月22日判時2331号31頁 ··················· 77, 78
福岡高判平成29年10月2日判例地方自治434号60頁 ·············· 78
大阪高判平成29年12月15日判時2370号54頁 ····················· 77

〔地方裁判所の判例〕

東京地判昭和41年6月22日判時455号17頁 ······················· 83

判例索引

東京地判昭和45年 2 月27日判時594号77頁 ……………………………………… 74
長野地判昭和45年 3 月24日判時607号62頁 ……………………………………… 80
大阪地判昭和48年 1 月17日判時706号45頁 ……………………………………… 80
大阪地判昭和48年 6 月27日判時727号65頁 ……………………………………… 76
大阪地決昭和48年10月13日判タ300号197頁 …………………………………… 188
千葉地判昭和49年 9 月 9 日判時779号93頁 ……………………………………… 73
山形地判昭和52年 3 月30日判時873号83頁 ……………………………………… 82
長野地判昭和54年10月29日判時956号104頁 …………………………………… 82
浦和地判昭和55年12月12日判時1019号111頁 …………………………………… 73
大阪地決昭和58年 9 月26日判タ506号222頁 …………………………………… 189
岐阜地判昭和60年 9 月12日判時1187号110頁 …………………………………… 80
東京地判昭和63年 2 月25日判時1273号 3 頁 ……………………………………… 6
名古屋地判昭和63年12月 5 日判時1321号140頁 ………………………………… 78
東京地判平成元年 8 月31日判時1350号87頁 ……………………………………… 73
大阪地判平成 4 年 7 月20日判時1456号159頁 …………………………………… 83
横浜地判平成 4 年 8 月21日判タ797号234頁 ……………………………………… 80
東京地判平成 6 年11月15日判時1540号65頁 ……………………………………… 80
長野地判平成 7 年 3 月 7 日判時1548号121頁 …………………………………… 76
千葉地判平成 7 年12月13日判時1565号144頁 …………………………………… 83
東京地判平成 9 年 2 月13日判時1627号129頁 ………………………………… 6, 241
奈良地判平成11年 8 月20日判時1729号62頁 ……………………………………… 80
東京地判平成13年 6 月20日判タ1074号219頁 …………………………………… 6
東京地判平成14年 1 月28日判タ1099号226頁 ………………………………… 128
東京地判平成15年10月29日判時1843号 8 頁 ……………………………………… 80
仙台地判平成17年 2 月17日判時1897号52頁 ……………………………………… 79
東京地判平成18年 1 月30日判タ1239号267頁 ………………………………… 121
東京地判平成22年12月 1 日判タ1350号240頁 ……………………………… 121, 135
東京地判平成23年11月17日判時2150号49頁 ……………………………………… 7
東京地判平成25年 5 月17日判タ1395号319頁 ………………………………… 208
神戸地判平成26年 1 月30日判例集未登載 ………………………………………… 81
東京地判平成26年12月 3 日判例集未登載 ………………………………………… 74
札幌地判平成27年 3 月26日判時2314号49頁 ……………………………………… 81
東京地判平成27年 3 月31日 LEX/DB25524851 ………………………………… 136
東京地判平成27年 6 月 5 日判例集未登載 ………………………………………… 75
大阪地決平成27年 9 月 7 日平成27年（仲）第 2 号判例集未登載 ……………… 145
さいたま地判平成28年 3 月16日判例地方自治416号35頁 ……………………… 76
静岡地判平成28年 5 月13日判時2336号83頁 ……………………………………… 78
大阪地判平成29年 6 月23日判タ1447号226頁 …………………………………… 77

247

事項索引

〔あ 行〕

ISO20121 ……………………………………… 192
アジェンダ21 …………………………………… 182
アンチ・ドーピング機関（ADO）………… 219
アンチ・ドーピング規則違反（ADRV）
　　　　　　　　　　　　　　　…… 214, 223
アンチ・ドーピング条約 ………………… 218
アンチ・ドーピング法 …………………… 218
e スポーツ ………………………………………… 2
一般社団法人 …………………………………… 115
一般不法行為 ……………………………………… 72
委任契約 ………………………………………… 89
居場所情報関連義務違反 …………………… 224
違反が疑われる分析結果（AAF）………… 225
違法カジノ事件 ………………………………… 54
違法性阻却事由 ………………………………… 83
インターセックス（性分化疾患）………… 43
インティグリティ ……………………………… 17
SOGIESC ……………………………………… 49
SDGs (Sustainable Development Goals) …… 183
LGBT …………………………………………… 44
オリンピック・アジェンダ2020 …… 49, 111, 185
オリンピック・パラリンピックの使命 …… 34
オリンピック休戦 …………………………… 110
オリンピック憲章 ……………………………… 49

〔か 行〕

会員契約 ……………………………………… 240
外見的立憲主義 ………………………………… 22
開催都市契約（Host City Contract）……… 191
会社法 ………………………………………… 115
学習指導要領 ………………………………… 159
過誤または過失 ……………………… 226, 227
過失傷害罪 ……………………………………… 82
過失致死罪 ……………………………………… 82

ガバナンス ……………………………………… 129
環境と開発に関する国際連合会議 ………… 182
企業の社会的責任（CSR）………………… 131
危険の引き受け ………………………………… 74
ギャンブル ……………………………………… 56
球界再編 ……………………………………… 166
業務上過失致死罪 ……………………………… 82
禁止表国際基準 ……………………………… 220
グリーバンス・メカニズム ………………… 193
黒い霧事件 ……………………………………… 61
形式的平等 ……………………………………… 28
刑事責任 ………………………………………… 82
結社の自由 ……………………………………… 37
厳格責任の原則 ……………………………… 227
健康 …………………………………………… 229
健康運動実践指導者 ………………………… 240
健康運動指導士 ……………………………… 240
健康寿命 ……………………………………… 234
検査及びドーピング調査に関する国際基準
　　　　　　　　　　　　　　　……… 220
公益法人 ……………………………………… 116
公　正 …………………………………………… 30
公認スポーツ指導者制度 …………………… 154
国際基準 ……………………………………… 220
国際サッカー選手会（FIFPro）…………… 177
国際スポーツ仲裁判所（CAS）…… 8, 43, 139
国際労働機関（ILO）………………………… 104
国内アンチ・ドーピング機関 ……………… 216
国民健康づくり対策 ………………………… 236
国　連 ………………………………………… 110
子どもの権利 ………………………………… 128
雇用保障 ……………………………………… 171

〔さ 行〕

債　権 ………………………………………… 205
債務不履行責任 ………………………………… 71

事項索引

サステナビリティ（持続可能性）……………… 190
サッカーくじ ……………………………………… 57
ジェンダー ……………………………… 30, 109
資格停止 ……………………………………… 225
事故責任 ……………………………………… 241
事実行為 ………………………………………… 89
施設管理権 …………………………………… 205
実質的平等 …………………………………… 28
指定管理者制度 ……………………………… 158
ジャパンコンソーシアム（JC）…………… 201
ジャパンプール（JP）……………………… 201
主 権 ……………………………………… 24
出場辞退 ……………………………………… 126
傷害罪 ………………………………………… 82
傷害致死罪 …………………………………… 82
商業主義 ……………………………………… 103
肖像権 ………………………………………… 96
消費者契約法 …………………………………… 6
商品化権 ……………………………………… 99
商 法 ………………………………………… 87
勝利至上主義 ………………………………… 103
人格権 ………………………………………… 96
親権者 ………………………………………… 89
人権条約 ……………………………………… 24
臣民の権利 …………………………………… 22
スポーツ・フォー・オール ……………… 14, 25
スポーツ基本計画 …………………………… 12, 151
スポーツ基本法 ……………………………… 10, 150
スポーツ権 …………………………………… 12, 28
スポーツ振興基金 …………………………… 153
スポーツ振興投票 …………………………… 57, 153
スポーツ振興法 ……………………………… 149
スポーツ推進委員 …………………………… 154
スポーツ団体内部の紛争解決機関 ………… 139
スポーツ仲裁 ………………………………… 140
スポーツ仲裁判断の基準 …………………… 144
スポーツ庁 …………………………………… 14, 152
スポーツ紛争の適用規範 …………………… 136
スポーツ紛争の特徴 ………………………… 135
スポーツ法 …………………………………… i, 1
スポンサー契約 ……………………………… 95
成績の失効 …………………………………… 225

性同一性障害者の性別の取扱いの特例に関
　する法律 …………………………………… 45
性同一性障害に係る児童生徒に対するきめ
　細やかな対応の実施等について ………… 46
正当業務 ……………………………………… 82
性別確認検査 ………………………………… 41
世界アンチ・ドーピング機構（WADA）
　……………………………………… 7, 8, 214
世界アンチ・ドーピング規程（WADC）
　………………………………… 214, 216, 220
世界人権宣言 ………………………………… 107
世界保健機関（WHO）……………………… 229
責任能力 ……………………………………… 72
選手組合 ……………………………………… 177
選手契約 ……………………………………… 94
総合型地域スポーツクラブ ………………… 238
相対的平等 …………………………………… 37
損害賠償責任 ………………………………… 71

〔た 行〕

タイトルⅨ …………………………………… 38
体 罰 ………………………………………… 162
代理人（スポーツ・エージェント）……… 88, 89
地方スポーツ推進計画 ……………………… 156
注意義務 ……………………………………… 72
仲 裁 ………………………………………… 138
仲裁合意 ……………………………………… 146
懲戒処分 ……………………………………… 119
著作権 ………………………………………… 98, 206
著作隣接権者 ………………………………… 207
治療使用特例に関する国際基準 …………… 220
治療目的使用例外（TUE）………………… 221
定 款 ………………………………………… 118
テレビジョン法 ……………………………… 210
ドーピング …………………………………… 214
ドーピング・コントロール・オフィサー（DCO）
　……………………………………………… 224
ドーピング検査手続 ………………………… 224
ドーピング防止に関する国際規約 ………… 217
特殊不法行為 ………………………………… 72
toto（スポーツくじ）……………………… 57
トランスジェンダー ………………………… 44

249

〔な 行〕

ナイロビ条約 …………………………… 7
ナショナリズム …………………………… 102
日本アンチ・ドーピング規定（JADC）…… 214, 222
日本アンチ・ドーピング規律パネル ………… 225
日本スポーツ協会 ………………………… 153
日本スポーツ振興センター（JSC）……… 16, 153
日本スポーツ仲裁機構 …………………… 139
ニューメディア …………………………… 199
人間環境宣言 ……………………………… 182

〔は 行〕

パチンコ …………………………………… 55
パブリシティ権 …………………………… 96
ビジネスと人権に関する指導原則（UNGP）
………………………………………………… 190
表現の自由 ………………………………… 22
フィットネスクラブ ……………………… 238
部活動指導員制度 ………………………… 160
藤井寺球場ナイター公害差止仮処分決定の
事件 ……………………………………… 188
不当労働行為 ……………………………… 173
部分社会の法理 …………………………… 135
不法行為責任 ……………………………… 71
プライバシー権 …………………………… 96
プロ野球選手会 …………………………… 166
分析機関 …………………………………… 224
平均寿命 …………………………………… 234
ヘルスプロモーション …………………… 235
暴行罪 ……………………………………… 82
放送権 ……………………………………… 199

放送権の高騰 ……………………………… 200
放送法 ……………………………………… 211
法の下の平等 ……………………………… 36
法律上の争訟 ……………………… 121, 135
保健機能食品 ……………………………… 232
ボスマン判決 ……………………………… 9

〔ま 行〕

マイナーリーグ …………………………… 172
マネジメント ……………………………… 90
民事責任 …………………………………… 71
民 法 ……………………………………… 86
無気力試合 ………………………………… 65
命名権 ……………………………………… 98
免責同意書 ………………………………… 242

〔や 行〕

八百長 ……………………………………… 61
野球賭博事件 ……………………………… 54
ユニバーサルアクセス権 ………………… 209
ユネスコ …………………………………… 14
ヨーロッパ人権条約 ……………………… 24

〔ら・わ 行〕

リオ＋20 …………………………………… 183
立憲主義 …………………………………… 20
連帯責任 …………………………………… 122
労災補償 …………………………………… 169
労働委員会 ………………………………… 166
労働基準法 ………………………………… 167
労働協約 …………………………………… 168
労働組合法 ………………………………… 167

【執筆者紹介】（執筆順，＊は編者）

＊石堂典秀 (いしどうのりひで)	中京大学大学院法務研究科教授	はじめに，01，	08
＊建石真公子 (たていしひろこ)	法政大学法学部教授		02
新井喜代加 (あらいきよか)	松本大学人間健康学部准教授	03，	13
川井圭司 (かわいけいじ)	同志社大学政策学部教授	04，	11
石井信輝 (いしいのぶき)	摂南大学法学部教授		05
大川謙蔵 (おおかわけんぞう)	摂南大学法学部准教授		06
來田享子 (らいたきょうこ)	中京大学スポーツ科学部教授		07
小川和茂 (おがわかずしげ)	立教大学法学部特任准教授	09，	14
武田丈太郎 (たけだじょうたろう)	新潟医療福祉大学健康科学部講師	10，	15
高松政裕 (たかまつまさひろ)	弁護士		12

Horitsu Bunka Sha

スポーツ法へのファーストステップ

2018年12月20日　初版第1刷発行

編　者　石堂典秀・建石真公子
発行者　田靡純子
発行所　株式会社 法律文化社

〒603-8053
京都市北区上賀茂岩ヶ垣内町71
電話 075(791)7131　FAX 075(721)8400
http://www.hou-bun.com/

＊乱丁など不良本がありましたら、ご連絡ください。
　送料小社負担にてお取り替えいたします。

印刷：㈱冨山房インターナショナル／製本：㈱藤沢製本
装幀：谷本天志
ISBN 978-4-589-03965-1

Ⓒ 2018 N. Ishido, H. Tateishi Printed in Japan

JCOPY 〈(社)出版者著作権管理機構　委託出版物〉

本書の無断複写は著作権法上での例外を除き禁じられています。複写される
場合は、そのつど事前に、(社)出版者著作権管理機構（電話 03-3513-6969、
FAX 03-3513-6979, e-mail: info@jcopy.or.jp）の許諾を得てください。

吉田利宏著

法 学 の お 作 法

A5判・196頁・1800円

法学という難しそうな世界の「しきたり」を，本質から順を追ってわかりやすく解説。法律を読むための「学びの作法」から，日常生活を過ごすうえでの「社会の作法」まで，絶妙な例え話で作法とその心得を修得する。

水島朝穂著〔〈18歳から〉シリーズ〕

18歳からはじめる憲法〔第2版〕

B5判・128頁・2200円

18歳選挙権が実現し，これまで以上に憲法についての知識と問題意識が問われるなか，「憲法とは何か？」という疑問に応える。最新の動向をもりこみ，憲法学のエッセンスをわかりやすく伝授する好評書。

潮見佳男・中田邦博・松岡久和編
〔〈18歳から〉シリーズ〕

18歳からはじめる民法〔第3版〕

B5判・106頁・2200円

18歳の大学生（とその家族，友人たち）が日常生活において経験しうるトラブルを題材に，該当する法律関係・制度をわかりやすく解説。第2版刊行（2014年）以降の法改正，判例に対応した改訂版。

三成美保・笹沼朋子・立石直子・谷田川知恵著
〔HBB⁺〕

ジェンダー法学入門〔第2版〕

四六判・312頁・2500円

ジェンダーにまつわる社会的規範は，個人の意思や能力を超えて，わたしたちの行動や決定を「マナー，常識」として縛っている。ジェンダー・バイアスに基づく差別のあり方や法制度への影響を明らかにし，社会の常識を問い直す一冊。

谷口洋幸・綾部六郎・池田弘乃編

セクシュアリティと法
—身体・社会・言説との交錯—

A5判・184頁・2500円

ジェンダー法学においてこれまで中心的に取り上げられてこなかった「セクシュアリティ」に焦点を合わせ，性的な欲望や性的マイノリティと法律や社会制度との関係を考える。セクシュアリティをめぐる法学研究の基本テキスト。

瀧川裕英編

問 い か け る 法 哲 学

A5判・288頁・2500円

私たちの生活に大きくかかわっている法や制度を根本的に見つめ直すことによって，それらがどのように成り立っているのかを考える「いきなり実戦」型の入門書。賛否が分かれる15の問いを根源的に検討するなかで，法哲学の魅力に触れることができる。

━━━━法律文化社━━━━

表示価格は本体（税別）価格です